개정판

위험화물 운송론

노창균·이창현·홍도영·정광현·안정민 공저

도서출판 두남

머리말

존경하는 독자 여러분!

저희는 『위험화물 운송론』 교재의 1차 개정판을 출간하게 된 것을 매우 기쁘게 생각합니다. 이 책은 국제무역의 동향과 해상운송의 중요성이 증가하는 현대 사회에 발맞추어 포장위험화물 운송 분야의 안전관리를 다루는 중요한 자료입니다. 이 책은 해상운송인, 학생들 그리고 해상운송 관련 분야에서 일하는 모든 분들에게 귀중한 지식과 실무 도구를 제공할 것입니다.

현대 국제무역은 세계화와 블록화의 특징을 가지고 있습니다. 각 국가는 경제 공동체를 형성하여 경제 활로를 개척하고 있습니다. 이와 별개로 지역 간 협의를 통해 경제공동체의 범위를 넓히는 자유무역 협정 등도 이루어지고 있습니다. 교통과 통신의 발전은 이러한 경제활동의 증진을 도와주고 있습니다.

이러한 변화와 함께 해상물동량은 증가하고 있으며, 이에 따라 해상운송 분야에서의 안전관리가 더욱 중요한 이슈로 부각되고 있습니다. 특히 위험화물 운송분야는 사람들이 지구적 환경변화에 대해 더 많은 관심을 가지고 있으며, 정보통신 기술의 발전으로 인해 환경, 안전, 보건 등과 관련된 정보에 쉽게 접근할 수 있게 되었습니다. 이에 따라 위험화물 운송은 전문가들뿐만 아니라 모든 이들의 공동의 관심사가 되어야 할 것입니다. 위험화물의 국제 교역량이 증가하면서 사고 발생 가능성도 증가할 것이며, 이를 예방하기 위한 정부 및 국제기구의 활동도 더욱 확대될 것입니다.

『위험화물 운송론』 교재는 포장위험화물 운송에 대한 기준을 제시하는 IMDG Code를 중심으로 구성되어 있습니다. IMDG Code는 포장위험화물의 국제 교역에서 서로 다른 기준과 규칙으로 인한 혼선과 지연을 방지하고, 위험화물을 해상운송하는 종사자와 관련 기관의 위험화물 관리 기준을 제공합니다. 또한, 2004년 1월 1일부터 국제적으로 강제적으로 시행되고 있으며, 정부는 CIP(Container Inspection Programme)를 통해 이행 여부를 감독하고 있습니다.

그러나 IMDG Code는 다양한 학문적 성격을 가진 위험화물, 해운, 물리, 화학, 보건, 기술 등의 전문 지식이 필요하다는 점에서 어려움을 겪고 있는 것으로 알고 있습니다. 이에 대한 교육의 부재로 인해 해상운송인 및 육상 종사자 모두에게 어려움을 초래하고 있으며, 때로는 무역장벽으로까지 인식되는 경우도 있습니다.

이 책은 이러한 어려움을 해소하기 위해 제작되었습니다. 포장위험화물 운송의 개념과 IMDG Code를 확립하고, 실무에서 초기 혼란을 해결하고 깊은 위험화물 지식을 쌓을 수 있도록 돕기 위해 만들어졌습니다. 물론, 저자들의 한계로 인해 미흡한 부분이 있을 수 있습니다. 하지만 앞으로도 지속적으로 수정 및 개정하여 더욱 완벽한 위험화물 관련 책자를 만들어 나갈 것입니다.

이 책이 여러분께 포장위험화물 운송에 대한 개념과 프레임워크를 제공하고, 실무에 도움이 되기를 바랍니다. 이 출판을 출발로 더 나은 위험화물 관련 교재를 제작하기 위해 노력하겠으며, 학생들에게는 위험화물에 대한 개론서로서, 현장에서는 위험화물 수출입 업무와 관련한 참고서로 사용될 수 있기를 기대합니다.

2023년 8월

저자 일동

지난 7월 한국국제물류협회에서 주최한 제1회 위험물 국제운송회의에는 해양수산부와 국토교통부, 소방청관계자뿐만 아니라 다양한 화주사와 선박회사, 항공사에서 참석하였다. 금번 회의를 통해서 다시 한 번 공감하게 된 부분은 위험물 관리에 대한 국제법규가 본격적으로 강제화 되어 시행된 지 약 20년이 흘렀지만 여전히 우리는 위험물 관리의 체계적인 관리에 대한 문제점을 해소하지 못하고 있다는 점이다. 지금에서야 해상과 항공 운송 분야를 통합한 회의가 국내에서 최초로 개최되었음에서도 알 수 있듯이 여전히 위험물 관리에 대한 문제점을 명확히 인지하지 못하고 있을 뿐만 아니라 통합된 방안을 마련하지 못하고 있다는 점은 매우 안타까운 점이다.

그럼에도 불구하고 우리나라에서 수출하고 있는 위험물에 대한 통계에 따르면 최근 10년 동안 컨테이너 물동량이 2배 이상 증가하였으며, 전체 컨테이너 수출 물동량 중 10% 이상으로 성장하여 실로 엄청난 물류부분을 차지하는 것으로 파악되고 있다. 특히 중화학 공업이 발달한 국내 산업 특성상 수많은 종류의 화학제품이 지금도 컨테이너로 운송되고 있으며 이를 위하여 항만 하역자와 선박의 당직사관이 안전한 운송을 위하여 땀을 흘리고 있지만 사고의 위험이 걱정되고 있는 실정이다. 또한 공장의 품질관리 담당자는 국제 위험물 분류기준을 적용하여 수출서류와 SDS(Safety Data Sheet)를 업데이트하여 출고 예정 화물을 확인하고 있으며, 수출현장에서는 IMDG(International Maritime Dangerous Goods) Code에 따른 포장과 작업을 점검하는 위험물검사가 진행되나 효율적인 위험물 수출이 진행되고 있는지 의문이다.

위험물의 운송은 제조시점부터 적법한 위험성 파악과 포장용기의 사용, 공장에서 출하부터 안전한 도로운송, 항만과 공항을 통한 운송 루트확보, 수입국에서의 통관 후 고객사로 배송 업무까지 다양한 흐름을 거쳐야만 한다. 따라서 국제적으로 최소한의 안전한 기준을 규칙으로 정하고 모두가 함께 지켜야만 막대한 사고와 피해를 예방할 수 있게 된다. 이러한 규정은 UN 국제기구에서 정하고 정기적으로 논의하여 현 실정에 맞춰 지속적으로 발전시켜야만 하는데 해상에서 컨테이너로 운송되는 화물에 대해 IMO(국제해사기구)가 MDG Code(국제해상 위험물운송규칙)를 통해서 관리하고 있다. 항공 운송구

간에서는 ICAO(국제민간항공기구)에서 강제화 한 위험물운송 관리 규정인 TI(Technical Instruction:기술기준)에 따라서 안전을 관리하고 있다. 하지만 모든 물류의 흐름이 점점 복잡하고 다양해지고 있는 시점에 국내에서는 이를 전체적으로 파악하고 관리할 수 있는 체계적인 시스템 관리가 매우 시급한 실정이다.

현재 국내 산업계에서 가장 활발하게 이슈가 되고 있는 전기자동차 시장은 기술의 발전과 비교하여 상대적으로 국제규정의 발전과 국내법의 관리 눈높이가 이를 적절히 따르지 못하고 있다는 지적이 계속되고 있다. 리튬 배터리 시장은 엄청난 속도로 성장하며 다양한 이슈가 함께 발생하고 있는데 자동차는 CLASS 9급의 위험물로 분류되는 동시에 장착 된 리튬 배터리를 포함하여 전기장치, AIR BAG을 포함한 안전장치, 윤활계통에 포함 된 인화성 액체 등이 모두 IMDG Code에 규정된 위험물로 파악된다. 리튬 배터리의 성능과 크기는 비약적으로 발전하여 적합한 포장규정과 관리에 대한 어려움도 문제가 되고 있지만 배터리 생산에 필요한 원자재도 매우 다양해지고 있기 때문에 명확한 위험성 분류에 대한 논의도 계속되고 있다. 물류거점 시각에 따르면 정치적, 경제적 변화로 인한 생산기지와 공장이전에 따른 특혜, 효율적인 물류거점 확보 등 앞으로도 위험물의 운송에 대한 다양한 이슈가 쏟아져 나올 수 밖에 없는 현실이 충분히 예상되고 있다. 이러한 문제점을 해결할 수 있도록 통일 된 규정을 모두가 협력하여 지키고 지속적으로 발전시켜 나아감이 가장 필요하다는 것을 우리는 공감해야만 한다.

위험화물의 해상 운송, 특히 컨테이너로 운송 되는 물류형태는 현재 가장 안전하고 경제적인 운송 방안이다. 따라서 앞으로도 위험화물의 해상물동량은 지속적으로 증가할 것이며, 이에 따른 해상운송 측면의 안전관리는 반드시 효율적이며 체계적으로 발전해 나아가야만 한다. 2004년부터 강제화 되어 국제적으로 통용되고 있는 IMDG Code 위험물 규정은 이미 국내의 “위험물 선박운송 및 저장규칙”에서 그대로 수용하여 적용해왔기 때문에 해상수출 현장에서 필수적으로 따라야만 하는 규칙이다. 국가 간의 교역에 있어 통일 된 기능을 해왔기 때문에 위험물 해상운송 종사자와 생산 공장 관리자에게 명확한 관리 기준을 제시해 왔을 뿐만 아니라 수출중심의 산업구조에 따라 이를 일관성 있도록 적용할 수 있는 위험물 물류기준이 되어왔다. 정부와 물류업계에서는 협력하여 ESG와 세계화 시대의 필연성을 인지하고 환경, 안전, 기업구조 등 의 중요성을 토대로 IMDG Code에 대한 시스템과 교육을 발전시켜야만 한다. 위험화물의 사고를 예방하고 정부와 국제기구 차원의 협력을 통해서 세계 화학제품 시장을 선도하기 위해서 우리는 필수적으로 위험물 물류 전문기업과 전문인력을 양성해야만 한다. 이번 위험물 운송론을 통해서 시작하게 된 작은 노력이 위험물 운송의 안전과 교육, 그리고 현장에서 화학제품의 수출 업무의 효율성 개선과 변화를 만드는 기점이 될 수 있기를 기도한다.

2023년 8월

인천 물류센터에서 안정민

2000년대 초 해운 호황기 이전까지는 10,000TEU급 미만의 컨테이너선이 운용되었지만, 해운 호황기를 거쳐 컨테이너선이 점점 대형화되고 있는 추세이다.

2020년 HMM에서는 세계 최대 2만 4천 TEU급 컨테이너선 유럽 항로에 투입 후 현재(2023년)는 12척 운항중이다. 이처럼 컨테이너선이 대형화됨에 따라 컨테이너선 1척당 포장된 형태로 운송되는 위험화물도 증가되고 있어, 교재에서 다루고 있는 컨테이너를 활용한 위험화물의 관리에 대한 관심도 증가되고 있다. 그러나 이 교재에서 다루고 있는 규정들이 매년 개정/변경/삭제가 되고 있어 개정판을 출판하는데 어려움이 많다. 그러나 2009년 이후 많은 법규와 규정 등이 변경되었음에도 현재의 교재를 이용하여 학생들에게 지식을 전달하는 데는 한계가 있어 더 이상 개정판 작업을 미룰 수 없었다. 개정판 작업에서는 현장의 전문가들이 전하는 내용을 많이 담기 위해서, 안정민 대표님과 정광현 대표님께 연락을 드렸으며 이분들의 도움이 없었더라면 이 책이 나올 수 없었다. 개인적인 사업에도 바쁘실텐데 많은 도움 주셔서 감사하다는 말을 이 지면을 빌려 전달하고 싶다.

향후에는 변화하는 컨테이너선 운송 법규와 규정에 맞게 완전 개정판을 준비할 생각이다.

마지막으로 향후 컨테인선에 승선하게 될 학생들에게 조금이나마 도움이 되길 바라며 여러분의 앞날에 안전한 항해만 있기를 바라며…….

Bon Voyage!

2023년 8월

연구실에서 이창현

차 례

1부 위험물의 개요 / 17

1부 위험물의 개요

➡ 사진의 책은 UN경제사회이사회(ECOSOC)의 위험물운송전문가위원회(UNCETDG → UNCETDG/GHS)가 작성한 “위험물운송에 관한 권고(UNRTDG), 모델법규”로 “Orange Book” 또는 “UN권고”로 불린다. 육·해상·항공을 통한 “포장위험물” 운송에 있어서 모법(母法)의 위치에 있는 규정이다.

제 1 장

해상 위험물의 정의 및 운송형태

➡ 컨테이너터미널에 배가 정박해 있다. 터미널은 육지의 끝이며, 해상으로 나아가는 바다의 시작이다. 그래서 터미널이라고 한다. 배는 끝과 시작점을, 아니 시작과 끝점을 끝없이 오고 간다. 그 끝과 시작점에는 다른 문화와 다른 사람이 있고 꿈이 있다. 정박한 배는 안전하나 항해를 할 때 배는 가치가 있다. 그래서 배는 바다로 간다.

1 해상 위험물의 정의

1.1 각 분야에 따른 위험물 정의의 다양성

위험물에 대한 정의는 학문의 분야, 법률, 국가 및 지역에 따라 다르고 이에 따라 위험물의 수도 달라진다.

산업위생분야에서 위험물은 근로자의 건강에 장해를 초래할 수 있는 유해 인자를 의미하며, 2004년 5월 29일 시행에 들어 간 우리나라 '위험물안전관리법[1)]'에서 위험물은 위험물안전관리법 제2조의 정의에 따라 인화성 또는 발화성 등의 성질을 가지는 6가지 물질 군, 즉 ① 산화성 고체, ② 가연성 고체, ③ 자연발화성 및 금수성(禁水性) 물질, ④ 인화성 액체, ⑤ 자기반응성 물질, ⑥ 산화성 액체를 의미한다. 선박안전법의 하위 규칙인 "위험물 선박운송 및 저장규칙 제2조 1"에 따른 위험물은 ① 화약류, ② 고압가스류, ③ 인화성액체류, ④ 가연성물질류, ⑤ 산화성물질류, ⑥ 독물류, ⑦ 방사성물질, ⑧ 부식성물질 그리고 ⑨ 사람에게 해를 끼치거나 다른 물건을 손상시킬 우려가 있는 유해성 물질로 정의하고 있다. "선박의 입항 및 출항 등에 관한 법률 제2조 12항"에서는 위험물을 화재·폭발 등의 위험이 있거나 인체 또는 해양환경에 해를 미치는 물질로서 해양수산부령으로 정하는 것으로 정의하고 있으며, 이를 시행령에서 찾아보면 "위험물 선박운송 및 저장규칙"에서 정의하는 위험물, 그리고 이에 더하여 인화성 액체류의 경우 인화점에 관계없이 모두 위험물로 정의하고 있어 광범위하게 위험물을 정의하고 있다.

한편, 같은 영어권이라도 미국에서는 다른 지역과는 달리 'Dangerous goods' 이라는 단어보다는 'Hazardous materials'를 더 선호하는 경향을 보인다.[2)] 또한 해사분야의 양대 핵심협약인 SOLAS 74와 MARPOL 73/78의 Annex II와

1) 기존의 우리나라 소방법은 4개의 법, 즉 소방기본법, 소방시설설치유지 및 안전관리에 관한 법률, 소방시설공사업법, 위험물안전관리법 등으로 2003년 5월 29일 분법 제정되어 1년 후 시행에 들어갔다.

2) IMO, Model course 1.10 Dangerous, hazardous and harmful cargoes, 1999, p.62

Annex III에서는 각각 ‘Dangerous goods’, ‘Noxious liquid substance’, ‘Harmful substance’로 달리 표기하고 있어 혼란스럽게 한다.

이상의 각 규정에서는 위험물을 총체적으로 목록화한 것은 없으며 또한 매일 신규 화학물질이 만들어지고 있는 것을 감안하면 사실상 목록화 하기도 불가능하다. 다만, 우리 일상생활에서 취급, 운송되는 위험물의 수를 60,000~200,000종 정도로[3] 추정하고 있을 뿐이다. 따라서 위험물을 언급할 때는 위험물을 정의하고 있는 근거를 먼저 거론하고 이에 따라 이야기를 진행하여야 할 것이다.

1.2 해상 위험물의 정의

해상운송 측면에서의 위험화물(Dangerous Cargoes)이라 함은 다음에 열거하는 규정에서 정의하고 있는 화물을 말한다.

- SOLAS 74, 제7장의 규정에 따른 위험물 ;
- MARPOL 73/78 부속서 I에 따른 기름 ;
- 국제액화가스운송선의 구조 및 설비기준(IGC Code)에 규정된 가스류 ;
- 국제산적화학품운송선의 구조 및 설비기준(IBC Code)과 MARPOL 73/78 부속서 II에 규정된 폐기물을 포함한 유해액체물질/화학품 ;
- 국제해상위험물규칙(IMDG Code)에 규정된 환경유해물질(해양오염물질) 및 폐기물을 포함한 위험하고 유해한 물질, 재료 및 제품 ;
- 산적 고체화물 안전실무기준(BC Code) 부록 B에 규정된 폐기물을 포함한 화학적 위험을 수반하는 산적고체물질 및 단지 산적상태에서만 위험한 고체물질(MHB: Material Hazardous only in Bulk).

위 규정들에서 언급하는 위험물은 운송방식에 따라 포장형태(In package form)의 운송과 산적형태(in bulk)의 운송으로 대별할 수 있다. 포장형태의 경우 IMDG Code가 대표적인 규정이며, 산적형태의 운송에는 IBC Code, IGC

3) 전게서, p.62.

Code, BC Code가 대표적인 규정이랄 수 있다. SOLAS 74와 MARPOL 73/78은 전술한 규정들의 상위법 개념으로 위험물의 해상운송에 있어서 사안에 따라 선별적으로 적용되고 있다.

1.3 해상 위험물운송에 있어서 IMDG Code의 의미

본서에서는 IMDG Code에서 정의하는 포장위험물을 중심으로 UN경제사회이사회(UN-ECOSOC) 산하 위험물운송전문가위원회가 정의하는 위험물을 부가하여 설명하고자 한다. 비록 IMDG Code가 포장형태(in packaged form)의 위험물을 대상으로 하고 있으나, 그 규제 대상위험물의 종류가 가장 많고, 산적과 포장형태를 구분하는 기준이 위험물의 화학적/물리적 성질이 아닌 위험물의 양임을 감안하면 해상 위험물 운송에 있어서 가장 광범위한 지침서라고 할 수 있다.

SOLAS 74(International Convention for the Safety of Life at Sea, 1974)의 7장 Part A는 포장형태의 위험물 운송에 대하여 언급하고 있다. 이 Part A의 규칙 1.2에서는 위험물에 대하여 IMDG Code에서 규정하고 있는 물질, 재료 및 제품을 의미하는 것으로 언급하고 있다(Dangerous goods mean the substances, materials and articles covered by the IMDG Code). 여기서 물질(substances)은 소금(NaCl), 철(Fe), 사탕수수설탕(cane sugar)과 같이 화학적 조성이 변하지 않는 원소(element)나 화합물(compound)로 이루어진 화학물질을 의미하고 재료(materials)는 일반적인 성질은 같으나 조성에 따라 다소 변할 수 있는 경우로 나무를 한 예로 들 수 있다. 어떤 나무이든 나무로서 일반적인 특징을 가지고 있으나 다른 색조나 결을 보고 서로 다른 종의 나무를 인식할 수 있게 된다. 제품(articles)은 물질(substance)이나 혼합물질(mixture of substances)을 함유하고 있는 장치(device)를 의미한다. 예로서 불꽃놀이용구, 에어로졸, 라이터, 폭탄 등이 이에 해당한다.[4)]

MARPOL 73/78(International Convention for the Prevention of Pollution from Ships, 1973/78)의 부속서 III는 포장형태로 해상 운송되는 유해물질로

4) 전게서, p.80.

인한 오염을 막기 위한 규칙을 담고 있다. 부속서 Ⅲ의 규칙 1.1에 따르면 유해물질이란 IMDG Code에서 해양오염물질로 분류된 물질이라고 정의하고 있다(For the purpose of this Annex, “harmful substances” are those substances which are identified as marine pollutants in the International Maritime Dangerous Goods (IMDG) Code or which meet the criteria in the appendix of this Annex).

위에서처럼 SOLAS 74와 MARPOL 73/78에서 언급하고 있는 IMDG Code에서는 위험물을 ① 화약류, ② 가스류, ③ 인화성액체류, ④ 가연성고체, 자연발화성물질 및 물과 접촉 시 인화성가스를 방출하는 물질 ⑤ 산화성물질 및 유기과산화물, ⑥ 독성 및 전염성 물질, ⑦ 방사성물질, ⑧ 부식성물질 그리고 ⑨ 기타 위험한 물질 및 제품 등 9등급으로 나누고, 구체적인 위험물에 대하여는 IMDG Code 2권의 DGL(Dangerous Goods List)에 UN번호를 붙여 나타내고 있다. 2022년 판 IMDG Code에는 3,600여개의 UN번호가 부여되어 있고, 이 숫자는 IMDG Code 규제대상 위험물의 수를 의미하는 것은 아니며, 이보다 많은 수의 위험물이 **3,600여개의** UN번호 중 하나로 지정되어 운송이 가능함을 의미한다. SOLAS 74에 따른 위험물이 MARPOL 73/78에 따른 Harmful substances(marine pollutants) 인지, 아니면 SOLAS 74에 의한 위험물은 아니지만 MARPOL 73/78의 적용대상물질인지는 DGL의 (4)칸에 “P”로 표시되어 있는지 여부를 확인하여 알 수 있다.

2 UNRTDG (United Nations Recommendations on the Transport of Dangerous Goods)

2.1 위험물 복합운송의 세계적 기준으로서의 UNRTDG

2차 세계대전 후 산업의 급격한 발전과 더불어 위험물의 사용이 늘어나고 국가 간 교역량이 증가하게 되었다. 이에 따라 위험물 운송과정 중 이를 취급[5])하는 사람 및 운송수단의 안전이 위협을 받게 되었다.

이에 위험물의 운송에 있어서 국제적인 규제의 필요성이 대두되어 1956년 유엔 경제사회이사회(ECOSOC, Economic and Social Council)[6])의 "위험물운송전문가위원회(Committee of Experts on the Transport of Dangerous Goods)에서는 항공, 도로, 철도 및 선박 등의 모든 운송수단에 적용될 수 있는 운송기준 인 "위험물 운송에 관한 유엔권고 (Recommendation on the Transport of Dangerous Goods)[7])"를 제정하였다. 이후, 국제해사기구(IMO), 국제민간항공기구(ICAO), 유럽경제위원회(ECE), 국제철도연맹(OCTI) 등이 유엔권고를 기본골격으로 하여 각 운송 수단별 위험물운송기준을 제정하게 되었다. 그 결과의 한 예로 국제해사기구에서는 "IMDG Code(국제해상위험물규칙)"를 1965년에 제정하게 된다.

위험물운송전문가위원회는 1996년 12월, "위험물 운송에 관한 유엔권고" 제10차 개정의 부록으로 "위험물 운송에 관한 모델규칙(Model Regulations on the Transport of Dangerous Goods)" 제1차 판을 출간하였다. 이 규칙은 위험물 운송과 관련된 모든 운송수단과 관련 된 UN회원국의 국·내외 법규를 통합하고 조화를 이룰 수 있는 근간을 제시하고, 주기적으로 최신화 하도록 되어있다. 이를 통하여 UN 회원국, UN의 전문기구, 국제기구 마다 각기 다른 위험물 법체계의 확립, 유지, 관리에 따른 노력과 인력낭비를 줄이는데 기여를 하였다. 즉, UN은 위험물운송과 관련하여 경제사회이사회에 위험물운송전문가위원회를 만들어 국제위험물운송에 관한 표준 법률을 제시하도록 하

5) 여기서 말하는 취급은 선박, 항공기, 철도차량, 자동차, 화물컨테이너 등 모든 운송수단에 싣고 내리는 것과 창고 등에 보관 또는 저장과 관련된 모든 작업을 말한다.

6) 위험물운송과 관련하여 UN의 전문기구이자 독립기구 인 IMO, ICAO, ILO, WHO, ITU 등이 ECOSOC의 조율하에 국제업무를 수행하고 있으며, UN의 지역위원회 중의 하나인 "UN유럽경제위원회(UNECE)"가 ECOSOC의 하부조직이다. UNECE가 위험물운송전문가위원회의 사무국 역할을 하고 있다.

7) 책표지가 오렌지색인 관계로 "오렌지북"이라고 하고 또한 줄여서 "UN권고"로 불린다. 이 권고는 도로, 철도, 항공, 해상, 내수로 등 모든 운송수단에 공히 적용될 수 있는 위험물의 안전운송 기준으로 총 2권으로 구성되어 있으며, 제1권은 위험물의 일반 운송기준이고 제2권은 위험물의 확인 및 분류를 위한 시험방법이 규정되어있다.

고, 이 표준 법률을 각국 회원국과 국제기구가 수용하여 자국의 법률로 만들거나 국제 표준화함으로서 위험물의 운송에 따른 위험성을 통일된 규제와 관리를 통하여 사람과 재산과 환경을 보호하며, 원활한 국제무역을 촉진하고자 하는 것이다.

1999년 UN경제사회이사회는 운송분야(transport), 작업장 안전분야(workplace safety), 소비자 보호분야(consumer protection) 등 여러 분야에 이용할 수 있는 화학물질의 분류와 표지의 범세계적 통일에 관한 임무를 수행하도록 위험물운송전문가위원회의 권한을 확장시켰으며, 이후 위험물운송전문가위원회는 이름과 조직을 개편 하였다.

즉 "위험물운송 및 화학물질의 분류와 표지의 세계조화제도에 관한 전문가위원회(UNCETDG/GHS, UN Committee of Experts on the Transport of Dangerous Goods and on the Globally Harmonized System of Classification and labelling of Chemicals)로 이름을 변경하고, 하부에 2개의 소위원회(UNSCETDG: United Nations Sub-Committee of Experts on the Transport of Dangerous Goods / UNSCEGHS: United Nations Sub-Committee of Experts on the Globally Harmonized System of Classification and Labelling of Chemicals)를 만들었다.

"위험물 운송에 관한 모델규칙(Model Regulations on the Transport of Dangerous Goods)"에는 위험물 여부의 확인기준(Identification), 분류(Classifi-cation), 용기 및 포장의 기준(Packing), 위험물 라벨(Label & Placard)등 각종 위험물 운송과 관련한 안전기준을 구체적으로 규정하고 있으며, 이를 각 운송수단 별로 도입하여 세계 위험물운송체계는 아래와 같은 구조를 이루고 있다.

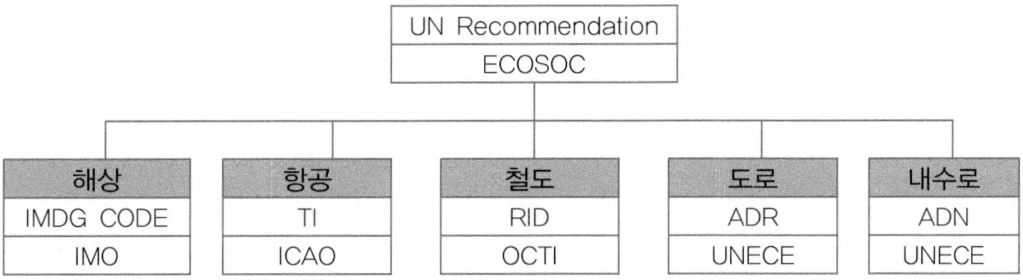

운송수단	국제기구	규 칙
해상	국제해사기구 (IMO)	국제해상위험물규칙(IMDG Code) International Maritime Dangerous Goods Code
항공	국제민간항공기구 (ICAO)	위험물항공운송기술지침(TI) Technical Instructions for the Safe Transport of Dangerous Goods by Air
	국제항공운송협회 (IATA)	위험물규칙(DGR, Dangerous Goods Regulations), TI를 기본으로 항공사 자체의 기준을 더한 위험물 운송규칙-실무에서는 이를 기준으로 하고 있음.
철도	국제철도연맹 (OCTI)	국제위험물철도운송규칙(RID) Regulations concerning the International Carriage of Dangerous Goods by Rail
도로	유럽경제위원회 (UN/ECE)	국제위험물도로운송규칙(ADR) European Agreement concerning the International Carriage of Dangerous Goods by Road
내수로	유럽경제위원회 (UN/ECE)	국제위험물내수로운송규칙(ADN) European Agreement concerning the International Carriage of Dangerous Goods by Inland Waterway

2.2 UNRTDG의 적용범위

유엔모델규칙은 포장된(In packaged form) 형태의 위험물운송을 위한 기준으로 개발된 것이므로, 산적(In Bulk)으로 운송되는 위험물에는 적용되지 않는다. 즉, Bulk carrier나 Oil Tanker, Chemical Tanker, Gas Tanker는 IMSBC Code,[8] IBC Code, IGC Code 등 국내외 특별규정에 따른다.

2.3 UNRTDG의 개정주기

"위험물운송에 관한 UN권고"는 유엔모델규칙과 유엔시험기준(UN Recommendations on the Transport of Dangerous Goods, Manual of Tests and

8) IMSBC Code: International Maritime Solid Bulk Cargo Code, 2011. 1월부터 강제화

Criteria)의 두 권의 책으로 되어있다.

유엔시험기준은 유엔모델규칙 제2부, 제3부의 규정에 따른 위험물의 분류와 화학물질분류표지조화제도(GHS)에 따른 물리적 위험을 나타내는 화학제품의 분류를 위하여 사용되는 판정기준, 시험방법 및 절차를 규정하고 있다.

UNRTDG는 매 2년 주기로 개정작업하고 있으며, 이에 보조를 맞추어 IMDG Code와 기타 운송수단의 개정작업이 이루어진다. 현재 22차 UNRTDG는 2021년 9월에 개정되었으며, IMDG Code 규정은 이에 맞추어 2022년(41-22판)에 개정되어 1년의 유예기간을 거쳐 2023년 1월 시점부터 적용되기 시작하였다.

3 해상 위험물의 운송형태와 관련 법률

3.1 위험물의 운송형태의 분류

해상을 통해 운송되는 위험물은 위험물이 선박의 고정 장치인 탱크(Tank)나 화물창(Hold)에 직접 실려 운송되는 산적(散積)운송형태(in bulk)[9)]와 1차적으로 드럼, 박스, 이동식 탱크컨테이너 및 일반 컨테이너 등에 적입한 후 선박의 화물창을 이용하여 운송하는 포장된 형태(packaged form), 2가지 경우로 대별할 수 있다.

산적형태의 위험물은 다시 위험물의 성상에 따라 고체 산적 위험물과 액체 산적 위험물로 구분 되며 적용되는 법률도 상이하다. 액체 산적 위험물의 경우 오일탱커(Oil Tanker), 케미칼탱커(Chemical Tanker) 및 가스탱커(Gas Tanker)

---

9) “In bulk”를 한국어로 옮긴 사례를 보면, 산적(散積)과 산적(撒積) 2가지 경우가 있다. “撒”의 경우 정음이 “살”이고 속음이 “산”이다. “撒”의 경우 살물선(撒物船)에서 그 의미의 흔적을 찾을 수 있으나, 일본어 사전이나 최근 우리나라에서 사용하는 전자사전에서 “산적”이라는 용어를 설명함에 있어, 한자로 “散積”이라고 적고 그 뜻을 “짐 등을 꾸리지 않고 흩어진 채 실음”이라고 기술하는 점을 들어 “In bulk”를 散積으로 옮긴다.

등으로 운송된다.

포장된 형태의 위험물의 경우 주로 컨테이너에 담겨져 전용컨테이너선을 이용하여 해상 운송되며, 경우에 따라 일반 화물선, 로-로선(RO/RO), 바지선 등으로 운송된다.

종류	적용선박
포장위험물	일반화물선, 컨테이너선, 벌크선, RO-RO선, 선상바지운반선
산적고체위험물	일반화물선, 벌크선(Dry Bulk Carrier)
산적액체위험물	Chemical Tanker, Oil Tanker, Gas Carrier

3.2 위험물 운송과 SOLAS 74

(1) 1974년 국제해상인명안전협약(SOLAS 74)

구분	내용
협약원명	International Convention for the Safety Of Life At Sea, 1974
채택 (발효)	1974.11.1 (1980.5.25)
목적	1) 국제적으로 통일된 원칙과 규칙으로 해상에서의 인명안전 증진 2) 선박의 안전을 위한 선박의 구조, 설비 및 운항에 관한 최저 기준의 설정
관련 국내법	선박안전법, 전파법
적용범위	각 장별로 별도의 명문규정이 없는 한 모든 여객선 및 총톤수 500톤 이상의 선박으로서 국제항해에 종사하는 선박에 대하여 적용

(2) SOLAS 74 제7장

구분	제목	적용선박
A편	포장된 형태 또는 산적고체형태의 위험물 운송	일반화물선, 컨테이너선, 벌크선, RO-RO선, 선상바지운반선
B편	선적액체화학물을 운송하는 선박의 구조 및 설비	Chemical Tanker
C편	산적액화가스를 운송하는 선박의 구조 및 설비	Gas Carrier

3.3 포장위험물운송

(1) 포장위험물의 운송(SOLAS 74 제7장 A편)

조문	제목	주요내용
1	정의	– 위험물에 대한 정의: IMDG Code에서 규정하고 있는 물질, 재료, 제품 – 포장형태: IMDG Code에서 규정하고 있는 용기의 형태
2	적용	– 총톤수 500톤 미만의 화물선에도 적용 – 선용품 및 선박장비는 비 적용 – SOLAS 7장 A편에 따르지 않는 포장위험물 운송금지
3	운송 요건	– IMDG Code 규정에 따라 운송
4	서류	– 적정선적명 등 선적서류에 위험물명세 기록 – 위험물을 적합하게 포장, 표시, 적재하였다는 선언서나 수납증명서를 준비 – 불합리한 포장 및 수납증명서 없을 시 운송금지 – 위험물에 대한 적하계획 또는 적하목록 준비
5	고박	– 전 운송과정 중 화물과 CTU를 고박
6	사고 보고	– 위험물관련 의무적 사고보고 – 보고의 책임: 1차 선장, 2차 회사

3.4 산적고체위험물의 운송

(1) 산적고체위험물의 운송규정

산적고체화물 중 화학적 위험성이 있어 특별히 운송하여야 하는 화물을 산적고체위험물이라 하며 이는 SOLAS 제6장 B편을 대표로 관련 기준은 다음과 같다.

협약	세부 기준
SOLAS 제6장 A편 (일반규정)	– BC Code (산적고체화물안전실무규칙)
SOLAS 제6장 B편 (곡물 외의 산적화물에 관한 특별규정)	– IMDG Code – BC Code – BLU Code (벌크케리어적양하안전실무규칙)
SOLAS 제12장 (벌크 케리어에 대한 추가 조치)	

(2) SOLAS 제6장 A편 - 일반규정

조문	제목	주요내용	관련규정
1	적용	– 총톤수 500톤 미만의 화물선에도 적용 – 각 당사국 정부는 화물, 적부 및 고박에 관한 기준 유지	BC Code
2	화물정보	– 화주는 적하작업 전에 화물의 정보를 선장 또는 그 대리인에게 제공 – 산적화물인 경우: 화물의 적하계수, 트리밍절차, 선적후의 화물표면경사각도를 포함한 이동과 같은 화물운동특성, 액상화(液狀化) 화물은 화물의 수분함유량 및 운송 허용 수분 한계치를 추가	
3	산소분석 및 가스탐지 창치	– 유해성 또는 인화성 가스를 방출하거나 산소결핍을 일으키는 산적화물을 운송하는 경우 가스 또는 산소 측정기기 준비	
4	선박에서의 살충제 사용	– 선내에서 살충제를 사용하는 경우 적절한 사전 조치	선내 살충제의 안전한사용에 관한 IMO 권고

(3) SOLAS 제6장 B편 - 곡물 외의 산적화물에 관한 특별규정

조문	제목	주요내용	관련규정
6	선적의 수락	– 복원성 및 표준적하상태의 정보제공 – 액상화 화물은 그 화물의 실제 수분함유량이 운송수분한계치보다 작은 경우에만 선적허용 – 화학성질을 가지고 있는 산적화물에 대하여서는 선적 전에 안전을 위하여 특별한 사전 조치	비손상 복원성 권고 (A.167, A.206, A.562)
7	산적화물의 적하, 양하 및 적부	– 선체의 구조에 과도한 응력이 가해지는 것을 방지하기 위한 선원용 지침서 구비 – 고체 산적화물을 적재하거나 양하하기 전에 선장과 하역책임자는 적·양하 하는 동안에 선박의 최대허용응력 및 모멘트를 초과하지 아니하도록 하는 계획서에 합의 – 산적화물은 항해중 화물이동의 위험을 최소화하고 적정 복원력을 확보하도록 조치 – 선장은 선내 사관으로 하여금 화물작업을 지속적으로 감시하도록 조치	BLU Code

(4) **국제 해상 고체산적화물 규칙**(IMSBC Code : International Maritime Solid Bulk Cargoes Code)

(가) IMSBC Code 목적

(a) 어떤 형태의 산적화물과 관련한 위험성을 강조

(b) 산적화물의 운송이 고려될 때 채택되어야 할 필요한 절차

(c) 현재 산적형태로 수송되는 대표적인 물질들의 목록을 작성함과 아울러 그들의 특성이나 취급 시 주의해야 할 정보를 제공

- 액상화 할 수 있는 화물 (부록 A)
- 화학적 위험성을 지닌 물질 (부록 B)
- 두 화물의 범주에 들지 않는 물질 (부록 C)

(d) 수송되는 물질의 특성들을 결정하기 위한 시험절차를 설명

(나) 구성 및 주요내용

제목	내용
일반 주의사항	– 화물의 분배 – 적・양하
인명 및 선박의 안전	– 독성, 부식성, 질식, 분진 위험성 – 인화 환경 – 통풍시스템 – 훈증소독상태의 곡물
인수 화물의 분석	– 시험증명서의 요건 – 샘플링절차 – 유동수분점 및 수분함량의 결정
트리밍절차	
경사정지각의 결정방법	
액상화 화물 및 시험절차	특성, 주의사항 및 시험
화학적 위험성을 지닌 물질	– 위험성 분류 – 격리 및 적재 요건
고체산적폐기물의 운송	– 운송허락 및 서류 – 폐기물의 분류 – 적재, 취급 및 격리 – 사고처리

제목	내용
물질목록	– 액상화 할 수 있는 화물 (부록 A) – 화학적 위험성을 지닌 물질 (부록 B) – 두 화물의 범주에 들지 않는 물질 (부록 C)
시험절차	– 액상화 화물 – 경사정지각 – 표준시험절차 – 질산비료의 발열분해허용치의 결정을 위한 홈통시험 – 폭발 저항력 시험 – 숯의 자기발열 시험
산적고체화물의 비상조치법	화학적 위험성을 지닌 화물이 누출될 경우 15가지의 비상조치법을 소개
폐쇄 공간의 출입	선박의 폐쇄공간 즉, 탱크, 펌프룸, Cofferdam, Duct Keel 등의 출입 시 주의사항
석탄화물의 가스 모니터링	일산화탄소 가스의 가스측정장비 및 측정방법

(다) 화학적 위험성을 지닌 물질의 운송

어떤 산적화물은 산화하기 쉬워 화물공간내의 산소를 결핍시키는 결과를 가져오고, 유독가스의 방출 및 열을 발산할 수도 있고, 어떤 화물은 물기가 있을 때 유독가스를 방출할 수도 있는 등 물리적, 화학적 위험성이 있는 물질에 대하여 안전운송 기준을 정하고 있으며 이러한 물질은 BC Code 부록 B에 목록화되어 있으며, 이와 같이 화학적 위험성을 지닌 물질은 IMDG Code의 위험물중 산적고체 상태로 운송이 가능한 위험물(제4.1, 4.2, 4.3, 5.1, 6.1, 6.2, 7, 8, 9급)과 BC Code부록 B와 같이 산적상태에서만 위험한 물질 즉 "MHB (Materials Hazardous in Bulk)"이라고 불리우는 물질이 있다. 그 대표적인 물질은 석탄(BC No. 010), 생석회(030), 톱밥(055)등이 있다.

(라) IMSBC Code 시행

2007년 9월 IMO 제12차 위험물 · 고체화물 · 컨테이너 전문위원회(DSC 12)에서는 BC Code의 강제화 및 개정에 관하여 논의하고 향후 일정을 결정하였다. 이와 관련하여, DSC 12에서는 기존의 BC Code의 이름을 IMSBC Code (International Maritime Solid Bulk Cargoes Code, 국제해상고체산적화물 코우드)로 변경하고 SOLAS의 제2-1장, 제2-2장, 제6장, 제7장, 제9장, 제11-2장 및 제12장의 관련 규칙을 개정하여 IMSBC Code를 강제화하기로 결정하였다. 이에 따른 해사안전위원회(MSC)의 결의로 2011년 1월 1일부터 SOLAS 강제규정으로 적용되고 있다.

4 위험물 선박운송 및 저장규칙과 IMDG Code의 관계

4.1 선박안전법과 위험물 선박운송 및 저장규칙

(1) 선박안전법

선박의 감항성(堪航性) 유지 및 안전운항에 필요한 사항을 규정함으로써 국민의 생명과 재산을 보호함을 목적으로 하고 있는 선박안전법의 제41조를 보면, 선박을 이용한 위험물의 운송에 관하여 아래와 같이 규정하고 있다.

제41조 (위험물의 운송)

① 선박으로 위험물을 적재·운송하거나 저장하고자 하는 자는 항해상의 위험방지 및 인명안전에 적합한 방법에 따라 적재·운송 및 저장하여야 한다.

② 제1항의 규정에 따라 위험물을 적재·운송하거나 저장하고자 하는 자는 그 방법의 적합 여부에 관하여 해양수산부장관의 검사를 받거나 승인을 얻어야 한다.

③ 제1항 및 제2항의 규정에 따른 위험물의 종류와 그 용기·포장, 적재·운송 및 저장의 방법, 검사 또는 승인 등에 관하여 필요한 사항은 해양수산부령으로 정한다.

④ 제1항 내지 제3항의 규정에 불구하고 방사성물질을 운송하는 선박과 액체의 위험물을 산적하여 운송하는 선박의 시설기준 등은 해양수산부장관이 정하여 고시한다.

(2) 위험물 선박운송 및 저장규칙

선박안전법 제41조에 근거하여 해양수산부령이 제정한 법령이 "위험물 선박운송 및 저장규칙"이다. 이 규칙과 이 규칙의 하위법령인 "위험물선박운송기준”에는 국제해사기구(IMO)에서 제정한 IMDG Code를 비롯하여, IBC Code, IGC Code 그리고 기름운반선에 대한 내용이 포함되어 있다. 즉 IMO의 위험물관련 Code를 국내법화 하였다고 볼 수 있다. 따라서 대한민국의 국적선과 대한민국에서 수출·입 되는 위험물의 경우 “위험물 선박운송 및 저장규칙”과 “위험물선박운송기준”에 따르면 되는 것이다. 규칙과 기준의 배열도 IMO의 Code와 유사하다. 다만 수출·입 행위는 타국과의 상거래 이므로 이 과정에서 발생되는 문제는 어떤 기준에 따라야 할지 고민이 생길 수 있다. 이 경우를 위하여 “위험물 선박운송 및 저장규칙” 제26조 제1항에는 “수출입의 경우 등의 특례”를 두고 있으며 내용은 다음과 같다.

> 제26조 (수출입의 경우 등의 특례)
>
> ① “위험물을 국내항과 외국항간에서 운송하는 경우 또는 외국의 각 항간에서 운송하는 경우에는 용기·포장 및 표찰, 자동차(「자동차관리법」에 의한 자동차를 말한다. 이하 같다)에 냉동장치를 부착한 경우 냉동능력·적재방법 및 자동차의 표시, 컨테이너의 구조·수납방법·표시·적재방법 등에 관하여는 이 규칙의 규정에 불구하고 해양수산부장관이 고시하는 “외국의 위험물 운송관련규칙”에 따를 수 있다.”

“외국의 위험물 운송관련규칙(미국, 영국, 일본, 국제해상위험물규칙)”에는 국제해상위험물규칙(IMDG Code)이 포함되어 있다.

4.2 IMDG Code의 위상변화

(1) IMDG Code는 협약은 아니지만 SOLAS 1974, Chapter III, Part A, Reg.3 규정과 MARPOL 73/78 Annex III, Reg. 1의 규정에 따라 실행법으로서 SOLAS와 MARPOL 협약국 사이에서는 강제력을 가지게 되었으며, 국내의 경우 “위험물 선박운송 및 저장규칙” 제26조 제1항의 규정에 따라 특례로서 “위험물 선박운송 및 저장규칙”보다 우선 적용함을 명확히 하고 있다.

(2) 육상 위험물취급자 대상 IMDG Code 교육의 강제화

해양수산부는 2010년 4월 15일 선박안전법 조항을 신설하였다. 이는 국제해사기구(IMO)에서 국제해상위험물규칙(IMDG Code) 개정안에 따른 위험물 해상운송 관련 업무종사자의 교육훈련 의무화 규정 발효에 따른 조치로서 국제기준에 적합한 해상위험물 운송 관련 위험물취급 안전교육 시행에 대한 제41조의 2에 고시되었다. 제41조 2항에는 위험물을 적재, 운송 및 저장하고자 하는 자, 즉 위험물취급자는 위험물 안전운송에 관하여 해양수산부장관이 실시하는 교육을 받도록 하고 있다.

이러한 교육의 효율적인 시행을 위하여 해양수산부장관이 위험물 안전운송에 관한 교육을 전문적으로 실시하는 교육기관을 지정하여 위험물취급자에 대한 교육을 실시하게 할 수 있도록 하고, 해양수산부장관이 정하여 고시하는 교육대상자로서 해당 교육을 받지 아니한 자에 대하여 200만 원 이하의 과태료에 처하도록 하고 있다.

(3) IMDG Code의 중요성 증대

포장위험물운송에 관한 규정인 IMDG Code가 강제화 되었고, 육상 위험물취급자 대상으로 교육이 강제화 된 이후 IMDG Code가 현장에서 매우 중요한 법규로 인식되기 시작하였으며, 이러한 경향은 우리나라와 전 세계적으로 포장위험물운송에 큰 영향을 미치고 있다. 컨테이너 운송을 중심으로 한 개품운송계약의 증가는 IMDG Code가 포장위험물 운송분야에서 국제표준으로서 더욱 확고한 위치를 차지하게 될 것이다. 실무상으로도 위험물 선박운송 및 저장규칙보다는 IMDG Code를 기준으로 진행되고 있어, 컨테이너 운송에 참여하는 해운인, 수출업자 및 터미널 육상종사자 등 관련된 사람은 IMDG Code에 대하여 새롭게 인식하여야 할 것이다.

제2장

위험물의 분류

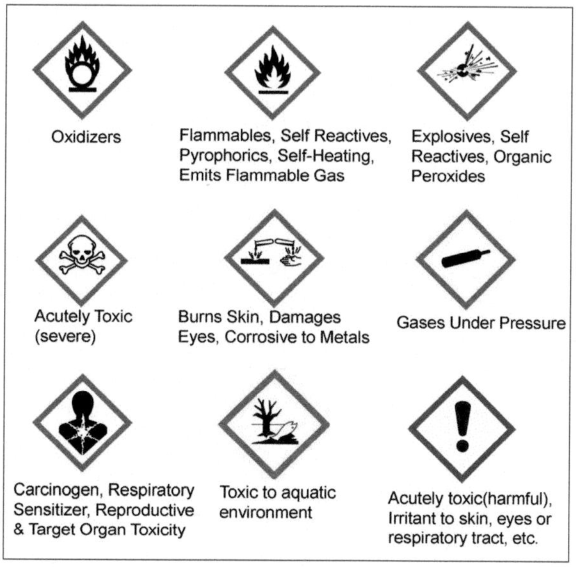

➡ 그림- GHS시스템에 따른 일부 라벨의 모형. GHS시스템의 도입에 따라 사업장분야와 소비자 분야의 위험물 표지의 통일을 달성하게 되었다. 그러나 운송분야의 위험물 표지와는 일부 동일하고 일부 상이하다.

따라서 사업장분야/소비자분야와 운송분야의 접점에서는 2가지 표지체계가 충돌하게 된다. 이때는 운송분야의 위험물표지를 우선한다.

1 위험물 분류체계의 도입배경

모든 화학물질은 크든 작든 사람의 건강과 환경에 영향을 주고 있다. 그 영향은 화학 물질이나 제품의 고유한 성질이 원인이기도 하고, 화재에 노출된 실린더 속의 압축공기가 폭발을 하듯 화학물질의 저장 또는 운송환경의 변화가 영향의 원인이 되기도 한다. 또한 주위의 다른 화학물질과 반응하여 영향을 주기도 한다. 위험물운송에 관한 UN전문가위원회는 일반인이나 운송에 종사하는 사람들을 유해한 특정 물질과 제품군으로부터 보호해야한다는 인식을 가지게 되었다. 이런 목적을 달성하기 위한 기초작업으로 유해한 물질과 제품군을 유해성의 종류에 따라 9가지 종류로 구분하고 유해한 물질과 제품군을 9가지 분류체계에 배정하기 위한 기준을 과학적 지식을 기반으로 설정하였다. 따라서 분류체계에 대한 과학적 배경지식을 이해하면 9가지 분류체계에 배정된 각각의 물질 또는 제품의 성질을 이해하는데 도움이 될 수 있다.

IMDG Code에도 이러한 UN의 9급 분류체계를 도입하였으며, 이러한 급(Class)들은 그 특성 및 성질에 따라 여러 급수 또는 등급(Division)으로 세분되어 진다. 또한 해양오염물질의 선정기준에 따라 다양한 급에 속하는 다수의 위험물이 해양환경에 유해한 물질(해양오염물질)로도 분류된다. 이러한 UN과 IMDG Ccode의 분류체계를 기본으로 하여 어떤 물질, 재료 및 제품의 위험물 분류에 대한 책임은 화주/송하인 또는 해당 주무관청에게 주어지며 급 또는 등급의 수치적 순서는 위험의 정도를 나타내는 것은 아니다.

2 제1급(Class 1) – 화약류(Explosives)[1]

온도, 압력 또는 동시에 온도와 압력을 증가 시키는 갑작스러운 산화 또는 분해 반응을 폭발(explosion)[2]이라고 하고, 이러한 폭발을 인위적으로 일으키는데 쓰이는 물질이 화약류라고 할 수 있다.

역사적으로 실질적 의미의 화약은 약 1,300년 전 중국에서 발명 된 흑색화약(gunpowder)으로 탄소(carbon), 황(sulphur), 질산칼륨(potassium nitrate)이 혼합된 미세한 가루였다. 3가지 물질 중 탄소와 황은 연료원으로 작용하고, 질산칼륨은 급격한 연소를 촉진하기 위하여 필요한 산소 공급원으로 작용하였다. 1800년대 들어서 노벨(Nobel)이 Nitroglycerine을 발명하기 까지 흑색화약이 유일한 화약이었다. 흑색화약과는 달리 Nitroglycerine은 하나의 분자 안에 연료원과 산화제(oxidizer)가 함께 화학적으로 결합되어 있는 화합물이었다. 또한 Nitroglycerine은 흑색화약보다 반응속도가 빨라 음속의 속도로 빠르게 반응하였으며 폭발력도 우수하였다. 그러나 Nitroglycerine은 자연 폭발하는 위험성이 있고 신뢰성 있는 폭발제어가 불가능하였다. 이러한 문제를 해결하기 위하여 노벨은 Nitroglycerine을 규조토(kieselguhr)에 흡착시키고 뇌산수은기폭장치(mercury fulminate detonator)를 이용하였는데 이것이 다이너마이트(danamite)이다.

노벨이 Nitroglycerine를 개발할 즈음에 Nitrocellulose도 폭발성이 있음이 알려졌는데, 이것도 자체적으로 불안정하기는 마찬가지였다. Nitrocellulose 개발을 기점으로 많은 니트로기화합물(nitro compounds)이 개발되었는데 이 중에서 가장 중요한 것이 Trinitrotoluene(TNT)이다.

화약류는 다음과 같이 몇 가지 다른 방법으로 분류된다.

---

1) Model course 1.10, Dangerous, Hazardous and Harmful Cargoes, pp.86~87, IMO / MANUAL OF NATO SAFETY PRINCIPLES FOR THE TRANSPORT OF MILITARY AMMUNITION AND EXPLOSIVES, Chapter 2-definitions, 2005년 9월, NATO
2) EN 1127-1: 1997.

- 1차 및 2차 화약류(primary & secondary) : 열, 마찰 및 충격에 매우 예민하여 취급 시 특별한 주의가 필요한 화약류를 Primary explosives라고 하며 일반적으로 기폭약(initiating explosives)과 동의어로 쓰인다. 이에 속하는 예로 뇌산수은(mercury fulminate)이 대표적이다. 이에 반하여 열, 마찰 및 충격에 비교적 안정한 화약류를 Secondary explosives라고 한다. Secondary explosives를 작동시키기 위해서는 기폭장치가 필요하며, 일단 반응이 일어나면 매우 강력한 결과를 초래한다. TNT가 대표적인 물질이다. Nitroglycerine은 Primary explosives의 기폭작용과 Secondary explosives의 대폭발 성질을 동시에 가지고 있어 취급에 특별한 주의가 필요하다.
- 고폭약 및 저폭약(high & low explosives) : 고폭약은 Nitroglycerine과 같이 폭굉(detonation)이 일어날 정도의 속도로 연소폭발 한다. 폭굉이 일어나면 산화반응을 촉진하는 에너지와 주위에 커다란 손상을 일으키는 충격파가 발생된다. 이에 반하여 흑색화약과 같은 저폭약은 이러한 작용이 없이 폭연(deflagration)에 그치게 된다.

  여기서 폭굉(爆轟, detonation)은 격렬하고 완벽한 폭발반응으로 초음속으로 진행되며 고온, 고압에서 가스를 발생시킨다. 곧이어 뜨거운 가스의 순간적이고 큰 압력이 주위의 폐위물을 깨뜨리고 충격파가 초음속으로 전달된다. 이에 반하여 폭연(爆燃, deflagration)은 화학반응이 화약류의 표면이나 중심을 따라 음속이하로 진행되어 고온, 고압의 가스를 발생시키는 반응이다. 폐위된 공간이나 용기 안에서의 폭연은 압력을 증가시켜 반응속도와 온도를 증가시켜 폭굉으로 발전할 수 있다.
- UN의 분류체계 : 폭발에 따른 위험성의 유형(폭발의 규모, 파편 또는 추진체의 유무, 화염의 정도) 그리고 기폭의 예민성에 따라 6가지 군으로 화약류를 나누었다. 또 화약류의 적재(stowage) 구분을 위하여 13가지의 혼적그룹(compatibility group)으로 나누었다. 이러한 위험성 등급과 혼적그룹을 조합하여 안전한 적재와 운송을 위한 정보로서 각 화약류에 코드를 부여하였는데 이를 “유해성분류코드(hazard classification code)”라고 한다. 현재 유해성분류코드는 35개가 지정되어 있으며, 다음 표에서 제시하는 화약류의 6가지 등급과 “A~L(I는 제외)”, “N” 및 “S” 등 13개의 문자

로 구성되어 있다(예: 1.2E, 1.4S, 1.1G 등).

UN의 6가지 등급(Division)은 아래와 같으며 IMDG Code도 이와 동일하다.

[제1급 화약류의 6가지 유해등급]

등 급	정 의
등급 1.1	대폭발 위험성이 있는 물질 및 제품
등급 1.2	발사 위험성은 있으나 대폭발 위험성은 없는 물질 및 제품
등급 1.3	화재 위험성이 있으며 또한 약간의 폭발 위험성 또는 약간의 발사 위험성 혹은 그 양쪽 모두가 있으나 대폭발 위험성은 없는 물질 및 제품
등급 1.4	중대한 위험성이 없는 물질 및 제품
등급 1.5	대폭발 위험성이 있는 매우 둔감한 물질
등급 1.6	대폭발 위험성이 없는 매우 둔감한 물질

• 대폭발(Mass explosion) : 화약류 전체가 순간적으로 영향을 받아 폭발하는 경우

3 제2급(Class 2) – 가스류(Gases)

제2급은 가스류는 가스의 주 위험성에 따라 다음과 같이 세분한다.

등 급	정 의
제2.1급 인화성 가스	20℃ 및 101.3kPa에서 가스인 것으로 1) LEL 13% 이하에서 인화되는 경우. 2) LEL에 상관없이 폭발범위(flammable range)가 12% 이상인 경우 인화성 가스이다.
제2.2급 비인화성, 비독성 가스	20℃에서 200kPa 이상의 압력으로 운송되는 가스, 액화상태로 또는 냉동액체로 운송되는 가스, 또는 질식성 가스, 산화성 가스 또는 다른 급에 해당되지 아니하는 가스가 포함된다.
제2.3급 독성가스	인체에 독성(LC_{50} : 5,000㎖/㎥ 이하) 및 부식성이 있는 가스

- 가스(Gas)란 50℃에서 300kPa 이상의 증기압을 갖는 물질 또는 20℃, 101.3kPa에서 완전히 기체인 물질을 말함.
- 가스는 운송 중 가스의 상태에 따라 압축가스, 액화가스, 용해가스, 냉동액화가스, 혼합가스, 가스가 충전된 제품 및 에어로졸로 구성된다.
  - 압축가스(compressed gas) : 운송을 위하여 압력을 가하여 포장을 하였을 때 −50℃의 온도에서도 모두 가스 상태인 가스로 임계온도(critical temperature)가 −50℃ 이하인 모든 가스가 포함된다. 가스는 압력을 가하면 대부분 액화되는데 비등점이 낮은 초저온 액화가스의 경우 액화시키기 위하여 아무리 압력을 가하여도 액화가 되지 않는 시점이 있는데 이때의 온도를 임계온도(critical temperature)라고 한다. 임계온도 이상의 온도에서는 압력 단독으로는 가스를 액체 상태로 만들 수 없어 온도를 낮추어야 한다.
  - 액화가스(liquified gas) : 운송을 위하여 압력을 가하여 포장을 했을 때 −50℃ 초과의 온도에서 부분적으로 액화되는 가스로 임계온도에 따라 다음과 같이 세분된다.

    (1) 고압액화가스 : 임계온도가 "−50℃ ~ +65℃"인 액화가스

    (2) 저압액화가스 : 임계온도가 "+65℃ 초과"인 액화가스
  - 냉동액화가스(refrigerated liquified gas) : 운송을 위하여 포장을 했을 때 가스 자체의 저온으로 부분적으로 액체상태가 되는 가스를 말한다.
  - 용해가스(dissolved gas) : 운송을 위하여 압력을 가하여 포장을 했을 때 가스가 액상의 용매에 용해되어 있는 가스를 말한다. 산소용접에 사용하는 Acetylene이 대표적이다.
- 유해성과 관련하여 여러 급의 가스가 경합하는 경우 유해성의 크기를 Class 2.3 > Class 2.1 > Class 2.2의 순서로 한다.
- 액화가스 및 냉동액화가스가 아닌, Class 2.2 비인화성 및 비독성가스가 200 kPa @ 20℃ 미만으로 운송되는 경우 IMDG Code는 적용하지 않는다.

4 제3급(Class 3) – 인화성 액체류(Flammable Liquids)

제3급은 인화성 액체 및 둔감화 된 액체 화약류를 말한다.

인화성액체(flammable liquids)라 함은 일반적으로 인화점(flash point)을 참조하여, 밀폐용기시험으로 60℃ 이하의 온도에서 인화성 증기를 방출하는 액체 또는 액체 혼합물, 또는 용액이나 현탁액 상태로 고체를 함유한 액체를 말한다. 또한 인화점이 60℃를 초과하는 액체일지라도 자신의 인화점 이상의 온도로 운송되는 액체와, 액체 상태에서 고온으로 운송되는 물질로서 최고운송온도 이하의 온도에서 인화성 가스를 방출하는 물질도 포함한다.

둔감화 된 액체 화약류(liquid desensitized explosives)라 함은 폭발성 물질이 물 또는 다른 액체 물질에 용해되거나 부유되어서 그 폭발특성이 억제된 균일한 액체 혼합물을 말한다. 이것에는 UN No. 1204, 2059, 3064 및 3343이 있다.

- 인화점(flash point)이란 액체의 증기가 공기와 섞여서 발화성 혼합기체를 형성하는 가장 낮은 액체온도를 말한다. 즉, 정해진 양의 액체를 인화점보다 훨씬 낮은 온도로 용기에 주입시킨 다음 서서히 가열하여 주기적으로 액체 표면상에 작은 화염을 접근시켜서 인화(flash)가 관측될 때의 가장 낮은 액체온도를 말한다. 인화점은 밀폐용기시험방법(Closed Cup Method)으로 결정한다.
- 액체(liquid)란 50℃에서 300kPa(3bar) 이하의 증기압을 가지고, 20℃ 및 101.3kPa에서 완전히 가스상이 아니며, 101.3kPa에서 녹는점 또는 초기 녹는점이 20℃ 이하인 위험물을 말한다.
- 3급의 세분 : 제3급을 인화점 범위에 따라 제3.1급, 제3.2급 및 제3.3급으로 분류하던 규정은 2001년 1월 1일 발효된 제30차 IMDG Code(Amdt. 30-00)부터 세분하지 아니하고 단지 제3급으로만 분류하도록 개정되었다.
- 인화성 액체의 포장그룹은 인화점, 끓는점 및 점도를 고려하여 결정한다. 점도를 고려하여야하는 특수한 경우를 제외하고 일반적인 인화성액체는 다음 표에 따라 포장그룹을 구분하고 있다.

[인화성액체의 포장그룹(PG) 분류기준]

PG	인화점(℃, closed cup(c.c.))	초기비등점(IBP, ℃)
I	–	≤ 35
II	< 23	35 <
III	23 ≤ ∼ ≤ 60	35 <

* PG – Packing group, * IBP: Initial boiling point

5 제4급(Class 4) – 가연성 고체 ; 자연발화성 물질 ; 물과 접촉 시 인화성 가스를 방출하는 물질 (Flammable solids ; Substances liable to spontaneous combustion ; Substances which, in contact with water, emit flammable gases)

제4급은 화약류로 분류되는 물질 이외의 것으로서, 쉽게 발화하거나 또는 화재를 일으킬 수 있는 물질을 말한다. 제4급은 다음과 같이 세분한다.

등 급	정 의
제4.1급 가연성 물질	쉽게 발화하거나 또는 마찰에 의하여 화재를 일으킬 수 있는 고체(가연성 고체), 자체반응성 물질(고체 및 액체) 및 둔감화된 고체화약류
제4.2급 자연발화성 물질	자연발화 또는 공기와의 접촉으로 발열하기 쉬우며, 또한 그 자체가 화재를 일으킬 수 있는 물질(고체 및 액체)
제4.3급 물과 접촉시 인화성 가스를 방출하는 물질	물과의 상호작용에 의하여 자연적으로 인화하거나 또는 위험한 양의 인화성 가스를 방출하기 쉬운 물질(고체 및 액체)

- 고체(solid)란 액체의 정의에 적합하지 아니한 위험물(가스는 제외)을 말한다.
- 자체반응성 물질(self-reactive substance)이란 산소(공기) 없이도 강한 발열분해를 일으킬 수 있는 열적으로 불안정한 물질을 말한다. 자체반응성

물질은 보통 질소(nitrogen)를 함유하고 있으며, 운송과 저장 중 온도제어가 필요한 물질이 많다.

- 둔감화 된 고체 화약류(solid desensitized explosives)란 자신의 폭발특성을 억제시키기 위하여 물 또는 알코올로 습윤되거나 다른 물질로 희석되어서 균질한 고체혼합물로 형성된 폭발성 물질을 말한다. 2%~10%의 Nitroglycerine을 함유한 혼합물이 대표적이며, 탄광에서 발파용으로 사용하는 Dynamite는 7% 정도의 Nitroglycerine이 함유되어 있다.
- 자연발화성 물질(pyrophoric substances)이란 비록 소량이라고 할지라도 공기와의 접촉으로 5분 이내에 발화하는 물질, 혼합물 및 용액(액체 또는 고체)을 말한다. 이러한 물질이 공기 중의 산소와 반응하여 발생되는 발열속도가 주위의 영향으로 냉각되는 속도보다 빠른 경우 자연발화하게 된다. 전형적인 자연발화성물질로는 미세한 금속분말이나 금속촉매(metal catalyst)가 있다.
- 자체발열성 물질(self-heating substances)이란 자연발화성 물질 이외의 물질로서, 에너지 공급 없이 공기와의 접촉으로 자체발열하기 쉬운 물질을 말한다. 대량의 물질을 장기간 보관하는 과정에서 발생되며, 탄소가루(carbon powder)나 식물성섬유(vegetable fiber)를 예로 들 수 있다.
- 물과 접촉 시 인화성 가스를 방출하는 물질은 Cecium, Lithium, Potassium, Sodium과 같은 알칼리 금속족에 속하는 무기물과 이들 무기물의 화합물이다. 일부 알칼리토금속(alkaline-earth metal: calcium, lithium, magnesium, strontium) 화합물이 또한 물과 반응을 한다. 물과 반응하여 발생되는 주된 가스는 수소이다.

$$Na + H_2O \rightarrow NaOH + \uparrow H_2 + \text{heat energy}$$

위 식은 나트륨과 물이 반응하여 수산화나트륨과 수소를 발생시키는 발열반응을 나타내고 있다. 그러나 반응물에 따라 발생되는 가스는 Methane, Acetylene, Ammonia와 같은 인화성 가스, 또는 Phosphine, Arsine 같은 독성가스가 될 수 있다.

6 제5급(Class 5) – 산화성 물질 및 유기과산화물 (Oxidizing substances & Organic peroxides)

제5급은 산화성 물질과 유기과산화물을 말하며, 다음과 같이 세분한다.

등 급	정 의
제5.1급 산화성 물질	반드시 그 물질 자체가 연소하지는 아니할지라도, 일반적으로 산소를 발생시켜 다른 물질의 연소를 유발하거나 돕는 물질
제5.2급 유기과산화물	2가의 -O-O-결합을 가지며, 하나 또는 두 개의 수소원자가 유기래디칼(organic radical)로 치환된 과산화수소의 유도체로 간주 될 수 있는 유기물질(organic substance)

(1) 산화성물질

이 급에는 열분해과정에서 분자 중에 포함되어 있는 산소를 방출하는 기능이 있는 무기화합물이 주로 포함된다. 방출된 산소는 다른 물질과 반응하여 산화물(oxide)을 형성하는데, 이러한 과정을 산화(oxidation)라고 한다. 철이 녹스는 경우가 전형적인 산화반응의 예로서, 물에 용해되어 있는 산소는 철과 반응하여 산화철(iron oxide), 즉 녹(rust)을 발생시킨다.

$$4Fe + 3O2 \rightarrow 2Fe_2O_3$$

가솔린, 파라핀, 알코올, 종이, 설탕, 석탄 등의 유기물질이 화재 중 산소와 반응하여 탄소산화물을 만드는 연소(burning)도 일종의 산화이다. 산화물질은 연소되는 물질의 연소강도를 증가시키고 소화가 잘되지 않게 하여 연소되는 물질의 위험성을 증가시킨다. 무기화합물 중 접미어로 "-ate"를 포함하고 있는 경우(nitrate, bromate, borate 등)는 산소(oxygen)를 포함하고 있음을 의미하며, 산화제(oxidizer)라고 생각하면 된다. 접두어 "per"를 가지고 있는 물질(permanganate, perchlorate, peroxide)도 같은 경우로 추가적인 산소를 가지고 있음을 의미한다. 염소(chlorine) 또한 강산화제로 chlorate, hypochlorite와 같은 화합물이 있다.

IMDG Code에서 규정하고 있는 산화성고체(oxidizing solid)의 판정기준은 다음과 같다.

기준이 되는 표준물질(potassium bromate: cellulose by mass)의 연소시간표를 참고한다.

[산화성고체의 표준연소시간표]

혼합비율(potassium bromate: cellulose)	PG	Burning time(sec)
30:70 (3:7)	III	100
40:60 (2:3)	II	54

산화성고체인지, 산화성고체라면 PG은 무엇인지 알기 위하여 potassium bromate 대신 시험물질과 cellulose 혼합물을 만들어 연소시험을 하여 자료를 구한다.

[판정용 산화성고체의 연소 시간표]

혼합비율 (시험물질 : cellulose)	Burning time (sec)	판정
50:50 (1:1)	?	왼쪽 연소시간 중 빠른 시간을 표준물질의 연소시간과 비교. 4초 이하는 PG I, 4~54초는 PG II, 54~100초는 PG III.
80:20 (4:1)	?	

(2) 유기과산화물

유기과산화물은 열에 불안정한 물질로 자기가속발열분해(exothermic self-accelerating decomposition)를 한다. 더불어 다음과 같은 특징이 있다.

- 폭발적으로 분해되기 쉽다.
- 순간적으로 연소한다.
- 충격과 마찰에 매우 예민하다.
- 다른 물질과 위험한 반응을 한다.
- 눈을 손상시킨다.

산화제인 과산화수소에서 유도된 유기과산화물은 강산화제가 되고 통상적인 운송온도에서도 열적으로 불안정한 물질이 된다. 분해작용은 온도의 상승에 의하여 촉발되기도 하지만 불순물이 혼입되는 경우에도 일어난다. 발열분해작용은 때때로 폭발적으로 일어나며 유해하거나 인화성이 높은 가스를 발생시킨다. 이런 측면에 보면 유기과산화물은 제4.1급의 자기반응성물질과 유사하다.

7 제6급(Class 6) – 독물 및 전염성 물질 (Toxic & Infectious substances)

제6급은 독물 및 전염성 물질을 말하며, 다음과 같이 세분한다.

등 급	정 의
제6.1급 독물	삼키거나 흡입하거나 또는 피부접촉에 의하여 사망 또는 중상을 일으키거나 인간의 건강에 해를 끼치기 쉬운 물질
제6.2급 전염성 물질	병원체를 함유하고 있는 것으로 알려져 있거나 또는 이론적으로 함유되어 있을 것으로 추정되는 물질

(1) 제6.1급 독물

어떤 물질이 경험상 또는 동물실험의 결과 사람을 치사시키거나 독성작용을 일으키는 경우 독성물질에 포함된다. IMDG Code에서의 독성물질은 육상의 고정사업장에서 주로 이용되는 산업안전이나 보건에 관한 규정이 급성독성과 더불어 장기적이고 반복적인 독성작용까지 고려하는 것과는 달리 화물의 운송 중 누출이나 유출에 따른 급성독성에 대한 영향에 초점을 맞추고 있다.

독성물질이 인체 내로 유입되는 경로는 다음과 같이 크게 3가지 경로를 고려할 수 있다.

- 경구(oral route) : 입(mouth)과 위장관계(gastrointestinal)로 유입
- 경피(dermal route) : 피부(skin)를 통한 흡수
- 흡입(inhalation route) : 호흡과정 중 폐(lung)를 통한 유입

일반적인 상황에서 고의로 사람이 독성물질을 먹는 일이 없음으로 독성물질에 의한 사고는 피부와 호흡을 통한 중독사고가 대부분이다. 특히, 피부와 호흡을 통한 독성물질의 유입은 직접적으로 순환계(bloodstream)로 유입되어 직접적인 독작용을 나타내며, 간(liver)을 통한 해독작용도 용이하지 않다. 따라서 입과 위장관계로 유입된 독성물질의 독성작용보다 위험할 수 있다. 특히 수은(mercury)과 납 알킬(lead alkyl)은 삼키는 경우보다 피부와 호흡을 통한 체내 유입이 보다 치명적인 중독을 일으킨다.

경험치가 없는 어떤 물질이 급성독성물질인지의 판단은 경구 및 경피 실험을 통한 반수치사량(LD_{50}, median lethal dose)을 이용하거나 흡입 실험을 통한 반수치사농도(LC_{50}, median lethal concentration)를 이용한다.

독성물질에 대한 IMDG Code의 기준은 다음 표와 같다.

[제6.1급 독성물질의 포장등급(PG) 판정기준표]

PG	Oral LD_{50}(mg/kg)	Dermal LD_{50}(mg/kg)	Inhalation LC_{50}(㎎/L)
I	≤ 5	≤ 50	≤ 0.2
II	5< ~ 50 ≤	50< ~ 200 ≤	0.2< ~ 2.0 ≤
III	50< ~ 300 ≤	200< ~ 1,000 ≤	2.0< ~ 4.0 ≤

* LD_{50}, acute oral toxicity : male & female young adult albino rats / within 14days
* LD_{50}, acute dermal toxicity : albino rabbits, 24 hours contacts / within 14days
* LC_{50}, acute toxicity on inhalation : male & female young adult albino rats, 1 hour continuous inhalation / within 14days. / ㎎/L – dust & mist, ㎖/㎥(ppm) – vapour
* 최루가스(tear gas substance)는 독성수치가 PG III에 해당되는 경우도 PG II에 포함시킨다.

(2) 제6.2급 전염성 물질

동물 또는 인간에게 전염성 질병을 일으킨다고 알려져 있거나 또는 합리적으로 추정되는 미생물(bacteria, viruses, rickettsiae, parasites, fungi) 또는 prion과 같은 매개체를 병원체(Pathogens)라고 하며, 이러한 병원체로 알려졌거나 병원체를 포함하고 있는 물질이 제6.2급 위험물에 해당된다.

8 제7급(Class 7) – 방사성 물질(Radioactive material)

원소(element)를 구성하고 있는 원자(atom)는 핵(nucleus)과 전자(electrons)로 구성되어 있고 핵은 다시 양성자(protons)와 중성자(neutrons)로 나누어 생각할 수 있다.

atom + atom = element

atom = nucleus (protons + neutrons) + electrons

한 원소를 구성하는 각 원자의 질량은 모두 동일하지 않다. 이는 소수의 원자가 다른 수의 중성자(neutron)를 가지고 있기 때문이다. 이러한 경우를 동위원소(isotope) 또는 핵종(nuclide)이라고 한다. 이러한 예를 수소에서 찾을 수 있는데 수소는 3종의 동위원소를 가지고 있다.

[수소의 동위원소]

이름	원자질량	다른 영문이름
경수소 (hydrogen-1)	1	protium
중수소 (hydrogen-2)	2	deuterium
삼중수소 (hydrogen-3)	3	tritium

3종의 동위원소는 모두 같은 수의 양성자와 전자를 가지고 있으며 화학적 성질도 같다. 그러나 중성자의 수는 다르다. 자연상태의 수소는 99.9%의 경수소와 0.1%의 중수소 또는 삼중수소로 구성되어 있다.

동위원소(isotope)간의 구별은 Co-60(cobalt-60), U-235(uranium-235)과 같이 화학기호와 원자량을 조합하여 구분한다.

중성자의 수가 양성자의 수보다 월등히 많아지면 동위원소들은 불안정해진다. 이때 핵(nuclei)으로부터 소립자(particles)를 방출하여 안정화를 추구하게 된다. 이러한 현상은 Uranium, Radium, Thorium과 같은 무거운 원소에서 일반적으로 일어나며, 가이거 계수관(Geiger counter)을 이용하여 방출되는 소립자를 측정할 수 있다. 이러한 물질을 방사성 동위원소(radioactive isotopes, radioisotopes) 또는 방사성 핵종(radionuclides)이라고 한다.

방출되는 소립자는 α소립자와 β소립자, 2가지 유형으로 구분된다. α(alpha)소립자는 공기 중에서 수cm정도 이동하며, β(beta)소립자는 수m 이동할 수 있다. 방출되는 소립자는 종종 γ(gamma)방사선 형태의 에너지를 동반한다.

방사성 원소는 자연 붕괴되어 새로운 원소가 되고 새로운 원소는 다시 자연 붕괴된다. 이러한 과정은 안정된 동위원소가 될 때까지 반복된다.

다량의 원자가 분열되면 엄청난 양의 에너지가 방출되는데 이를 핵분열(nuclear fission)이라고 하며, 핵분열을 일으키는 원소를 핵분열성물질(fissile)이라고 한다. 핵분열성 물질에는 Uranium-233, Uranium-235, Plutonium-238, Plutonium-239, Plutonium-241 그리고 이들 방사성동위원소 들이 결합된 물질이 있다. 핵분열성동위원소의 핵에 중성자를 조사(irradiate)시키면 중성자를 흡수하여 불안정한 상태가 되어, 다시 2개의 절반으로 분열되며 더 많은 에너지와 중성자를 방출한다. 이는 다시 더 많은 원자가 분열되도록 하여 더 많은 에너지와 중성자를 방출하게 된다. 이러한 연쇄적 반응은 반복해서 일어나고 순식간에 거대한 양의 에너지를 방출하게 된다.

방사성물질의 주요 위험성은 눈에 보이지 않는 방사선에 의한 신체 내·외부적인 손상이라고 할 수 있다. 또한 열의 방출과 핵분열 연쇄 반응이 일정한 비율로 유지되는 위험한 상태(criticality)로 진행될 수 있는 잠재적 위험성이 있다.

방사성동위원소의 활성을 표시하는 국제단위계는 과거의 Ci(curie)를 대신하여 Bq(becquerel)를 사용한다. Bq는 방사능을 발견한 A. H. Becquerel(1852~1908)의 이름에서 연유되었다. becquerel은 방사능동위원소의 붕괴속도를 나타내며 포장의 내용물과 관련이 있다.

이전에 rem(roentgen equivalent man)으로 쓰였던 Sv(sievert)는 등가의 조사량으로 여러 방사선의 상대적 영향을 측정한다. 1 Sv = 100 rem이다. Sv는 방사능핵이 담긴 포장의 외부에 표시하는 운송지수(transport index)의 계산에 이용되며, 운송지수의 값은 포장의 한 점으로부터 1 m 떨어진 지점에서 탐지할 수 있는 최대 방사선 양에 따라 정해지며, 보통 1~10의 값으로 표시된다.

방사능 물질이 제7급 위험물로 분류되는 경우는 운송품내의 방사능 농도(activity concentration)와 총 방사능(total activity)이 각 방사성핵종마다 설정된 기준치를 초과할 때 이러한 방사성 핵종을 함유하고 있는 재료(material)를 말한다. 개별 방사성 핵종에 대한 기준치는 IMDG Code 제2.7.2.2.1항~제2.7.2.2.6항 및 IAEA가 발행한 Regulation for the Safe Transport of Radioactive Material, Safety Standards Series No. ST-1, 401 항목에 명시되어 있다. 어떤 재료의 활성이 70 kBq/kg 초과되는 경우 방사능물질로 간주하던 과거의 총괄적 정의에서 각 방사능 물질에 대한 기준치를 제시하고 그 기준치를 넘는 경우 위험물로 판단하는 개별적 정의로 변경하여 시행하고 있다. 2022년 판 IMDG Code에는 제7급 방사성물질에 26개의 UN번호가가 지정되어 있다.

9 제8급(Class 8) – 부식성 물질(Corrosive substances)

제8급 물질은 생체조직과 접촉 시 화학반응에 의하여 심각한 손상을 줄 수 있거나, 누출된 경우에는 기계적 손상, 다른 화물에 대한 파손 및 운송장치에 고장을 초래할 수 있는 물질을 말한다.

제8급에는 유기 및 무기물질 그리고 이러한 물질이 포함되어 있는 제품이 해당된다. 이 급에 속하는 물질의 일반적인 성질은 피부, 눈, 점막 등 생체조직에 손상을 줄 수 있고 선박의 금속 구조재를 부식시킬 수 있다. 대부분의 물질이 산성이거나 염기성의 성질을 나타낸다.

(1) 산류(acids)

산은 수소를 포함하고 있는 물질로 물에 녹으면 해리되어 수소이온을 발생한다. 산성용액의 산도를 측정하는 가장 간편한 방법은 리트머스시험지를 이용하여 적색으로 변색되는지 여부를 관찰하여 판단하는 것이다. 이온화정도의 측정은 pH(potential of hydrogen)측정기를 이용한다. 기기는 0~14의 측정

범위를 가지고 있으며, 중성(neutral) 7을 기준으로 7 이하는 산성(acidic), 7 이상은 염기성(alkaline)으로 판단한다.

황산, 질산, 염산 등 무기산(inorganic acids, mineral acids)은 물속에서 대부분 해리(dissociate)되어 pH "0"에 근접하게 되며 강산으로 부른다.

Carboxylic acid로 대표되는 유기산(organic acids)은 "-COOH-"구조를 포함하고 있으며 pH 2~5의 약산인 경우가 대부분이다. 일반적으로 산도가 강할수록 피부, 눈 및 금속에 강한 부식성을 보인다. 다음의 염산과 철의 반응에서 보듯 대부분의 금속은 무기산과 반응하여 수소와 염(salt)을 형성한다.

$$2HCl + Fe \rightarrow FeCl_2 + H_2$$

(2) **알칼리류**(alkalis)

산화금속(metal oxides)과 수산화물(hydroxides)은 염기(塩基, bases)로 물에 녹지 않는다. 알칼리류(alkalis)는 물에 녹아 리트머스시험지를 청색으로 변색시키고 pH 값이 7 이상을 나타내는 염기이다.

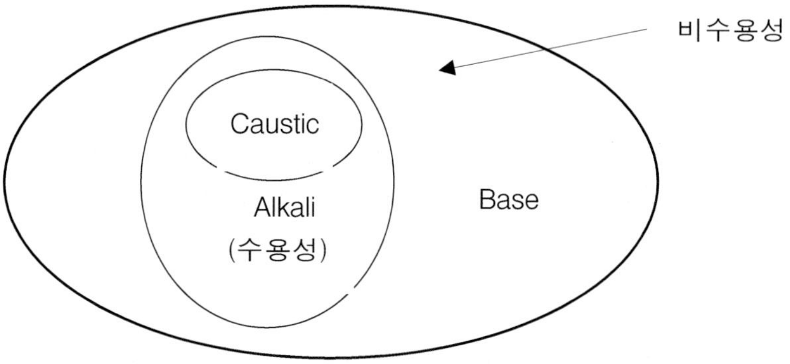

[용어 Base, Alkali 및 Caustic의 개념도]

일반적인 알칼리의 예로 수산화나트륨(sodium hydroxide), 수산화칼륨(potassium hydroxide), 암모니아(ammonia), 탄산나트륨(sodium carbonate) 등이 있으며, 염기는 산을 중화시켜 염(salt)과 물을 생성시킨다. 예로 수산화나트륨은 염산과 반응하여 식용소금과 물을 생성한다.

$$HCL + NaOH \rightarrow NaCl + H_2O$$

이러한 반응은 강력한 발열반응으로 일부 산과 염기를 거리를 두고 적재하여야 하는 이유가 되며, 동일한 급(class)이지만 혼적 불가 한 예가 된다.

수산화나트륨과 수산화칼륨은 물로 희석되더라도 피부와 눈을 자극한다. 이런 이유로 이러한 물질에 가성(苛性,[3]) caustic)이라는 이름을 붙인다. 묽은 수산화나트륨용액을 손가락 사이에서 문질러보면 곧 미끄럽게 느껴지는데 이는 묽은 수산화나트륨 용액이 피부의 지방을 유화시켰기 때문이다.

암모니아를 물에 녹이면 알칼리와 유사한 반응을 보이는데, 이는 다음 식에서 보듯 물속에 수산화이온(hydroxide ions)을 형성시켰기 때문이다.

$$NH_3 + H_20 \rightarrow NH_4^+ + OH-$$

암모니아에서 유도 된 많은 유기아민류(organic amines) 또한 염기이다(예, Diethyamine).

어떤 물질이 IMDG Code에서 Class 8로 분류되는 경우는 흡입에 따른 위험성 및 물과의 반응성을 고려하여 경험치를 최우선으로 하여 정하게 된다. 경험치가 없는 경우 실험을 통하여 그 물질이 부식성물질인지 여부를 판단하게 된다. 판단을 위한 시험기준으로는 "OECD Guidelines for testing of chemicals No. 404 "Acute dermal Irritation/Corrosion" 1992."가 있다. 이 실험치에 의한 결과를 보고 다음 기준에 따라 포장등급(Packing group, PG)을 정하게 되고, 적합한 포장용기를 선정하여 선적을 위한 준비를 하게 된다.

제8급 위험물의 포장등급 지정을 위한 기준은 다음과 같다.

- PG I : 피부시험 - 물질을 피부에 3분 이내로 접촉 시킨 후 1시간 동안 피부괴사를 관찰했을 때 완전괴사가 일어나는 경우.
- PG II : 피부시험 - 물질을 피부에 3분~60분 정도 접촉 시킨 후 14일 동안 관찰했을 때 완전괴사가 일어나는 경우.
- PG III : 피부시험 - 물질을 피부에 1~4시간 정도 접촉 시킨 후 14일 동안 관찰했을 때 완전괴사가 일어나는 경우 /또는 완전괴사의 징후는 없으나

3) 가(苛) -까다로울 가, 혹독할 가 / caustic alkali - 가성 알칼리

55℃에서 1년간 알루미늄이나 강재의 표면에 부식성시험을 하여 6.25mm 깊이를 초과하는 부식이 발생했을 때, 이를 표로 정리하면 다음과 같다.

[제8급 위험물 포장등급(PG) 지정기준]

PG	접촉시간	완전괴사 발현시간
I	3분 이하	60분
II	3 ~ 60 분	0~14일
III	1시간 ~ 4시간	0~14일
III	피부괴사는 없으나 55℃에서 1년간, steel 또는 Aluminium 부식성 시험	6.25mm 이상의 부식 발생 시 부식성 물질로 판정.

수은(mercury metal)도 제8급의 부식성 물질에 포함되어 있는데, 이는 알루미늄에 대한 부식성 때문이다.

10 제9급(Class 9)-유해성 물질 (Miscellaneous Dangerous Substances & Articles)

10.1 제9급의 정의

제9급 물질과 제품은 운송 중 다른 급에 포함되지 않은 위험성을 나타내는 물질과 제품을 말한다. 이러한 물질과 제품은 다음과 같은 유형으로 구분해볼 수 있다.

- 다른 급에 해당되지 않는 물질 및 제품으로 1974년 SOLAS(개정분 포함) 제VII장 A편(위험물의 운송)에서 명시하고 있는 위험물의 특성과 같은 위험성이 있음이 경험에 의하여 증명되었거나 증명될 수 있는 물질이 제9급에 포함 된다. 석면과 PCBs와 같은 발암물질(carcinogens) / Benzaldehyde, 아주까리 열매(castor bean)와 같은 자극적이고 알레르기를 유발시키는 물질(irritants and allergens) / 드라이아이스, 훈증된 컨테이너와 같이 질식

작용을 일으킬 수 있는 물질이 제9급 위험물에 포함되는 물질의 구체적인 예이다.

- 1974년 SOLAS(개정분 포함) 제VII장 A편의 규정에는 적용되지 아니하지만, MARPOL 73/78 부속서 III의 규정이 적용되는 물질(해양오염물질)로 Class 1~Class 8의 주 위험성에 부가하여 부 위험성으로 취급되는 경우가 아니면 제9급에 해당된다.
- 구명장비로 사용되는 용품들도 CLASS 9의 위험물로 분류된다. 자체팽창(self-inflating) 및 자기발열과 관련된 대부분의 구명장비 등은 폭발성과 발열성, 가스와 관련된 다양한 위험성 등 을 내포하기 때문에 기타 위험물의 범주로 분류된다.
- UN 번호 3090, 3091, 3480, 3481로 분류되는 리튬배터리 및 배터리를 포함한 장비는 모두 CLASS 9의 위험물로 분류된다. 이러한 리튬배터리 관련 위험물은 UN38.3 TEST를 완료하고 안전성 및 단락사고 방지 등이 가능한 보완장치가 필요하다. 뿐만 아니라 제조사가 책임 있게 안전관리 해야만 하는 조항 등을 제1권 2.9.4 장에서 규정하고 있다.
- 액체 상태이고 100℃ 이상의 온도로 운송되는 물질 및 고체물질이고 240℃ 이상의 온도로 운송되는 물질도 제9급 위험물에 포함된다.
- 자연적 재생산의 결과로 일어나는 통상적인 방식이 아닌 다른 방식으로 동물, 식물 및 미생물의 변화를 초래할 수 있는 유전자조작미생물(GMMO) 또는 유전자조작생물(GMO)로 전염성물질에 대한 정의에 해당되는 않는 물질. 이 경우 제9급 위험물로 분류하고 UN번호 3245를 부여하여 운송한다. 단 수출국, 경유국 및 수입국 주 관청의 사용승인을 득한 경우는 IMDG Code를 적용하지 않는다.
  - GMMO - Genetically modified micro-organism
  - GMO - Genetically modified organism

10.2 해양오염물질(Marine Pollutant)의 분류

해양오염물질이라 함은 해산물에 대한 축적 가능성 또는 수중생물에 대한 고독성 때문에 MARPOL 73/78 부속서 III(개정분 포함)의 규정에 따르는 물질을 말한다. 이러한 물질은 MARPOL 73/78 부속서 III(개정분 포함)의 규정에 따라 운송하여야 한다.

해양오염물질은 IMDG Code의 위험물목록(DGL)과 색인(index)에 "P"로 표시되어 있다. 해양오염물질로 사전에 분류되어있지 않은 어느 물질이 다음 표 중의 3가지 기준, 즉, 급성독성 1(Acute 1), 만성독성 1(Chronic 1) 및 만성독성 2(Chronic 2)의 어느 기준 중 하나에 포함 된다면 해양오염물질로 분류하고, 고체인지 액체인지에 따라 "UN 3077"이나 "UN 3082"로 분류하여 운송한다.

Category: Acute 1

96 hr LC50 (for fish)	≤ 1 mg/l and /or
48 hr EC50 (for crustacea)	≤ 1 mg/l and /or
72 or 96 hr ErC50 (for algae or other aquatic plants)	≤ 1 mg/l

Category: Chronic 1

96 hr LC50 (for fish)	≤ 1 mg/l and /or
48 hr EC50 (for crustacea)	≤ 1 mg/l and /or
72 or 96 hr ErC50 (for algae or other aquatic plants)	≤ 1 mg/l

그리고 이 물질이 쉽게 분해되지 않거나 또는(and/or) 옥탄올·물 분배계수(log Kow) ≥ 4인 경우 (생물학적농축계수(BCF) 실험값이 < 500이 아니면)

Category: Chronic 2

96 hr LC50 (for fish)	1 < ~ ≤10 mg/l and /or
48 hr EC50 (for crustacea)	1 < ~ ≤10 mg/l and /or
72 or 96 hr ErC50 (for algae or other aquatic plants)	1 < ~ ≤10 mg/l

그리고 이 물질이 쉽게 분해되지 않거나 또는(and/or) 옥탄올·물 분배계수(log Kow) ≥ 4인 경우 (생물학적농축계수(BCF) 실험값이 < 500이 아니면), 무관찰작용농도(NOECs)의 만성독성치가 > 1 ㎎/L이 아닌 경우.

* BCF : Bio-concentration Factor
* EC_{50} : the effective concentration of substance that causes 50% of the maximum response
* ErC_{50} : EC_{50} in terms of reduction of growth
* kow : octanol/water partition coefficient
* LC_{50} : 50% lethal concentration; the concentration of a substance in water which cause the death of 50%(one half) in a group of test animals
* NOEC : No observed effect concentration

2부

IMDG Code

제 3 장

IMDG Code 개요

➡ 제41차 IMDG Code는 VOLUME 1과 VOLUME 2, 두 권으로 구성되어 해상으로 운송하는 위험화물의 관리에 대한 사항을 폭넓게 다루고 있다. 추가하여 1권의 부속서(SUPPLEMENT)에서는 비상대응, 응급처리 및 컨테이너 수납지침 등에 대한 사항을 전반적으로 정리하고 있다.

1 IMDG Code 도입배경

제2차 세계대전 이후 화학공업의 급속한 발전과 함께 화학제품의 해상수송량 또한 급격히 늘어나게 되었다. 이에 위험물에 의한 사고를 미연에 방지하고자 위험물 선박운송에 관한 국제적 통일기준의 제정 필요성이 대두되었고, 마침내 1960년에 열린 SOLAS회의에서 SOLAS 협약 제7장(위험물의 운송)에 명문화시키게 되었다.

이후, SOLAS 협약에 의해 위험물해상운송에 관한 국제규칙을 제정토록 권고 받은 국제해사기구(IMO)는 1956년 완성된 UNRTDG를 기초로 해서 위험물 해상운송의 안전기준에 대한 상세한 규정을 개발하였고, 마침내 1965년 화약류에 대한 규정을 마지막으로 국제해상위험물규칙(IMDG Code)이 제정되었다.

2 IMDG Code의 역사와 강제적용

IMDG Code는 1965년에 제정된 이후로 계속적으로 변화하는 산업의 요구에 맞추고 모든 운송형태에 대한 기본적 요건을 결정하는 "UN권고"와 조화를 이루기 위해서 외양이나 내용 면에서 많은 변화가 있게 되었다.

그러나 1998년까지 무려 29차례나 개정됨으로써 잦은 개정으로 인한 각 정부 및 산업계의 불만이 고조되었는데, 특히 1989년에 대폭적인 개정(제25차 개정)으로 전 4권의 약 3천 쪽이나 되는 IMDG Code를 발간하고 나서 4년 뒤 1993년에 "UN권고"와의 조화 및 국제해양오염방지협약(MARPOL) 부속서Ⅲ의 발효에 따른 포장오염물질 수용 등의 이유로 다시 한 번 큰 폭의 개정(제27차 개정)을 함에 따라 개정주기 및 Code집 분량에 대한 개선이 강력히 요청되었다.

이에, 미국이 1994년 1월에 개최된 제45차 위험물운송소위원회(CDG 45)에서 기존의 IMDG Code를 새롭게 해, 두 권의 타블로이드板(A4 사이즈)으로 편집함으로써 실용성과 간결성을 도모하자고 제시하였고, 이는 2년 주기의 개정뿐만 아니라 복잡하게 엉켜있는 제반 문제를 상당히 해소하여 줄 것이라고 판단됨에 따라 2000년 제 30차 개정판은 새로운 형태의 IMDG Code로 완성토록 결정하였다.

IMDG Code는 위험물의 해상운송에 관한 국제규칙으로서 1965년 제정된 이래 위험물의 해상운송에 따른 규제의 시급성에도 불구하고 권고사항으로 유지되어오다가 IMO 해사안전위원회(MSC)의 결의 MSC.123(75)에 따라 SOLAS협약 제7장에 강제화에 대한 문구가 삽입되게 되어 2002년 31차 개정 IMDG Code(2004년 1월 1일 적용)부터 Code의 대부분이 강제화 되었다. 2023년 현재 2022년 판 IMDG Code(41차 개정판)가 출판되어 있으며, 2023년 1월 1일부터 적용 되었다.

"Volume 1"에서 1.3장 (훈련부분 일부), 2.1장 (화약류 소개), 2.3.3장 (인화점의 결정), 3.2장 (Ems대응절차 외), 5.4.5장 (위험물신고서류 양식), 7.8장 (사고에 대한 특별요규사항) 과 "Volume 2"에서 Appendix B 부분이 현재 권고사항으로 남아있다.

[IMDG Code의 제정 과정]

1929년 SOLAS 회의 : 국제적인 위험물해상규칙 필요성 강조

↓

1948년 SOLAS 회의 : 위험물선박운송에 관한 최초의 협약규칙 도입

↓

UN 경제사회이사회의 위험물운송전문가위원회가 위험물의 적용, 분류, 품목, 표지 및 운송서류 등에 관한 보고서 완성 (UN Recommendation, 1956년)

↓

IMO 발족 (1958년)

↓

1960년 SOLAS 회의 : · 위험물 운송관계를 SOLAS 협약 제7장에 명문화
· 위험물 해상운송에 관한 국제규칙 개발을 IMO에 권고

↓

IMO는 UN위험물운송전문가위원회와 합동으로 IMDG Code를 개발(1965년)

↓

1965년 IMO 총회에서 총회결의81(Res A81)로 IMDG Code 채택

↓

IMDG Code

3 IMDG Code의 구성

2022년 판 (41차 개정, 2023년 1월 1일부터 적용) IMDG Code는 본문 2권과 부록 1권으로 구성되어있다.

아래에서 각 권의 내용에 대해 살펴보도록 하자.

3.1 제1권(Volume 1)

1) 제1장－일반규정, 용어정의 및 훈련(GENERAL PROVISIONS, DEFINITIONS AND TRAINING)

.1 제1.1장－일반규정(General provisions)

.2 제1.2장－용어정의, 측정단위와 약어(Definitions, units of measurement and abbreviations)

.3 제1.3장－훈련(Training)

.4 제1.4장－보안규정(Security provisions)

.5 제1.5장－제7급 관련 일반규정(General provisions concerning class 7)

2) 제2장－분류(CLASSIFICATION)

.1 제2.0장－소개(Introduction)

.2 제2.1장－1급/화약류(Class 1 - Explosives)

.3 제2.2장－2급/가스류(Class 2 - Gases)

.4 제2.3장－3급/인화성액체(Class 3 - Flammable liquids)

.5 제2.4장－4급/가연성고체; 자연발화성 물질; 물 접촉시 인화성가스를 방출 하는 물질(Class 4 - Flammable solids; substances liable to spontaneous combustion; substances which, in contact with water, emit flammable gases)

.6 제2.5장－5급/산화성물질 및 유기과산화물(Class 5 - Oxidizing substances and organic peroxides)

.7 제2.6장－6급/독성 및 전염성물질(Class 6 - Toxic and infectious

substances)

.8 제2.7장－7급/방사선물질(Class 7 - Radioactive material)

.9 제2.8장－8급/부식성물질(Class 8 - Corrosive substances)

.10 제2.9장－9급/기타 위험물과 제품 그리고 환경유해물질(Miscellaneous dangerous substances and articles(class 9) and environmentally hazardous substances)

.10 제2.10장－해양오염물질(Marine pollutants)

3) 제4장－포장 및 탱크 규정(PACKING AND TANK PROVISIONS)

.1 제4.1장－IBC 용기. 대형용기를 포함한 포장용기의 사용(Use of packagings, including intermediate bulk container(IBCs) and large packagings)

.2 제4.2장－이동식 탱크 및 집합형가스컨테이너의 사용(Use of portable tanks and multiple-element gas containers(MEGCs)

.3 제4.3장－산적컨테이너의 사용(Use of bulk containers)

4) 제5장－운송 절차(CONSIGNMENT PROCEDURES)

.1 제5.1장－일반규정(General provisions)

.2 제5.2장－IBCs를 포함한 포장용기의 표지 및 라벨(Marking and labelling of packages including IBCs)

.3 제5.3장－화물운송장치의 표지 및 대형라벨(Placarding and marking of cargo transport units)

.4 제5.4장－운송서류(Documentation)

.5 제5.5장－특별규정(Special provisions)

6) 제6장－포장용기, 중형산적용기, 대형용기, 이동식 탱크, 집합형가스컨테이너 및 도로용탱크차의 구조 및 실험규정(CONSTRUCTION AND TESTING OF PACKAGINGS, INTERMEDIATE BULK CONTAINERS (IBCs), LARGE PACKAGINGS, PORTABLE TANKS, MULTIPLE-ELEMENT GAS CONTAINERS(MEGCs) AND ROAD TANK VEHICLES)

.1 제6.1장－용기의 제작 및 실험규정(Provisions for the construction and testing of : other than for class 6.2 substances)

.2 제6.2장－압력용기, 에어로졸디스펜서. 가스용 소형용기(가스카트리지) 및 인화성액화가스가 포함된 연료전지카트리지(Provisions for the construction and testing of pressure receptacles. aerosol dispensers, small receptacles containing gas(gas cartridges) and fuel cell cartridges containing liquefied flammable gas)

.3 제6.3장－6.2급 물질용 용기의 제작 및 실험규정(Provisions for the construction and testing of packagings for class 6.2 infectious substances of category A)

.4 제6.4장－7급 물질용 용기 및 제품의 구조, 시험 및 승인규정(Provisions for the construction, testing and approval of packages and material of class 7)

.5 제6.5장－중형산적용기의 구조 및 시험규정(Provisions for the construction and testing of intermediate bulk containers(IBCs))

.6 제6.6장－대형용기의 구조 및 시험규정(Provisions for the construction and testing of large packagings)

.7 제6.7장－이동식 탱크 및 집합형가스컨테이너(MEGCs)의 설계, 구조, 검사 및 시험규정(Provisions for the design, construction, inspection and testing of portable tanks and multiple-element gas container (MEGCs))

.8 제6.8장－도로용 탱크차의 규정(Provisions for road tank vehicles)

.9 제6.9장－산적용기의 구조 및 시험규정(Provisions for the design, construction, inspection and testing of bulk container)

7) 제7장－운송에 관한 규정(PROVISIONS CONCERNING TRANSPORT OPERATIONS)

.1 제7.1장－적재(Stowage)

.2 제7.2장－격리(Segregation)

.3 제7.3장－위험물 관련사고 및 화재예방을 위한 특별규정(Special provisions in the event of an incident and fire precautions involving dangerous goods)

.4 제7.4장－선박을 이용한 화물운송장치 운송(Transport of cargo transport units on board ships)

.5 제7.5장－화물운송장치 내의 위험물 수납(Packing of cargo transport units)

.6 제7.6장－바지운반선 위의 바지를 이용한 위험물 운송(Transport of dangerous goods in shipborne barges on barge-carrying ships)

.7 제7.7장－온도조정 규정(Temperature control provisions)

.8 제7.8장－폐기물의 운송(Transport of wastes)

.9 제7.9장－면제, 승인 및 증명(Exemptions, approval and certificates)

3.2 제2권(Volume 2)

1) 제3장－위험물 목록, 특별규정 및 면제 (DANGEROUS GOODS LIST, SPECIAL PROVISONS AND EXCEPTIONS)

.1 제3.1장－일반(General)

.2 제3.2장－위험물 목록(DGL, Dangerous Goods List)

.3 제3.3장－특정 물질, 재료 및 제품에 적용되는 특별규정(Special provisions applicable to certain substances, materials or articles)

.4 제3.4장－제한된 양으로 포장된 위험물(Limited quantities)

.5 제3.5장－극소량으로 포장된 위험물(dangerous goods packed in excepted quantities)

2) 부록 A－일반명 및 N.O.S. 적정선적명 목록(Appendix A - List of generic and N.O.S. proper shipping name)

3) 부록 B－용어의 정의(Appendix B - glossary of terms)

4) 색인 (Index)

3.3 부속서(Supplement)

1) 위험물운송선을 위한 비상조치법 (Emergency Response Procedures for

Ships Carrying Dangerous Goods, The EmS Guide)

2) 의료응급처치법 (Medical First Aid Guide for Use in Accidents Involving Dangerous Goods, MFAG)
3) 사고보고절차 (Reporting Procedures)
4) 화물운송장치 내 위험물 수납 지침 (IMO/ILO/UN ECE Guidelines for Packing Cargo Transport Units)
5) 선박에서 살충제의 안전한 사용을 위한 권고(Recommendations on the Safe Use of Pesticides in Ships)
6) 선박에서 화물창 훈증소독 시 살충제의 안전한 사용을 위한 권고(Recommendations on the Safe Use of Pesticides in Ships applicable to the Fumigation of Cargo Holds)
7) 선박에서 화물운송장치 훈증소독 시 살충제의 안전한 사용을 위한 권고 (Recommendations on the Safe Use of Pesticides in Ships applicable to the Fumigation of Cargo Transport Units)
8) 선박을 이용한 포장된 사용 후 핵연료, 플로토늄 및 고준위방사능폐기물의 안전한 운송을 위한 국제규칙(International Code for the safe Carriage of Packaged Irradiated Nuclear Fuel, Plutonium and High-Level Radioactive Wastes on board Ships, INF code)
9) 부록 : IMDG Code 및 부록에 관한 결의 및 회람문(Appendix: Resolutions and Circulars referred to in the IMDG Code and Supplement)

제 4 장

Dangerous Goods List(DGL)

➡ 컨테이너 수납검사 현장에서는 수출하는 화물에 대해 IMDG Code 규정을 적법하게 준수하였는지 확인하고 컨테이너 내부에 안전하게 위험화물이 적재되었는지 여부 등을 자세히 확인한다.

위험화물에 대한 세부정보는 다음 장에 첨부된 위험물목록표(Dadngerous Goods List)를 토대로 다양한 사항을 확인할 수 있도록 제시되어 있다.

[IMDG Code 3장 위험물목록표(DGL)]

Part 3 – *Dangerous Goods List, special provisions and exceptions*

	UN No.	Proper shipping name (PSN)	Class or division	Subsidiary hazard(s)	Packing group	Special provisions	Limited and excepted quantity provisions		Packing		IBC	
							Limited quantities	Excepted quantities	Instructions	Provisions	Instructions	Provisions
	(1)	(2) 3.1.2	(3) 2.0	(4) 2.0	(5) 2.0.1.3	(6) 3.3	(7a) 3.4	(7b) 3.5	(8) 4.1.4	(9) 4.1.4	(10) 4.1.4	(11) 4.1.4
	1268	PETROLEUM DISTILLATES, N.O.S. or PETROLEUM PRODUCTS, N.O.S.	3	–	II	–	1 L	E2	P001	–	IBC02	–
	1268	PETROLEUM DISTILLATES, N.O.S. or PETROLEUM PRODUCTS, N.O.S.	3	–	III	223 955	5 L	E1	P001 LP01	–	IBC03	–
	1272	PINE OIL	3	– P	III	–	5 L	E1	P001 LP01	–	IBC03	–
	1274	*n*-PROPANOL (PROPYL ALCOHOL, NORMAL)	3	–	II	–	1 L	E2	P001	–	IBC02	–
	1274	*n*-PROPANOL (PROPYL ALCOHOL, NORMAL)	3	–	III	223	5 L	E1	P001 LP01	–	IBC03	–
	1275	PROPIONALDEHYDE	3	–	II	–	1 L	E2	P001	–	IBC02	–
	1276	*n*-PROPYL ACETATE	3	–	II	–	1 L	E2	P001	–	IBC02	–
△	1277	PROPYLAMINE	3	8	II	–	1 L	E2	P001	–	IBC02	–

Chapter 3.2 – *Dangerous Goods List*

Portable tanks and bulk containers			EmS	Stowage and handling	Segregation	Properties and observations	UN No.	
	Tank instructions	Provisions						
(12)	(13) 4.2.5 4.3	(14) 4.2.5	(15) 5.4.3.2 7.8	(16a) 7.1 7.3–7.7	(16b) 7.2–7.7	(17)	(18)	
–	T7	TP1 TP8 TP28	F-E, S-E	Category B	–	Immiscible with water.	1268	
–	T4	TP1 TP29	F-E, S-E	Category A	–	See entry above.	1268	
–	T2	TP2	F-E, S-E	Category A	–	Volatile oils with characteristic odours. Flashpoint: 57°C to 60°C c.c. Immiscible with water.	1272	
–	T4	TP1	F-E, S-D	Category B	–	Colourless liquid. Explosive limits: 2% to 12%. Flashpoint: 15°C to 23°C c.c. Miscible with water.	1274	
–	T2	TP1	F-E, S-D	Category A	–	See entry above. Flashpoint: 23°C to 26°C c.c.	1274	
–	T7	TP1	F-E, S-D	Category E	–	Colourless liquid with a pungent odour. Flashpoint: below −18°C c.c. Explosive limits: 2.3% to 21%. Boiling point: 49°C. Miscible with water. Irritating to skin, eyes and mucous membranes.	1275	
–	T4	TP1	F-E, S-D	Category B	–	Colourless, clear liquid with a pleasant odour. Flashpoint: 10°C c.c. Explosive limits: 1.8% to 8%. Immiscible with water.	1276	
–	T7	TP1	F-E, S-C	Category E SW2	SG35	Colourless liquid. Flashpoint: below −18°C c.c. Explosive limits: 2% to 10.4%. Boiling point: 48°C. Miscible with water. Harmful if swallowed. Causes burns to skin, eyes and mucous membranes.	1277	△

1 IMDG Code 위험물목록(DGL) 각 항의 의미

1.1 UN No. – (1),(18)

United Nations Number로 UN위험물운송전문가소위원회(UNSCETDG, United Nations Sub-Committee of Experts on the Transport of Dangerous Goods)가 각각의 위험물에 지정한 고유번호이며, 4자리 수로 표기 된다. 화학물질의 이름은 동일물질이라도 제조자에 따라, 용도에 따라, 지역 및 국가에 따라 다양하다. 예를 들어 세탁소에서 드라이크리닝 시 사용되는 에틸렌사염화물 (Ethylene tetrachloride)은 Perchloroethylene, Tetrachloroethylene 또는 DOWPER 등 여러 가지 이름으로 불린다. 어떤 사고나 비상사태 시 대응자나 신고자는 자기에게 익숙한 이름으로 관련물질에 대한 정보를 유포시킬 것이며, 이를 접수한 상대편은 화학물질에 대한 지식정도에 따라 같은 물질 또는 다른 물질로 받아들일 것이다. 화학물질과 관련된 초기 대응에서 혼란을 유발할 개연성이 매우 높은 것이다. 이러한 이유로 화학명이 아닌 UN번호 1897, 즉 4자리 숫자로 된 정형화된 정보의 제공은 다양한 혼란을 일시에 제거할 수 있을 것이다. 이런 이유로 세계 공통으로 사용 중인 아라비아 숫자를 이용하여 UN번호를 만들었으며, UN번호의 의미는 다음과 같다.

(1) 위험물질, 위험제품에만 부여되는 식별번호이다.
(2) 비상조치 또는 의료응급조치에 필요한 자료를 쉽게 찾아 볼 수 있도록 편리성을 높여준다.
(3) 현재(2023년, 41차 개정)까지 UN 번호 0004~3550 으로 부여되어있다.
(4) 부여된 번호가 연속적이지는 않다. 예를 들어 UN번호 0004~0513까지는 화약류이고, 다음 이어지는 번호는 1001이며 가스류이다.

1.2 Proper Shipping Name(PSN) – (2)

(1) MARPOL 73/78 부속서 3의 제4규칙(서류)에서 요구되는 "올바른 전문명칭(correct technical name)"을 의미한다.

(2) 물질을 가장 정확하게 나타내는 등재부분으로 대문자로 표기되어 있다.

(가) 부가적인 설명은 대문자 뒤의 괄호 속에 소문자로 기재되어 있으며 적정선적명으로 간주되지 아니한다.

(나) 숫자. 그리스문자, "sec", "tert", "m", "n", "o", "p"의 문자는 적정선적명에 필요한 부분 임.

(다) N.O.S. : Not Otherwise Specified의 약어로 DGL의 다른 UN번호나 이름으로 등재되어 있지 않음을 의미한다.

(3) 적정선적명을 붙이는 방법에는 다음과 같이 4가지 경우로 나누어진다.

(가) 단일 등재명(Single entries): 명확히 정의 된 물질에 적용되는 이름

ex UN 1090 : ACETONE / UN 1194 : ETHYL NITRITE, SOLUTION

(나) 포괄적 등재명(Generic entries): 명확히 정의 된 물질그룹에 적용되는 이름

ex UN 1133 : ADHESIVES / UN 1266 : PERFUMERY PRODUCT

(다) 특정 N.O.S(Specific N.O.S): 특정의 성질을 가지는 물질그룹에 적용되는 이름

ex UN 1477 : NITRATES, INORGANIC, N.O.S. /
UN 1987 : ALCOHOLS, N.O.S.

(라) 일반 N.O.S(General N.O.S): 일반 위험물 분류 기준에 따른 이름

ex UN 1325 : FLAMMABLE SOLID, ORGANIC, N.O.S.
UN 1993 : FLAMMABLE LIQUID, N.O.S.

(4) 적정선적명 선정 시 주의사항

(가) 적정선적명은 단수 또는 복수 중 적당한 것으로 할 수 있다.

(나) And 또는 or와 같은 접속사가 소문자로 표기되어 있거나 쉼표로 끝나 있는 경우에는 등재부분 전체를 적정선적명으로 간주할 필요

가 없다.

ex UN1057- LIGHTERS or LIGHTER REFILLS의 적정선적명은 다음 중 가장 적당한 것으로 한다.

－LIGHTERS

－LIGHTER REFILLS

(다) 포괄적 등재명 또는 N.O.S. 등재명은 위험물의 성질을 명확하게 하기위해 다음과 같은 사항을 고려한 추가정보를 적정선적명 뒤의 괄호 안에 부기해야 한다.

* 추가정보는 반드시 공인된 화학명칭을 사용
* 살충제의 경우 ISO 또는 WHO에서 공인하는 명칭 또는 활성물질(농도포함)의 명칭을 사용
* 혼합물인 경우 위험성을 가장 크게 유발시키는 두 가지 성분만 표시
* 부위험성이 있는 경우 그 요인이 되는 성분의 명칭을 추가 표기
* 해양오염물질인 경우 해양오염물질로 인식된 명칭(해양오염물질이 살충제인 경우 ISO 승인명칭)을 표시
* N.O.S. 등재명에 전문명칭을 추가한 적정선적명의 보기
  －UN 2003, METAL ALKYL, N.O.S.(Trimethylgalium)
  －UN 2902, PESTICIDE, LIQUID, TOXIC(Aldrin 19%)

(라) 운송되는 상태에 따라 추가되는 적정선적명

* 고온으로 운송되는 위험물(100℃ 이상으로 운송되는 액체 또는 240℃ 이상으로 운송되는 고체위험물)인 경우: “HOT”
* 세정(cleaning)되지 아니한 빈용기:
  “RESIDUE LAST CONTAINED 혹은 EMPTY UNCLEANED”
* 폐기위험물(방사성 폐기물은 제외): “WASTE”

1.3 Class or division – (3)

급(Class)은 위험물의 성질에 따라 위험물을 분류한 것으로 위험물의 위험

등급을 나타내는 것은 아니다. 제1급의 위험물이 제2급의 위험물보다 더 위험하거나 제6급의 위험물이 제5급의 위험물보다 덜 위험하다는 의미는 아니다. 위험등급은 제1급~제9급(Class 1~Class 9)으로 분류되며 제3급, 제8급, 제9급을 제외한 나머지 위험등급은 제2.1급, 제4.3급, 제6.2급과 같이 세부등급(Subdivision) 세분화 된다.

제1급 화약류(Class) 등급(Division)은 "1.1L", "1.4S", "1.5D"와 같이 표기되며 다음 특징이 있다.

(가) 화약류의 위험성에 따른 분류

(나) 6가지 등급(등급 1.1~등급1.6)으로 나눔

(다) 위험순위[1]: 고위험 ← 1.1 > 1.5 > 1.2 > 1.3 > 1.6 > 1.4 → 저위험

(라) 13가지 혼적그룹('I'와 'M'을 제외하고 'A'에서 'N'까지와 'S')이 주어짐

1.4 Subsidiary risk(s) – (4)

주 위험성에 더하여 부가적인 위험성이 있는 경우 IMDG Code Part 2의 분류기준에 따라 위험성을 분류하여 표기되어있다. GHS 분류기준에 따른 해양오염물질이거나 IMDG Code 2008년판 이전의 해양오염물질 분류기준에 따라 "해양오염물질" 또는 "극 해양오염물질"로 판명된 물질의 경우 "P"로 표시되어 있다.

1.5 Packing group – (5)

위험물을 포장하기 위하여 위험물용기를 선정할 때의 기준으로 사용되며, 위험물의 위험정도에 따라 다음과 같이 각 물질에 포장등급(packing group)이 지정되어 있다.

1) IMDG Code, 7.2.7.2.1.3

(1) I : 고 위험성 물질
(2) II : 중 위험성 물질
(3) III : 저 위험성 물질

Class 1, Class 2, Class 4.1 중 자기반응성 물질(self-reactive substance), Class 5.2, Class 6.2 및 Class 7은 위험물 목록(DGL)에 포장등급이 표기되어 있지 않다. 이는 화약류 운송에서 보듯 강력한 포장용기가 강력한 폭탄의 역할을 하는 것과 같이 오히려 포장등급을 설정하는 것이 불가하거나 불합리한 경우이다. 특히 Class 4.1 중 자기반응성 물질과 Class 5.2에 해당하는 위험물은 DGL에 등급이 표기되어 있지 않더라도 포장등급 II로 지정 한다.

1.6 Special provisions – (6)

특별조항으로 특정 위험물에 관련된 특정 요구사항이나 예외사항을 번호로 표시하였으며, 2권 3.3장에서 번호에 대한 설명을 찾을 수 있다.

2023년 현재(41차 개정판) 16~976번 까지 비연속적으로 부여되어 있다. 비연속적인 이유는 번호와 해당번호에 대한 특별규정이 필요 없어지는 경우 삭제시키는데 이후 사용자의 혼란을 막기 위하여 한번 이용된 번호는 다시 사용하지 않기 때문이다. 900번부터 976번까지는 해상운송형태에 관련된 특별규정으로, 특히 900번에는 해상운송금지 물질 13종류가 표시되어 있다.

1.7.1 Limited quantities (LQ) – (7a)

제한된 양의 규정을 이용하는 경우 적용될 수 있는 내장용기(inner packaging) 당 최대수량(quantity)을 나타낸다. DGL에 “0”으로 표기된 것은 제한된 양의 규정에 따른 운송이 허용되지 아니함을 의미하며, 포장등급에 따라 “Limited quantity”의 양도 달라진다. 즉 포장등급의 위험도(I, II, III)가 낮으면 양은 증가하며, 포장등급 ‘I’은 해당되지 않는다.

특정 물질이 제한된 양 이하로 포장되는 경우 포장이나 표지, 라벨, 적재 및 격리 등 규정이 완화되며, 액체는 용량(㎖, ℓ), 고체는 중량(g, ㎏)으로 나타낸다.

1.7.2 Excepted quantities (EQ) – (7b)

IMDG Code 3.5장에 따라 극소량으로 포장 운송되는 위험물에 적용되며, 영문자와 숫자로 구성된 코드(E0～E5)로 DGL에 표기되어 있다. 자세한 내용은 본서 7장 "5. 극소량(excepted quantities)으로 포장되는 위험물의 규정 및 표지" 부분을 참고하도록 한다.

1.8 Packing instructions – (8)

사용가능한 포장용기를 의미하는 알파벳과 숫자로 구성된 부호가 수록되어 있다.

(1) P : Small Packaging, 소형 용기를 나타낸다. 1권 4.1.4.1에서 부호에 따른 사용 가능한 용기를 찾을 수 있다.
(2) LP : Large Packaging, 대형용기를 나타낸다. 1권 4.1.4.3에서 부호에 따른 사용가능한 용기를 찾을 수 있다.
(3) 공란 : 소형용기와 대형용기 사용이 허용되지 않음을 의미한다.

1.9 Packing provisions – (9)

특별포장규정(Special packing provisions)을 나타내는 알파벳과 숫자로 구성된 부호(PP67, L1 등)가 수록되어 있으며, 이는 1.8에 언급된 포장규정에 부가하여 특정 위험물의 포장에 대해 지켜져야 하는 요구사항이다.

(1) Packing instructions에서 P(소형용기)에 해당되는 특별규정은 “PP”로 나타낸다.
(2) Packing instructions에서 LP(대형용기)에 해당되는 특별규정은 “L”로 나타낸다.

1.10 IBC Packing instructions – (10)

사용가능한 중형산적용기(IBC, Intermediate Bulk Containers)에 대한 정보를 찾을 수 있도록 해당하는 알파벳과 숫자 부호가 수록되어 있다. 부호에 따른 사용가능한 용기는 1권 4.1.4.2에서 찾을 수 있으며, 공란은 사용이 허용되지 않음을 의미한다.

1.11 IBC Special provisions – (11)

IBC 용기를 사용하는 특정 위험물에 대해 지켜져야 하는 부가적인 포장요구사항을 찾아볼 수 있도록 “B”와 숫자로 구성된 부호가 수록되어 있다. 1권 4.1.4.2에서 부호가 의미하는 내용을 찾을 수 있다.

1.12 공란 – (12)

IMDG Code 2008년 판(34차 개정) 이전의 DGL에서 사용되었던 흔적으로 해당 위험물 운송에 사용가능한 IMO 이동식 탱크(portable tank)와 도로용 탱크차량(road tank vehicle)의 사양을 찾을 수 있었다. IMO 이동식 탱크와 도로용 탱크차량은 IMDG Code 29차 개정판에 따라 제작된 이동식 탱크 및 도로용 탱크차량으로 2010년까지 UN 이동식 탱크(portable tank)와 도로용 탱크차량을 대신하여 사용 가능하였다. 2008년 판 IMDG Code가 2010년 1월 1일부터 강제 적용됨에 따라 공란으로 남게 되었다.

1.13 Tank and Bulk Container Instructions – (13)

(1) 사용가능한 UN이동식 탱크(portable tank)와 도로용 탱크차량(road tank vehicle) 의 사양을 찾을 수 있다. UN이동식탱크는 2003년 1월 1일 이후 UN Recommendation (오렌지북)에 따라 제작된 탱크를 의미한다. 사양은 "T와 숫자"로 표기(T1 ~ T75, 비연속적)되어 있으며, 그 내용을 1권 4.2.5에서 확인할 수 있다. 공란(-)인 경우 UN 이동식 탱크와 도로용 탱크차량의 이용이 금지된다.

(2) 산적컨테이너가 해당 위험물의 운송에 이용가능한 경우 (13)열에 "BK2"로 표기되어 있다. 산적컨테이너는 2004년 32차 개정판에 처음 추가 된 규정으로 "BK2"는 산적컨테이너(Bulk Container) 중 밀폐형 산적컨테이너 (Closed bulk container)를 의미하며, 1권 6.9에서 이에 대한 내용을 확인할 수 있다. "BK2"가 표시되어 있지 않으면, 산적컨테이너 이용이 금지되며, 산적컨테이너는 고체화물의 운송에만 제한적으로 이용된다.

1.14 Tank instructions provisions – (14)

DGL의 13열 이동식 탱크(portable tank)와 도로용 탱크차량(road tank vehicle)에 대한 추가 규정이다. "TP + 숫자"로 구성된 부호로 표시되며 TP 1 ~ TP35 그리고 TP90, TP91이 있다. 1권 4.2.5.3에서 부호의 의미를 확인할 수 있다.

1.15 EmS – (15)

외부의 도움이 없는 상황의 컨테이너 운반선과 General Cargo Ship에서 일어난 사고 시 비상조치 사항(Emergency Schedules)에 대한 정보를 찾을 수 있다. 가정한 비상상황으로는 포장위험물 운송 중 발생한 화재(fire)와 유출(spillage) 2가지 경우로 산적화물(bulk cargoes)을 운송하는 Oil Tanker나

Chemical Tanker는 해당되지 않는다. 가정한 비상상황은 다음과 같다.

* 화재 조치사항(FIRE SCHEDULE): F-A～F-J 까지 10가지

* 유출 조치사항(SPILLAGE SCHEDULE): S-A～S-Z까지 26가지

EmS 번호 밑에 밑줄이 있는 것(F-E)은 비상조치 사항에 부가적인 권고 사항이 있음을 의미한다. EmS 규정은 권장사항으로 남아있다.

1.16 Stowage and handling – (16a)

(1) 적재 및 취급에 대한 규정으로 IMDG Code 1권 적재규정 중 7.1.5 부터 7.1.6에서 찾을 수 있다.

(2) 적재(stowage)규정은 IMDG Code 1권 7.1 에서 찾을 수 있다. 적재구분(Stowage category)중 제1급 화약류는 01～05, 제2급에서 제9급은 A～E 중의 하나로 주어진다.

(3) 적재코드(Stowage codes)는 IMDG Code 1권 7.1.5에서 규정하고 있다. SW1 부터 SW30 까지 선박에 적재하는 위치와 작업시 주의해야하는 부분에 대해서 상세히 정리하고 있다.

(4) 취급코드(Handling codes)는 IMDG Code 1권 7.1.6에서 규정하고 있다. H1 부터 H5 까지 선박에 적재할 때 주의해서 취급해야만 하는 부분에 대해서 상세히 정리하고 있다.

1.16 Segregation – (16b)

(1) 격리규정(segregation)은 IMDG Code 1권 7.2에서 규정하고 있다. 18개의 격리그룹 (segregation group)은 SGG1 부터 SGG18로 구분되어 1권 7.2.5.2 표와 2권 3.1.4 규정 에서 찾을 수 있다. 급(class)이 다른 위험물 간의 격리에는 1권 7.2.4의 격리표를 이용하며, 여기에는 6가지 경우가 있다.

① 1 - “Away from”

② 2 - "Separated from"

③ 3 - "Separated by a complete compartment or hold from"

④ 4 - "Separated longitudinally by an intervening complete compartment or hold from"

⑤ x - the Dangerous Goods List has to be consulted to verify whether there are specific segregation provisions

⑥ See 7.2.7.1 of this chapter for the segregation provisions between class 1

(2) 격리가 적용되는 상황을 다음과 같이 구분할 수 있다.

① 위험물이 담긴 위험물 용기 간의 격리

② 선박의 종류에 따른 화물운송장치(CTU) 간의 격리
선박의 종류로는 컨테이너선, Hatchless Container Ship, Roll-on/Roll-off Ship, 바지와 바지운반선 등 으로 나눌 수 있다.

③ 코드(Segregation codes)에 따른 격리
IMDG Code 1권 7.2.8장 규정의 격리코드 SG1 부터 SG78 중 부여된 상호 위험성에 따른 화물간 상호 격리

1.17 Properties and observations – (17)

(1) 위험물에 대한 개략적인 특성과 이에 따른 주의사항 등을 찾을 수 있으며, 이 부분은 권고사항이다.

(2) 대부분의 가스는 공기와의 상대적인 비중을 괄호 속의 숫자와 용어로서 나타내고 있는데 의미는 다음과 같다.

–"much lighter than air" : 공기 비중의 1/2배 미만인 경우
–"lighter than air" : 공기 비중의 1~1/2배인 경우
–"heavier than air" : 공기 비중의 1~2배인 경우
–"much heavier than air" : 공기 비중의 2배 초과인 경우

(3) 폭발범위(explosive limit)가 표시되어 있는 경우는 그 물질의 공기 중 용적비율(volume percentage)을 의미한다.

(4) 서로 다른 액체가 물과 섞이는 정도는 매우 다양하게 나타나며, 대부분의 항목에는 혼합에 대한 표시가 포함되어 있다. 본문에서 "물과 혼합"이라는 표시는 일반적으로 물과 어떠한 액체가 완벽하게 균일한 액체를 이룬 경우를 의미한다.

제 **5** 장

위험물 포장용기의 종류와 선정

➡ 그림은 위험물 용기 중 개방형 강재드럼(기호-1A2, 상부 개구의 지름이 7cm 이상인 것)이다. 상면에 위험물에 해당하는 UN번호와 UN용기임을 나타내는 표식이 보인다. 측면에는 위험물이 4.1급-가연성고체임을 나타내는 Label이 보이고, Label 밑에는 UN번호와 적정선적명(PSN, Proper Shipping Name)이 표기되어 있다.

1 위험물 포장용기의 종류[1)]

1.1 일반

송하인이 보낸 위험물이 수하인의 손에 들어가기 전까지의 전 운송과정 중 위험물이 담긴 포장용기는 통상적(normally encountered)으로 다양한 형태의 충격과 부하를 받게 된다. 예를 들면 화물운송장치 간의 환적, 화물운송장치와 창고 간의 이적 그리고 이러한 작업 과정 중 인력을 이용하여 떨어트리거나 던지고 굴리는 행위, 기계를 이용하기 위한 파렛트 작업이나 오버팩(over pack) 작업과정 중 겪게 되는 충격, 지게차 또는 컨베이어 등 장비 이용 시 부하가 위험물포장용기에 전달될 수 있다. 그리고 차량, 철도, 선박, 항공 등으로 운송될 때에 발생되는 급정지, 급출발 또는 흔들림 등 운송수단에 의한 충격 및 차량 엔진소음, 차량 및 철도 운송 시 불균일한 표면으로 인하여 발생되는 진동 등 운송과정 중 겪게 되는 물리적 충격을 생각 할 수 있다. 이에 더하여 통상적인 운송환경(normal conditions of transport) 중 운송되는 지역의 위도 변화에 따른 온도, 습도 및 압력의 변화를 겪게 된다. 따라서 운송 중 포장용기가 접할 가능성이 있는 다양한 환경의 변화로부터 위험물이 보호될 수 있도록 안전한 포장용기의 사용이 필요하다.[2)]

포장위험물을 운송하기 위하여 적합한 포장용기를 선정한다는 것은 송하인의 주관적인 판단이 아니라 IMDG Code에 따라 포장용기를 선정한다는 것을 의미한다. 즉 운송하고자 하는 화물을 IMDG Code 3장의 위험물목록(DGL)에서 찾고, 이용하고자 하는 포장용기에 대한 규정을 찾는다. 소형용기를 이용하는 경우 DGL의 "(8)"열과 "(9)"열을 참고하고, 중형산적용기(IBC)를 이용하는 경우 DGL의 "(10)"열과 "(11)"열을 참고하는 식으로 용기를 선정하고 준비한다. 이렇게 선정한 용기를 "UN표준용기"라고 하며, UN표준용기에 대한 시험기준은 IMDG Code의 6장에 제시되어 있다. 우리나라의 경우 UN표준용기

1) IMDG Code, 제0603-5호, 한국해사위험물검사원, pp.146~151.
2) IMDG Code, 4.1.1.1

의 시험인증기관으로 해상운송용기의 경우 "한국선급협회(www.krs.co.kr)"가, 항공운송용기의 경우 "한국생활환경시험연구원(www.kemti..org)"에서 주관하고 있다.

한가지의 위험물을 운송하기 위하여 허가된 위험물 포장용기의 종류는 다양하며, 이를 순차적으로 살펴보고자 한다.

1.1 용어의 정의

위험물 포장용기와 관련하여 IMDG Code에서 언급되는 용어의 정의를 살펴보면 다음과 같다.

- **포장화물**(package) : 포장용기(상자 또는 드럼)와 그 내용물(화학물질)로 구성되며, 포장작업이 완료되어 운송용으로 준비된 생산품을 말한다. 즉 Package = Packaging + Chemical

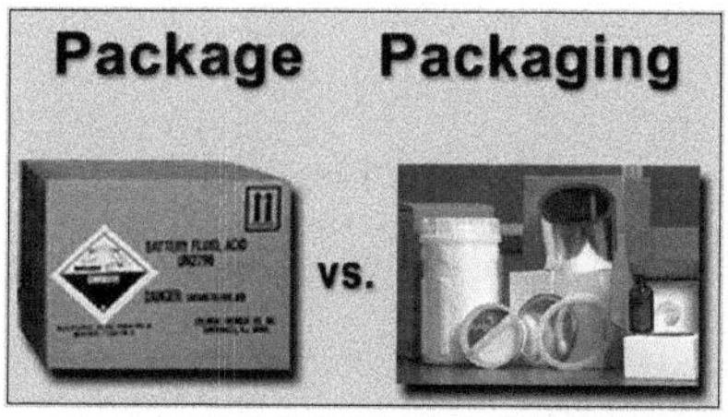

- **포장용기**(packaging) : 용기와 격납기능을 유지하기 위하여 용기에 필요한 기타의 구성요소를 말한다. 예로서 드럼(drum), 박스(box)
- **내용기**(inner receptacle) : 해당 포장용기의 격납기능을 이행하기 위하여 외장용기를 필요로 하는 용기를 말한다.
- **내장용기**(inner packaging) : 운송 목적상 외장용기를 필요로 하는 포장용기를 말한다.
- **외장용기**(outer packaging) : 결합용기 또는 복합용기의 보호 외장을 말하며, 내용기 또는 내장용기를 수납하고 보호하는데 필요한 흡수재, 완충재 및 기타의 구성 부품을 포함한다.
- **중간용기**(intermediate packaging) : 내장용기(또는 제품)와 외장용기 사이에 삽입하는 포장용기를 말한다.

• 내장(liner) : 포장용기 내부에 삽입되는 별도의 튜브 또는 포대로서, 포장용기(개구부의 폐쇄장치 포함)의 필수부품 형태를 취하지 않는 것을 말한다.

• 허용용량(maximum capacity) : 내용기 또는 포장용기의 최대 내용적을 리터(ℓ)로 표시한 것을 말한다.

• 허용 순질량(maximum net mass) : 단일용기내의 내용물의 최대 순질량을, 또는 결합용기의 내장용기와 그것의 내용물의 최대합계질량을 킬로그램으로 표시한 것을 말한다.

• 덧포장(overpack) : 운송 중 취급 및 적재가 편리 하도록 하나 또는 하나 이상의 포장을 1개의 단위체로 만든 경우로 동일 송하인이 이용하는 포장이다. 예로서,

(1) 팔레트와 같은 적재판 위에 포장화물을 쌓은 상태에서 잡아매거나(strapping), 열수축 포장(shrink-wrapping), 신축포장(stretch-wrapping) 또는 기타 적절한 방법으로 고박된 상태 ; 또는

(2) 상자나 크레이트(crate)와 같은 보호용 외장용기 내에 포장된 상태

• 단위 적재물(unit load) : 여러 개의 포장화물이 다음 중 어느 하나의 형태로 되어있는 것을 말한다.

(1) 팔레트와 같은 적재판 위에 올려놓거나 쌓은 상태에서 잡아매거나 열수축 포장 또는 기타 적절한 방법으로 고박된 상태

(2) 팔레트 상자와 같은 보호용 외장 페위물 내에 포장된 상태 ; 또는

(3) 슬링(sling)으로 한꺼번에 영구적으로 고박된 상태

• 화물운송장치(CTU : Cargo Transport Unit) : 도로용 화물차량, 철도용 화물차, 화물 컨테이너(우리가 일반적으로 컨테이너라고 부르는 운송장치), 도로용 탱크차량, 철도용 탱크차 또는 이동식 탱크를 말한다.

• 복합용기(composite packagings) : 내용기와 외장용기로 구성되고 일체화되어 용기의 기능을 유지하는 것으로 충전, 저장, 운송 및 사용 전 과정에서 단일용기처럼 사용되는 것을 말한다.

• 결합용기(combination packagings) : 단일포장용기(single packagings)와 대비되는 용어로 저장보다는 운송의 편의를 위하여 하나 또는 다수의 내장용기를 하나의 외장용기에 넣어 흔들리지 않도록 한 포장용기를 말한다. 예로서 파이버보드상자 안의 플라스틱 병(plastics bottle in a fibreboard box)으로 구성된 포장용기를 말한다.

• 포장등급(Packing Group : PG) : 위험물의 등급(class)이 위험물의 대표적인 종류 또는 분류라고 한다면 포장등급은 위험물이 갖는 위험의 정도를 말한다. 위험물 중 제1급, 제2급, 제4.1급의 자체반응성 물질, 제5.2급, 제6.2급 및 제7급을 제외하고 모든 위험물은 다음의 3가지 포장등급 중의 하나로 지정된다.

포장등급의 종류	구 분
포장등급 I (Packing Group I)	높은 위험성을 갖는 것 (대위험도)
포장등급 II (Packing Group II)	보통 정도의 위험성을 갖는 것 (중위험도)
포장등급 III (Packing Group III)	낮은 위험성을 갖는 것 (소위험도)

포장등급은 IMDG Code 위험물 목록(DGL)의 (5)열에 명시되어 있거나, 해당 물질의 위험도에 따라 시험 또는 경험에 의하여 결정된다.

UN No.	Proper Shipping Name (PSN)	Class or division	Subsidiary risk(s)	Packing group
(1)	(2) 3.1.2	(3) 2.0	(4) 2.0	(5) 2.0.1.3
2031	NITRIC ACID other than red fuming, with more than 70% nitric acid	8	5.1	I
2031	NITRIC ACID other than red fuming, with at least 65% but with not more than 70% nitric acid	8	5.1	II
2031	NITRIC ACID other than red fuming, with less than 65% nitric acid	8	–	II
2032	NITRIC ACID, RED FUMING	8	5.1/6.1	I

포장등급은 다음 사항에 영향을 미친다 :

(1) 사용가능한 포장용기의 선택 기준 ;

해당 위험물에 허가된 포장 중의 일부 포장용기는 충전 예정인 위험물의 포장등급에 따라 사용이 허가되지 않는 경우가 있다. 예를 들면, “P001”이 허가된 포장등급 I의 위험물은 강제드럼(1A2)의 단일용기가 허가되지 않는다.

(2) 포장용기 성능시험시의 기준 ;

포장용기 성능시험 시 각종 시험의 기준이 된다. 예를 들면, 포장등급 I 충전용 포장용기에 대한 낙하시험 시의 낙하높이는 1.8m이며, 포장등급 II 충전용인 경우에는 1.2m, 포장등급 III 충전용인 경우에는 0.8m이다(운송예정 물질의 비중이 1.2 이하인 경우).

(3) 포장화물당 허용되는 양(量)의 기준 ;

포장용기에 충전할 수 있는 최대량은 충전 예정인 위험물의 포장등급에 따라 결정된다. 예를 들면 포장지침 “P001”에서 강제드럼(1A1)의 단일용기에 허용되는 최대량은 포장등급 I의 위험물인 경우에는 250 ℓ이며, 포장등급 II 및 III의 위험물인 경우에는 450 ℓ이다.

1.3 포장용기의 종류

1.3.1 소형용기(packaging)

『단일용기』

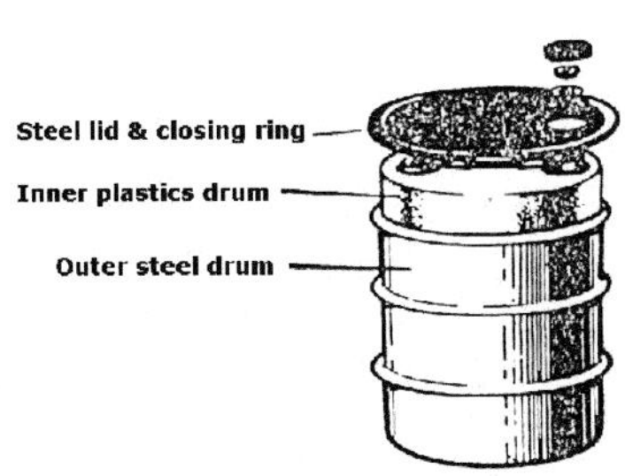

『복합용기』

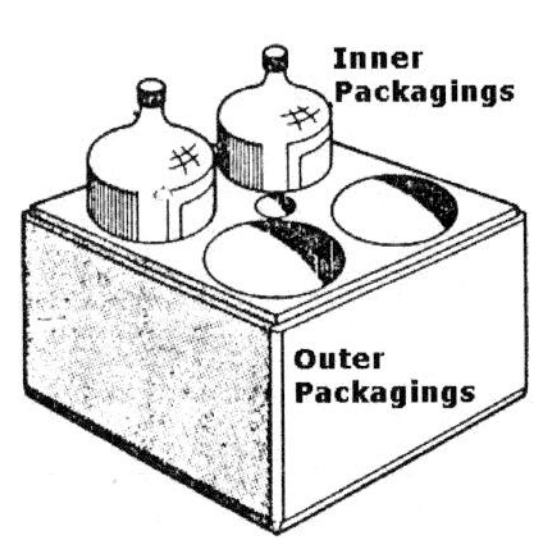

『결합용기』

소형용기는 용량 또는 질량이 400kg 또는 450L 이하인 용기로서 단일용기(single packaging), 복합용기(composite packaging) 그리고 결합용기(combination packaging) 3가지 형태가 있다.

1.3.2 압력용기(pressure receptacle)

제2급의 가스를 운송하기 위하여 사용되는 압력용기는 실린더(cylinder), 튜브(tube), 압력드럼(pressure drum), 실린더 다발(bundle of cylinder) 및 밀폐형 초저온 용기를 포함하는 집합적인 용어이다. 압력용기의 종류와 형태는 다음과 같다.

종 류	물용량	형 태
실린더(cylinder)	150L 이하	이동식 압력용기
튜브(tube)	150L 초과, 3,000L 이하	이음매 없는 이동식 압력용기
압력드럼 (pressure drum)	150L 초과, 1,000L 이하	용접된 이동식 압력용기
초저온 용기 (cryogenic receptacle)	1,000L 이하	냉동 액화가스용의 이동식 단열용기
실린더 다발 (bundle of cylinder)	3,000L 이하 단, 제2.3급용은 다발의 물용량이 1,000L 이하로 제한됨	실린더가 서로 함께 묶여 있고 분기관(manifold)으로 상호 연결되어 있으며, 하나의 운송기구처럼 운송되는 실린더의 조립체

『압력드럼』

『실린더 다발』

1.3.3 중형산적용기(Intermediate Bulk Container : IBC)

산적품(액체 또는 고체)용으로 설계된 대형의 용기를 말한다(IBCs는 병과 같은 내장용기를 운송할 수 없음). IBC는 최소 크기/부피에 제한이 없지만 기계적으로 취급하도록 설계되며, 일반적으로 용량이 3,000m^3(3,000L) 이하이다.

『Composite IBC』

『Flexible IBC』

1.3.4 이동식 탱크(portable tank)

고체, 액체 또는 액화가스(Liquified gas) 충전용 이동식 탱크 또는 도로용 탱크차량, 철도용 탱크차량을 말한다. 제2급의 가스운송용은 450 ℓ 이상의 용량을 가지는 것을 말한다. 운송되는 화물의 성질에 따라 이동식탱크는 제3급~제9급의 고체 및 액체의 위험물 운송용 탱크, 제4.1급의 자기반응성물질과 5.2급의 유기과산화물 운송용 탱크, 비냉동액화가스용 탱크 그리고 냉동액화가스용 탱크로 나누어진다.

비냉동액화가스용 탱크의 경우는 동체의 크기와 단열정도에 따라 다음과 같이 4종류로 구분되며, 단열의 정도에 따라 탱크의 최대사용압력(MAWP, Maximum Allowable Working Pressure)이 달라짐으로 탱크 선정 시 유의하여야 한다.

(1) Small : 동체 지름이 1.5m 이하.

(2) Bare : 동체지름 1.5m 이상. 차양시설이나 단열재가 없이 강재의 본체로 구성

(3) Sun shield : 동체지름 1.5m 이상. 동체와 40mm 정도의 이격을 가지며, 동체상부 1/3 이상 1/2 이하의 면적을 햇빛으로부터 차단하는 차양시설을 가지고 있다.

(4) Insulated : 동체지름 1.5m 이상. 동체 전면이 단열재로 감싸여 있다.

『Insulated Portable Tank』

『Sun shield Portable Tank』

1.3.5 집합형 가스 컨테이너(Multiple-Element Gas Container ; MEGC)

실린더, 튜브 및 실린더 다발의 복합 조립품으로서, 분기관(manifold)에 의하여 상호 연결되어 있고 또한 하나의 골조(frame) 내에 조립되어 있는 것을 말한다. MEGC에는 가스의 운송에 필요한 부속설비와 외부 구조물이 포함된다.

1.3.6 대형용기(Large Packaging : LP)[3]

대형용기는 제품 또는 내장용기를 넣는 외장용기로서 기계를 이용하여 취급할 수 있도록 설계된다. 크기는 순질량 또는 용량 기준으로 400kg 또는 450ℓ를 초과하지만 용량이 $3.0m^3$이하여야 한다. 이 용기는 “AEROSOL”을 제외

3) IMDG Code 1.2.1, 대형용기에 대한 정의

한 제2급 물질, "UN 3291, 병원 폐기물"을 제외한 제6.2급 물질 그리고 제7급 방사능 물질 운송에는 사용할 수 없다.

1.3.7 산적 컨테이너(Bulk Container : BK)[4]

고체 위험물 운송용 격납장치(내장 또는 코팅 포함)를 말하며, 수납되는 화물은 격납장치에 직접 접촉된다. 반복 사용하기에 적합하도록 충분한 강도의 일정한 모양을 가지고 있으며 내용물의 환적 없이 복수의 운송수단에 의해 연쇄운송이 가능하게끔 되어 있다. 더불어 작업을 용이하게 하는 장비가 부착되어 있고, 1㎥ 이상의 용량을 갖추고 있다. 예로서 화물컨테이너, 해상용 산적 컨테이너, Skip, Bulk Bin, Swap body, "V"자 형 컨테이너, Roller container 및 자동차의 짐칸(load compartment) 등이 있다. 소형용기, 중형산적용기(IBCs), 대형용기 및 이동식 탱크는 산적 컨테이너에 포함되지 않는다.

『Skip』

『Swap body』

4) IMDG Code 1.2.1, 4.3, 6.9

2 위험물 포장용기(소형, 중형)의 선정과 사용[5)]

2.1 일반

(1) 액체가 충전된 포장용기에는 운송 중 예상되는 온도변화에 기인한 화물의 수축과 팽창에 따라 포장용기가 새거나 영구변형이 일어나지 않도록 충분한 여유공간(ullage ; 상부공간)을 확보하여야 한다. 이를 위하여 소형용기에는 55℃의 온도에서 액체가 완전히 가득 차지 않도록 충전하여야 하며, 액체가 충전된 IBCs에는 평균온도 50℃에서 IBC용량(water capacity)의 98%를 초과하여 충전되지 않도록 하여야 한다.

(2) 내장용기로서의 기능을 갖는 용기는 외장용기 내부에 포장되어야 한다. 유리, 도기, 자기 또는 일부 플라스틱 등으로 만들어진 것과 같이 파손 또는 파공되기 쉬운 내장용기는 적절한 완충재와 함께 외장용기 내부에 고정되어야 한다. 완충재 및 흡수재는 불활성이어야 하며, 내용물의 특성에 적합한 것이어야 한다.

(3) 위험물이 다른 위험물 또는 기타의 일반 화물과 상호 반응하여 다음과 같은 위험한 상태를 야기한다면 동일한 외장용기에 함께 포장(혼합포장)하지 말아야 한다 :

(가) 분해, 발열, 연소 또는 폭발 : 산화성 물질과 환원성 물질은 혼합시 분해·발열하여 연소 또는 폭발을 일으킬 수 있다.

(나) 독성, 인화성 및 질식성 가스의 발생 : 산류와 시안화칼륨, 과산화나트륨, 수산화칼륨 등이 혼합되면 맹독성 가스가 발생된다. 또한 금수성 물질은 물과 반응하여 수소가스를 발생한다.

$KCN + H^{+} \rightarrow HCN \uparrow$ (시안화수소 발생)

5) IMDG Code, 제0603-5호, 한국해사위험물검사원, pp.154~168.

$2Na + 2H_2O \rightarrow 2NaOH + H_2 \uparrow$ (수소가스 발생)

(다) 부식성 물질 및 불안정한 물질의 형성 : 과산화물과 산류가 혼합되면 과산화수소를 생성한다.

$MgO_2 + 2H^+ \rightarrow H_2O_2 \uparrow$

(4) 액체는 통상의 운송조건하에서 발생할 수 있는 내부 압력에 적절히 견딜 수 있는 포장용기(IBCs 포함)에만 충전되어야 한다. 수압치가 표시된 포장용기 및 IBCs에는 다음의 증기압을 갖는 액체만을 충전하여야 한다 :

(가) 55℃에서 포장용기 또는 IBC내에서 측정한 총게이지압(즉, 충전물질의 증기압과 공기 또는 기타 불활성 가스의 분압을 더한 값에서 100kPa를 뺀 값)이 포장용기에 표시된 시험 압력치의 2/3 이하인 액체 ; 또는

(나) 50℃에서 물질의 증기압이 포장용기에 표시된 시험압력에 100kPa을 더한 값의 4/7 미만인 액체 ; 또는

(다) 55℃에서 물질의 증기압이 포장용기에 표시된 시험압력에 100kPa을 더한 값의 2/3 미만인 액체

액체 운송용 IBCs는 50℃에서 110kPa(1.1bar) 또는 55℃에서 130kPa (1.3bar)를 초과하는 증기압을 갖는 액체를 운송하는데 사용되어서는 안 된다.

제2.1.4항처럼 계산하였을 때 포장용기에 표시되어야 하는 시험압력의 예 :

유엔번호	품 명	등급	포장등급	Vp55 (kPa)	Vp55 x 1.5 (kPa)	(Vp55 x 1.5) − 100 (kPa)	요구되는 최소시험 압력 (게이지) (kPa)	포장용기상에 표시되어야 하는 최소시험압력 (게이지)(kPa)
2056	Tetrahydrofuran	3	II	70	105	5	100	100
2247	n−Decane	3	III	1.4	2.1	− 97.9	100	100
1593	Dichloromethane	6.1	III	164	246	146	146	150
1155	Diethyl ether	3	I	199	299	199	199	250

(5) 포장용기에 충전된 물질의 통상적인 분해로 인하여 위험한 과압이 발생될 수 있다면 그 포장용기에는 통기장치를 설치하여야 한다. 그러나 통기장치에서 방출된 가스는 자신의 독성, 인화성 또는 방출량 등을 고려하여 위험을 초래하지 않아야 한다. 통상적인 운송상태 하에서 그 통기장치는 해당 포장용기의 운송 예정 자세에서 액체의 누출 및 이물질의 침투가 방지되어야 한다.

(6) 플라스틱 드럼, 플라스틱 제리캔(jerrican), 고형 플라스틱 IBCs 및 플라스틱 내용기가 내장된 복합 IBCs의 경우, 위험물 운송용으로 허용되는 사용기간은 용기의 제조일로부터 5년이다.
그러나 어떤 물질에 대하여는 해당 물질의 특성 때문에 더 짧은 사용기간이 명시된 경우도 있다. 예를 들면, 60%를 초과하고 85% 이하인 불산(hydrofluoric acid)과 55%를 초과하는 질산(nitric acid)의 경우, 단일용기로서 플라스틱 드럼 및 제리캔의 허용사용기간은 제조일로부터 2년이다.

(7) 운송 중 예상되는 온도에서 액체로 변할 수 있는 고체용의 포장용기(IBCs 포함)는 액체상태의 물질도 충전할 수 있어야 한다. 또한 분말 또는 과립상 물질용의 포장용기(IBCs 포함)는 분말누출 방지형으로 하거나 내장(liner)을 갖추어야 한다.

(8) 위험물이 들어 있었던 빈(empty) 포장용기는 모든 위험성이 없어지도록 적절한 조치를 취하지 않는 한 위험물이 충전된 포장용기에 대한 규정에 따라야 한다. 이 경우 운송서류에 적정선적명을 표기 시 “EMPTY, UNCLEANED”를 추가로 기록하여 충전된 위험물의 적정선적명과 구분하고 있다.

2.2 화약류, 자체 반응성 물질 및 유기과산화물

IMDG Code에 그 반대의 명문규정이 있는 경우를 제외하고, 제1급의 화물, 제4.1급의 자체 반응성 물질 및 제5.2급의 유기과산화물용의 포장용기는 중위험도(포장등급 II)에 대한 규정에 적합하여야 한다. DGL에는 이들 물질에 대한 포장등급(packing group)이 "－"로 표시되어 있는데, 이는 "포장등급 II"를 의미하는 것으로 간주하면 된다.

2.3 회수용기(salvage packaging)의 사용[6)]

손상, 결함이 발견된 포장화물이나 비 UN표준용기를 사용한 경우, 이러한 포장화물의 덧포장을 위하여, 그리고 이미 유출이나 누출된 위험물을 회수하여 해상운송할 때 사용되는 용기가 회수용기(salvage packaging)이다.

포장등급 II의 고체나 내장용기를 운송하기 위하여 사용되는 용기의 시험기준에 상당하는 시험기준에 맞게 제작 된다. 30 kPa의 압력실험에서 누출이 없어야 하며, 시험에 합격된 용기에는 아래와 같이 "T"표시가 붙게 된다.

회수용기를 UN표준용기처럼 화물의 운송용 포장용기로 사용하여서는 안 된다. 회수용기를 비상 목적 이외의 용도로 사용하고자 할 때에는 주관청의 사전승인이 필요하다.

1A2T/Y250/S/09/ROK/KR

6) IMDG Code 4.1.1.17, 6.1.2.4, 6.1.5.1.11, 6.1.3.12

2.4 포장지침

(1) 해상으로 운송 될 위험물이 정해지고 이를 담을 적합한 포장용기를 선택하기 위해서는 IMDG Code 위험물 목록(DGL)에서 해당 위험물을 찾고 이에 따른 포장지침(packing instruction)을 찾는다.

(2) 이 포장지침은 포장용기의 형태와 용량에 따라 다음과 같이 나누어지며 화주는 이 중 원하는 포장용기나 운송장치를 선택하면 된다.

포장용기의 종류	포장지침 기호	DGL 열번호
극소량위험물(EQ)	“E” 문자 + 숫자(0~5)	(7b)
제한된 양(LQ)	“0”-비허용, 숫자 + 단위	(7a)
소형용기	“P” 문자 + 숫자	(8),(9)
중형산적용기(IBCs)	“IBC” 문자 + 숫자	(10),(11)
대형용기(LP)	“LP” 문자 + 숫자	(8),(9)
산적컨테이너(BK)	BK1, BK2	(13)
이동식탱크	“T” 문자 + 숫자(1~20, 23, 50, 75)	(13),(14)

(3) 포장지침에는 사용이 허가된 단일용기, 복합용기 및 결합용기가 명시되어 있다(해당하는 경우). 결합용기의 경우에는 사용이 허가된 외장용기와 내장용기가 함께 명시되어 있으며, 각각의 내장용기와 외장용기에 허용되는 허용량도 명시되어 있다.

(4) IMDG Code의 위험물 목록에 특별규정이 규정되어 있는 경우를 제외하고, 포장지침 “P200”의 제조요건과 일치하는 모든 실린더, 튜브, 압력드럼 및 실린더 다발은 포장지침 “P001” 또는 “P002”로 지정된 액체 또는 고체물질 운송용으로 사용할 수 있다.

단, 다음 물질은 제외한다. 이는 이러한 물질의 내부 반응과 가스실린더와 같은 견고한 포장이 조합되면 일종의 폭탄과 같이 위험한 상황을 초래할 수 있기 때문이다.

(가) 폭발물

(나) 온도변화에 따라 불안정해지는 물질

(다) 유기과산화물

(라) 자기반응성물질

(마) 화학반응에 의해서 뚜렷한 압력증가를 보이는 물질

(바) 방사능물질

(5) 포장지침에서 특정형태의 포장용기 사용이 인정되는 경우(4G, 1A2와 같은 것), "V", "U" 또는 "W"문자가 첨가되어 표시된 포장용기("4GV", "4GU" 또는 "4GW", "1A2V", "1A2U" 또는 "1A2W")는 해당 포장용기 형태에 대하여 허용되는 것과 동일한 조건 및 제한 하에서 사용할 수 있다. 예를 들면, 포장기호 "4GV"로 표시된 결합용기는 "4G"로 표시된 결합용기가 인정된다면 사용할 수 있다. 단, 내장용기의 형태와 양의 제한 등을 고려한 관련 포장지침에 대한 규정은 준수되어야 한다.

(6) 개별 포장지침에서 가스용의 실린더 및 기타 압력용기가 임의의 액체 또는 고체 운송용으로 인정된 경우, 실린더 또는 압력용기 충전국가의 주관청 요건에 적합한 가스 운송에 사용되는 일반적인 종류의 실린더 및 압력용기의 사용도 허가된다.

(7) 위험물 운송용 포장용기를 선택하는 것은 단지 규정준수의 한 단계일 뿐이다. 일반적으로 이 포장지침은 그 적합성의 지침으로 마련된 것이 아니므로 사용자는 운송예정인 물질과 포장지침에서 허가된 포장용기 재질과의 적합성 여부를 세밀히 검토한 후 선택하여야 한다(대부분의 불화물은 유리용기가 부적합함).

2.5 소형용기의 선정

해당 위험물에 허가된 소형용기를 선택하기 위해서는 IMDG Code의 위험물 목록(DGL)에 수록된 개개 물질의 (8)열에 명시된 포장지침(P문자 + 알파벳 숫자)를 이용하여야 한다. (9)열에는 특정의 물질에 적용 가능한 특별포장규정(PP 문자 + 알파벳 숫자)도 고려하여야 한다.

ex UN 2031, NITRIC ACID other than red fuming, with at least 65% but with not more than 70% nitric acid, PG II 운송용 소형용기의 선택

이 물질에 대한 DGL 상단의 (8)열(포장지침)에는 "P001"로 규정되어 있고, (9)열(특별포장규정)에는 "PP81"로 규정되어 있다. NITRIC ACID 운송용 소형용기를 선택하기 위해서는 "P001"의 포장지침에서 적절한 포장용기를 선택하여야 하며, "PP81"의 특별포장규정도 고려하여야 한다. (9)열에 "-" 표시가 되어 있는 경우는 특별포장규정이 필요하지 않다는 것을 의미한다.

UN No.	Proper Shipping Name (PSN)	Class or division	Subsidiary risk(s)	Packing group	Packing	
					Instructions	Provisions
(1)	(2)	(3)	(4)	(5)	(8)	(9)
2031	NITRIC ACID other than red fuming, with at least 65% but with not more than 70% nitric acid.	8	5.1	II	P001	PP81

(1) **결합용기를 사용하는 경우** : 하기의 내장용기와 외장용기로 구성된 결합용기가 허가된다.

P001		포장지침 (액체)		P001
결합용기 (Combination packagings)		허용 용량/순질량 (4.1.3.3 참고)		
내장용기	외장용기	포장등급 I	포장등급 II	포장등급 III
유리 10 L	드럼 (Drums)			
플라스틱 30 L	강재(1A2)	75kg	400kg	400kg
금속 40 L	알루미늄(1B2)	75kg	400kg	400kg
	기타 금속(1N2)	75kg	400kg	400kg
	플라스틱(1H2)	75kg	400kg	400kg
	합판(1D)	75kg	400kg	400kg
	화이버(1G)	75kg	400kg	400kg
	상자 (Boxes)			
	강재(4A)	75kg	400kg	400kg
	알루미늄(4B)	75kg	400kg	400kg
	천연목재(4C1, 4C2)	75kg	400kg	400kg
	합판(4D)	75kg	400kg	400kg
	재생목재(4F)	75kg	400kg	400kg
	화이버보드(4G)	75kg	400kg	400kg
	발포성형 플라스틱(4H1)	40kg	60kg	60kg
	고형 플라스틱(4H2)	75kg	400kg	400kg
	제리캔 (Jerricans)			
	강재(3A2)	60kg	120kg	120kg
	알루미늄(3B2)	60kg	120kg	120kg
	플라스틱(3H2)	30kg	120kg	120kg

(2) **단일용기를 사용하는 경우** : 하기의 단일용기가 허가된다.

P001	포장지침 (액체)		P001
단일용기 (Single packagings)	허용 용량/ 순질량 (4.1.3.3 참고)		
	포장등급 I	포장등급 II	포장등급 III
드럼 (Drums)			
강재, 비분리식 헤드(1A1)	250 L	450 L	450 L
강재, 분리식 헤드(1A2)	금지	250 L	250 L
알루미늄, 비분리식 헤드(1B1)	250 L	450 L	450 L
알루미늄, 분리식 헤드(1B2)	금지	250 L	250 L
기타 금속, 비분리식 헤드(1N1)	250 L	450 L	450 L
기타 금속, 분리식 헤드(1N2)	금지	250 L	250 L
플라스틱, 비분리식 헤드(1H1)	250 L*	450 L	450 L
플라스틱, 분리식 헤드(1H2)	금지	250 L	250 L
제리켄 (Jerricans)			
강재, 비분리식 헤드(3A1)	60 L	60 L	60 L
강재, 분리식 헤드(3A2)	금지	60 L	60 L
알루미늄, 비분리식 헤드(3B1)	60 L	60 L	60 L
알루미늄, 분리식 헤드(3B2)	금지	60 L	60 L
플라스틱, 비분리식 헤드(3H1)	60 L*	60 L	60 L
플라스틱, 분리식 헤드(3H2)	금지	60 L	60 L

* 제3급의 포장등급 I에는 허가되지 않음.

『소형용기- Plastic drum (1H1, IH2)』

(3) **복합용기를 사용하는 경우** : 하기의 복합용기가 허가된다.

P001	포장지침 (액체)		P001
복합용기	허용용량/허용 순질량		
	포장등급 I	포장등급 II	포장등급 III
플라스틱 내용기가 내장된 강재 또는 알루미늄 드럼(6HA1, 6HB1)	250 L*	250 L	250 L
플라스틱 내용기가 내장된 화이버, 플라스틱 또는 합판드럼(6HG1, 6HH1, 6HD1)	120 L*	250 L	250 L
플라스틱 내용기가 내장된 강재 또는 알루미늄 크레이트 또는 상자, 또는 플라스틱 내용기가 내장된 목재, 합판, 화이버보드 또는 고형 플라스틱 상자(6HA2, 6HB2, 6HC, 6HD2, 6HG2 또는 6HH2)	60 L*	60 L	60 L
유리제 내용기가 내장된 강재, 알루미늄, 화이버, 합판, 고형 플라스틱 또는 발포성형 플라스틱 드럼(6PA1, 6PB1, 6PG1, 6PD1, 6PH1 또는 6PH2), 또는 유리제 내용기가 장착된 강재, 알루미늄, 목재 또는 화이버보드 상자, 또는 목재 바구니(6PA2, 6PB2, 6PC, 6PG2 또는 6PD2)	60 L	60 L	60 L

* 제3급의 포장등급 I에는 허가되지 않음.

(4) **압력용기**(pressure receptacles)**를 사용하는 경우** : 압력용기는 보통 가스(gas) 운송에 이용하지만, IMDG Code 4.1.3.6에 따라 정상적으로 제작된 압력용기에 질산을 충전할 수 있다.

(5) NITRIC ACID에 부여된 특별포장규정("PP81")도 고려하여야 한다. "PP81"을 보면 일반적인 플라스틱용기의 내구연한이 제작일로부터 5년이나[7] 질산의 경우 2년으로 제한하고 있음을 알 수 있다.

P001	포장지침 (액체) (계속)	P001
특별포장규정		
PP12	유엔번호 1133, 1210, 1263 및 1866의 경우, 포장등급 II 및 III의 물질을 금속 또는 플라스틱제 (허용량은 포장용기당 5 L 이하일 것) 포장용기에 충전하여 다음의 조건으로 운송하는 경우에는 제6.1장의 성능시험에 적합할 필요가 없다 : (a) 팔레트화한 적재물, 팔레트 상자 또는 단위적재기구(개개의 포장용기를 팔레트 위에 올려놓거나 쌓아서, 팔레트를 잡아매거나, 열수축 포장, 신축포장 또는 기타의 적절한 방법으로 고박한 것)로 운송하는 경우. 해상운송의 경우, 해당 팔레트화한 적재물, 팔레트 상자 또는 단위적재물은 밀폐형 화물운송장치에 단단히 수납되고 고박되어야 한다 ; (b) 결합용기의 내장용기로 운송하는 경우(당해 결합용기의 허용 순질량은 40kg임).	
	(중략)	
PP10	유엔번호 1791, 포장등급 II의 경우, 포장용기에는 가스 배출구가 있어야 한다.	
PP31	유엔번호 1131, 1553, 1693, 1694, 1699, 1701, 2478, 2604, 2785, 3148, 3183, 3184, 3185, 3186, 3187, 3188, 3207, 3413 및 3414의 경우, 포장용기는 기밀밀봉되어야 한다.	
PP33	유엔번호 1308, 포장등급 I 및 II의 경우, 허용 총질량이 75kg인 결합용기만이 허가된다.	
PP81	유엔번호 1790(불산의 농도가 60%를 초과하고 85% 이하인 것) 및 유엔번호 2031 (질산의 농도가 55%를 초과하는 것)의 경우, 단일용기로서 플라스틱 드럼 및 제리캔의 허용사용기간은 제조일로부터 2년이어야 한다.	

2.6 압력용기(pressure receptacles)

2.6.1 압력용기의 선정

위험물, 특히 제2급의 가스류를 운송하는 경우, 운송하고자 하는 물질의 "UN번호"나 "물질명"을 DGL에서 찾은 후 "(8)"열, 그리고 해당되는 경우 "(9)"열의 포장지침에 따른다. 제2급 가스류의 경우, 이동식탱크가 아닌 소형용기에 대한 규정은 포장지침 "P200"에 수록되어 있다.

포장지침 "P200"에는 다음과 같이 3가지 표로 구분된다.

---

7) IMDG Code 4.1.1.15

(1) 표1 : 압축가스 (compressed gas)

(2) 표2 : 액화가스와 용해가스(liquefied gases and dissolved gas)

(3) 표3 : 제2급에 해당되지 않으나 압력용기를 사용하는 물질

"P200"에 따라 운송되는 물질의 수는 "표2 〉 표1 〉 표3"의 순서로 "표2"에 해당하는 물질이 제일 많다.

용해가스(dissolved gas)의 예로 강판을 자르거나 용접에 이용되는 아세틸렌(acetylene)가스가 있다. 아세틸렌은 폭발범위가 2.1～80% 인 폭발하기 쉬운 위험한 가스로 보통, 강재의 실린더 내부에 석면, 규조토, 목탄, 석회 등으로 구성된 다공성 물질 등을 넣고, 여기에 용제로서 아세톤(acetone)을 넣은 고압용기에 저장된다. 즉, 아세틸렌이 아세톤에 잘 녹는 성질을 이용하여, 다공성물질과 아세톤이 준비된 실린더에 아세틸렌을 주입하여 보관하다가 필요한 장소로 이동시켜 사용하게 되며 용해가스의 대표적인 예라고 할 수 있다.

➡ 예 1 : UN 1002, AIR, COMPRESSED 운송용 압력용기의 선택

이 물질에 대한 위험물 목록(DGL) 상단의 (8)열에는 "P200"으로 규정되어 있고, (9)열에는 "-"로 규정되어 있다. "-" 표시는 특별포장규정이 필요하지 않다는 것을 의미한다.

UN No.	Proper Shipping Name(PSN)	Class or division	Subsidiary risk(s)	Packing group	Packing	
					Instructions	Provisions
(1)	(2)	(3)	(4)	(5)	(8)	(9)
1002	AIR, COMPRESSED	2.2	–	–	P200	–

이 "P200" 포장지침에 수록된 압력용기 중의 하나를 선택하여 사용할 수 있다. "X" 표시는 사용이 허가됨을 의미한다. "X" 표시가 없는 것은 사용이 허가되지 않음을 의미한다. "P200" 포장지침을 보면 다음 표와 같다.

P200						포장지침							P200
						표 1 : 압축가스							
UN No.	적정선적명	등급	부위험성	LC50 ml/m3	실린더	튜브	압력드럼	실린더다발	MEGCs	시험간격(년)	시험압력(bar)	사용압력(bar)	특별포장규정
1002	AIR, COMPRESSED	2.2			X	X	X	X	X	10			

즉, UN No. 1002의 AIR, COMPRESSED는 실린더, 튜브, 압력드럼, 실린더 다발, MEGCs 중의 하나가 허가된다. 단, 선택된 압력용기는 10년마다 정기적으로 검사를 필한 것이어야 한다.

➡ 예 2 : UN 1018, CHLORODIFLUOROMETHANE (R 22) 운송용 압력용기의 선택

UN No.	Proper Shipping Name (PSN)	Class or division	Subsidiary risk(s)	Packing group	Packing	
					Instructions	Provisions
(1)	(2)	(3)	(4)	(5)	(8)	(9)
1018	CHLORODIFLUOROMETHANE (REFRIGERANT GAS R 22)	2.2	–	–	P200	–

이 "P200" 포장지침에서 압력용기 즉, 실린더, 튜브, 압력드럼, 실린더 다발, MEGCs 중의 하나를 선택하여 사용할 수 있다.

P200						포장지침							P200
						표 2 : 액화가스 및 용해가스							
UN No.	적정선적명	등급	부위험성	LC50 ml/m3	실린더	튜브	압력드럼	실린더다발	MEGCs	시험간격(년)	시험압력(bar)	충전율	특별포장규정
1018	CHLORODIFLUORO-METHANE (REFRIGERANT GAS R 22)	2.2			X	X	X	X	X	10	29	1.03	

즉, UN No. 1018은 실린더, 튜브, 압력드럼, 실린더 다발 그리고 MEGCs 중의 하나를 선택하여 사용할 수 있다. 단, 선택된 압력용기는 시험압력이 29bar 이상인 것이어야 하며, 10년마다 정기적으로 검사를 필한 것이어야 한다.

2.6.2. 집합형 가스 컨테이너(MEGCs)

(1) 집합형 가스 컨테이너(MEGCs)의 일반사항

(가) MEGCs는 운송 중 종·횡방향의 충격 및 전복의 결과로 인한 구성부품 및 부속설비의 손상에 적절히 보호되어야 한다.

(나) MEGCs의 구성부품에는 각 구성부품에 충전될 예정인 특정 가스에 대한 사용압력, 충전율 및 포장지침 “P200”에 명시된 충전규정에 따라 충전되어야 한다. 어떠한 경우에도 MEGC 또는 각 구성부품의 그룹에는 모든 구성부품에 명시된 사용압력 중에서 가장 낮은 사용압력을 초과하여 충전되지 않아야 한다.

(다) MEGCs의 각 구성부품은 포장지침 “P200”과 정기검사 및 시험규정에 따라 정기적으로 점검되어야 한다. MEGCs 또는 그 구성부품들은 정기검사 만기일 이후에는 충전하여서는 안 되지만, 정기검사 만기일 이전에 충전된 경우에는 기간 제한 만기일 이후에도 운송할 수 있다.

(라) 충전용 개구부는 캡 또는 플러그로 밀폐되어야 한다. 폐쇄구 및 장비의 기밀성은 충전 후 송하인에 의하여 입증되어야 한다.

(마) MEGCs가 다음과 같은 상태인 경우에는 충전을 요청하여서는 안 된다 :

① 압력용기 또는 그 구조물 또는 부속설비의 견고성에 영향을 줄 수 있는 범위까지 손상된 경우 ;

② 압력용기 또는 그 구조물 또는 부속설비가 검사를 받지 않았고 또한 양호한 작동상태가 아닌 경우 ; 및

③ 요구된 증명서, 재시험 및 충전표시가 불명료한 경우

(바) 청소 및 치환되지 않은 빈 MEGCs는 이전의 물질을 충전한 MEGCs와 동일한 규정에 따라야 한다.

(2) MEGCs의 선택

MEGCs로 운송 가능한 압축가스, 액화가스 및 용해가스는 포장지침 "P200"에 수록되어 있다.

➡ 예 : UN 1018, CHLORODIFLUOROMETHANE (R 22) 운송용 MEGCs의 선택

이 물질은 DGL 상단의 (8)열에는 "P200"으로 규정되어 있고, (9)열에는 "−"로 규정되어 있다. "−" 표시는 특별포장규정이 필요하지 않음을 의미한다.

UN No.	Proper Shipping Name (PSN)	Class or division	Subsidiary risk(s)	Packing	
				Instructions	Provisions
(1)	(2)	(3)	(4)	(8)	(9)
1018	CHLORODIFLUOROMETHANE (REFRIGERANT GAS R 22)	2.2	−	P200	−

이 "P200" 포장지침에서 MEGCs로의 운송이 허가되는지를 확인한다. "X" 표시는 사용이 허가됨을 의미한다.

P200	포장지침												P200
표 2 : 액화가스 및 용해가스													
UN No.	적정선적명	등급	부위험성	LC50 ml/m³	실린더	튜브	압력드럼	실린더다발	MEGCs	시험기간(년)	시험압력(bar)	충전율	특별포장규정
1018	CHLORODIFLUORO-METHANE (REFRIGERANT GAS R 22)	2.2			X	X	X	X	X	10	27	1.03	

즉, UN 1018, CHLORODIFLUOROMETHANE(REFRIGERANT GAS R 22)은 시험압력이 27bar 이상이고 10년마다 정기적으로 검사를 받은 MEGCs로 운송할 수 있다.

2.7 중형산적용기(IBCs)의 선정

IMDG Code의 위험물 목록(DGL)에 수록된 각 물질의 "(10)"열에 명시된 포장지침(IBC문자 + 알파벳 숫자)을 이용 한다. "(11)"열에는 특정물질에 적용 가능한 특별포장규정(B문자 + 알파벳 숫자)이 명시되어 있다. "(10)"열에 "−"표시가 있는 경우에는 해당 물질을 IBCs로 운송하는 것이 허가되지 않음을 의미하며, "(11)"열에 "−" 표시가 있는 경우에는 특별포장규정이 필요하지 않다는 것을 의미한다.

UN No.	Proper Shipping Name (PSN)	Class or division	Subsidiary risk(s)	Packing group	IBC	
					Instructions	Provisions
(1)	(2)	(3)	(4)	(5)	(10)	(11)
1689	SODIUM CYANIDE, SOLID	6.1	− P	I	IBC07	B1

➡ 예 : UN 1689, SODIUM CYANIDE, SOLID (PG I) 운송용 IBCs의 선정

이 물질에 대한 위험물 목록(DGL) 상단의 "(10)"열에는 "IBC07"로 규정되어 있고, "(11)"열에는 "B1"로 규정되어 있다.

IBC07	포장지침	IBC07
제4.1.1항, 제4.1.2항 및 제4.1.3항의 일반규정에 적합한 경우, 다음의 IBCs를 허가한다. (1) 금속 (11A, 11B, 11N, 21A, 21B, 21N, 31A, 31B 및 31N) ; (2) 고형 플라스틱 (11H1, 11H2, 21H1, 21H2, 31H1 및 31H2) ; (3) 복합 (11HZ1, 11HZ2, 21HZ1, 21HZ2, 31HZ1 및 31HZ2) ; (4) 목재 (11C, 11D 및 11F).		
추가규정 1. 운송 중 고체가 액체로 변화하는 지역에서는 4.1.3.4 규정을 참조 2. 목재 IBCs의 내장은 분말누출 방지형이어야 한다.		
특별포장규정 B1 포장등급 I인 물질의 경우, IBCs는 밀폐형 화물운송장치로 운송하거나, IBC 높이 이상의 고형 측면 또는 울타리가 있는 화물 컨테이너/차량으로 운송하여야 한다. B4 연성형, 화이버보드 또는 목재 IBCs는 분말누출방지형이고 방수형이거나, 또는 분말누출방지형이고 방수성인 내장이 갖추어져 있어야 한다.		

즉, UN No. 1689의 SODIUM CYANIDE, SOLID는 "IBC07"에 허가된 IBCs만을 사용하여야 하며, "B1"의 특별포장규정도 고려하여야 한다. 우리나라에서 "SODIUM CYANIDE, SOLID"를 생산, 수출하고 있는 동서석유화학(주)와 태광산업(주)의 IBC를 살펴보면, 포장규정 "IBC 07"및 특별 포장규정 "B4"에 따라서 "합판상자(plywood IBC, 11D)" 안에 비닐봉지(plastic bag)와 직조자루(plastic woven bag)를 분말 누출방지형으로 제작하여 제품을 포장하고 있다.

2.8 대형용기의 선정

DGL에 수록된 각 물질의 "(8)"열에 명시된 포장지침(LP문자 + 알파벳 숫자)를 이용하여야 한다. "(9)"열에는 특정의 물질에 적용가능한 특별포장규정(L문자 + 알파벳 숫자)이 명시되어 있다. "(8)"열에 "LP문자 + 알파벳 숫자"가 없는 경우에는 대형용기로의 운송이 허가되지 않음을 의미하며, "(9)"열에 "L문자 + 알파벳 숫자"가 없는 경우에는 특별포장규정이 필요 없다는 것을 의미한다.

UN No.	Proper Shipping Name (PSN)	Class or division	Subsidiary risk(s)	Packing group	Packing	
					Instructions	Provisions
(1)	(2)	(3)	(4)	(5)	(8)	(9)
1805	PHOSPHORIC ACID SOLUTION	8	–	III	P001 LP01	–

➡ 예 : UN 1805, PHOSPHORIC ACID SOLUTION (PG III) 운송용 대형용기의 선정

이 물질에 대한 위험물 목록(DGL) 상단의 "(8)"열에는 "LP01"로 나타나 있으므로, 이 "LP01" 포장지침에서 적절한 대형용기를 선택하여야 한다.

LP01	포장지침 (액체)			LP01
제4.1.1항 및 제4.1.3항의 일반규정에 적합한 경우, 다음의 대형용기를 허가한다.				
내장용기	대형 외장용기	포장등급 I	포장등급 II	포장등급 III
유리 10 L	강재(50A)			
플라스틱 30 L	알루미늄(50B)			
금속 40 L	기타 금속(50N)			
	고형 플라스틱(50H)	불가	불가	$3m^3$
	천연목재(50C)			
	합판(50D)			
	재생목재(50F)			
	고형 화이버보드(50G)			

예로서 UN No. 1805의 인산(PHOSPHORIC ACID SOLUTION)은 “LP01”에 제시되어 있는 것처럼 30 ℓ의 플라스틱 내장용기에 인산을 담은 다음, 여러 개의 플라스틱 내장용기를 모아 1개의 $3m^3$ 크기 합판상자(50D, plywood large packaging) 안에 포장하여 운송할 수 있다. 인산이 실험결과 “포장등급 II”에 해당된다면 대형용기를 사용해서는 안 된다.

2.9 제5.2급의 유기과산화물 및 제4.1급의 자체반응성 물질에 대한 특별사항

(1) 제5.2급과 제4.1급의 자체반응성 물질용의 포장용기는 포장등급 II의 성능수준에서 적합하여야 하며, 포장등급 I의 기준에 적합한 금속용기는 사용이 금지된다.

(2) 이들 물질에 대한 포장방법은 “OP”숫자로써 포장지침 “P520”에 수록되어 있으며, “OP1”~”OP8”로 지정되어 있다. “OP”숫자가 낮을수록 허용요건은 제한적이고 운송 가능한 양은 줄어든다.

P520	포장지침	P520

이 지침은 제5.2급의 유기과산화물 및 제4.1급의 자체 반응성 물질에 적용한다.

(1) 결합용기 : 상자(4A, 4B, 4C1, 4C2, 4D, 4F, 4G, 4H1 및 4H2), 드럼(1A2, 1B2, 1G, 1H2 및 1D), 제리캔(3A2, 3B2 및 3H2)로 구성된 외장용기를 가진 결합용기 ;
(2) 단일용기 : 드럼(1A1, 1A2, 1B1, 1B2, 1G, 1H1, 1H2 및 1D) 및 제리캔(3A1, 3A2, 3B1, 3B2, 3H1 및 3H2) ;
(3) 복합용기 : 플라스틱 내용기 부착 복합용기(6HA1, 6HA2, 6HB1, 6HB2, 6HC, 6HD1, 6HD2, 6HG1, 6HG2, 6HH1 및 6HH2)

포장방법 OP1~OP8에 대한 포장용기/포장화물당 허용량[1]

포장방법 / 허용량	OP1	OP2[1]	OP3	OP4[1]	OP5	OP6	OP7	OP8
고체 및 결합용기 (액체 및 고체) 에 대한 최대량(kg)	0.5	0.5/10	5	5/25	25	50	50	400[2]
액체에 대한 최대량(L)[3]	0.5	–	5	–	30	60	60	225[4]

[1] 2개의 값이 주어진 경우, 첫 번째 값은 내장용기당 허용 순질량에 적용되고, 두 번째 값은 완성된 포장화물의 허용 순질량에 적용됨
[2] 제리캔인 경우에는 60kg, 상자인 경우에는 200kg, 고체인 경우, 최대 순질량이 25kg인 플라스틱 또는 화이버 내장용기와 상자로 구성되는 외장용기(4C1, 4C2, 4D, 4F, 4G, 4H1 및 4H2)를 가지는 결합용기인 경우에는 400kg
[3] 액체에 대한 정의의 기준에 적합하지 않은 점성액체는 고체로 취급할 것
[4] 제리캔인 경우에는 60L

추가규정

1. 금속용기(결합용기의 내장용기 또는 결합용기나 복합용기의 외장용기 포함)는 포장방법 OP7 및 OP8에만 사용할 수 있음
2. 결합용기에서, 유리제 용기는 최대 내용물이 고체인 경우에는 0.5kg 또는 액체인 경우에는 0.5L인 내장용기로만 사용할 수 있음
3. 결합용기에서, 완충재는 쉽게 발화되지 않는 것일 것
4. 폭발성(EXPLOSIVE) 부라벨을 가지는 유기과산화물 또는 자체 반응성 물질의 포장용기는 IMDG Code 제4.1.5.10항 및 제4.1.5.11항에 수록된 규정에도 따를 것

3 이동식 탱크의 사용[8)]

3.1 일반

이동식 탱크는 산적 액체화물이나 액화가스의 운송, 저장 및 취급 시 널리 이용되고 있다. 드럼이나 중형포장용기(IBCs)와 같은 포장용기와 비교하여 다음과 같은 이점이 있다.

➡ 경제성

용기의 제작, 납품, 충진, 컨테이너에 화물을 싣고 내리는 과정 등 화물의 취급과정이 줄어들고 화물의 사용 후 발생하는 폐기용기의 발생이 없다. 따라서 이에 따른 관리 및 비용이 발생하지 않는다.

➡ 신속성

작업장에 이동식 탱크가 들어가면 작업이 가능하고 육상, 철도 및 해상의 연계운송이 용이하여 화물의 수요에 신속히 대응할 수 있다. 소형용기를 보관하는 창고나 생산저장시설과는 달리 보관 중 주위의 사고로부터 신속히 안전지역으로 이동시킬 수 있음으로 사고의 확산을 막을 수 있게 신속한 대응이 가능하다.

➡ 보존성

소형용기에 비하여 스테인리스스틸 등 비교적 강한 재질로 만들어 지고 밸브가 부착되어 있어 온도와 압력 등 운송환경의 변화에 대응이 가능하고 운송과정 중 화물의 손실 또는 오염에 대한 위험이 적다.

➡ 조절성

탱크컨테이너 중에는 스팀라인과 전기온도조절기가 부착되어 있는 탱크가 있어 일정온도 이상으로 운송하여야하는 화물의 운송에 이용할 수 있다.

➡ 수용성 및 저장성

육상저장용량이 부족하거나 저장탱크를 수리하여야 하는 경우 이동식 탱크

8) IMDG Code, 제0603-5호, 한국해사위험물검사원, pp.171~176., pp.178~184.

는 육상저장시설을 대체할 수 있는 단기적인 저장시설로 이용할 수 있다. 특히, 특수한 시설이 요구되는 민감한 화물이고 일시적인 수요가 있는 경우 추가적인 고정탱크를 건축하지 않더라도 저장시설 기능을 임시로 대신할 수 있다. 그리고 화물의 수요와 공급의 단기적 변동으로 생산량이나 수입량의 조절이 필요 시 보조 저장시설로 이용할 수 있다.

➡ 안전성

이동식 탱크는 국제기준(CSC, RID, ADR, US DOT, Canada TC)에 따라 제작되고 이후 2.5년과 5년을 주기로 중간검사와 정기검사를 통하여 일정한 수준 이상의 상태로 유지되고 있는지 확인하고 있음으로 안전하다고 할 수 있다.

위에 열거한 장점에 대비하여 단점으로 부각되는 부분은 첫째, 재사용을 위하여 운송이 완료되면 새로운 사용처로 회수하여야 한다는 것이다. 예로서 미국으로 수출되었던 탱크를 한국에서 사용하고자하는 경우 이를 회수하여야 하는데, 이 때 한국과 미국 사이에 탱크로 운송 가능한 화물의 교역량이 차이가 나고, 탱크 영업이 잘 이루어지지 않으면 빈 탱크로 회수되게 되고 이에 따른 회수비용이 발생한다. 서울과 부산 사이 트럭을 이용한 화물 운송 시 공차이동에 따른 운영비용의 상승과 같은 개념이다.

둘째, 운송되었던 화물과 다른 화물을 운송하기 위하여 이동식탱크를 이용하는 경우 새로운 탱크 수요처에 투입되기 전 탱크세정(tank cleaning) 작업을 하여야 한다. 이 과정에서 시간과 비용이 발생하고 적절하게 세정결과물을 처리하지 않으면 점오염원으로 작용할 수 있다.

셋째, 이동식탱크 운영 기간 중 받아야 하는 정기검사, 중간검사 그리고 경우에 따라서 받는 임시검사 등 관리비용과 이에 따른 소요시간의 발생이 단점이라고 할 수 있다.

3.2 제1급 및 제3급~제9급용 이동식 탱크의 일반사항

(1) 어떤 물질을 이동식 탱크로 운송하기 위해서는 적절한 이동식 탱크 지침(portable tank instruction)과 일치하는 이동식 탱크이어야 하며 또한

위험물 목록(DGL)의 각각의 물질에 지정되어 있는 특별규정(special provision)에 따라야 한다.

(2) 동체 또는 단열설비 외표면의 온도는 운송 중 70℃를 초과하지 말아야 한다(개구부 및 그것의 폐쇄장치는 제외). 필요한 경우 동체는 단열되어야 한다.

(3) 세정되지 않았고 또한 가스프리되지 않은 빈 이동식 탱크(empty, uncleaned)는 이전 물질을 충전한 이동식 탱크와 동일한 규정에 따라야 한다.

(4) 물질이 상호 위험하게 반응할 수 있으며 또한 다음의 원인이 되는 경우에는 동체의 인접 구획에 운송하지 말아야 한다 :

(가) 연소 및/또는 상당한 열의 방출 ;

(나) 인화성, 독성 또는 질식성 가스의 방출 ;

(다) 부식성 물질의 생성 ;

(라) 불안정한 물질의 형성 ;

(마) 압력의 위험한 상승.

(5) 다음과 같은 경우에는 제1급 및 제3급~제9급용 이동식 탱크의 운송을 요청하여서는 안 된다 :

(가) 20℃에서의 점도 또는 가열된 물질인 경우에는 운송 중 해당 물질의 최고온도에서의 점도가 2,680mm^2/s 미만인 액체의 충전율이 20%를 초과하고 80% 미만인 경우. 단, 이동식 탱크의 동체가 7,500 ℓ이하의 용량으로 칸막이 또는 요동 방지판으로 나누어져 있는 경우에는(baffled tank) 예외임 ;

(나) 이전에 운송되었던 물질의 잔유물이 동체 또는 부속설비의 외부에 묻어있는 경우 ;

(다) 누설이 있는 경우 또는 이동식 탱크의 건전성 또는 들어올림용 장치나 고박용 장치에 영향을 미칠 수 있을 정도로 손상된 경우 ; 및

(라) 부속설비가 검사를 받지 않았고 또한 양호한 작동상태가 아닌 경우

(6) 다음 등급의 위험물을 운송하는 이동식 탱크는 추가규정에 적합하여야 한다.

등 급	추 가 규 정
제3급	1) 밀폐형일 것 2) 안전장치가 부착되어 있을 것
제5.2급 및 제4.1급의 자체 반응성 물질	1) 시험압력은 0.4MPa(4bar)이상일 것 2) 온도감지장치가 부착되어 있을 것 3) 압력안전장치와 비상안전장치가 설치되어 있을 것 4) 진공안전장치와 용수철 밸브에는 화염 방지기가 부착되어 있을 것 5) 압력안전장치는 분해 생성물 및 50℃의 온도에서 방출되는 증기가 이동식 탱크 내부에서 극심하게 증가되는 것을 방지하기 위하여 설치되는 용수철식 밸브로 구성될 것 6) 자기가속분해온도(SADT)가 55℃ 이하이거나 또는 알루미늄으로 제조된 이동식 탱크라면 완전히 단열된 것일 것 7) 충전율은 15℃에서 90% 이하일 것
제7급	1) 방사성 물질 운송용으로 사용된 이동식 탱크는 다른 화물의 운송에 사용하지 말 것 2) 충전율은 90% 또는 주관청이 승인한 다른 수치 이하일 것
제8급	압력안전장치는 1년을 초과하지 않는 간격으로 검사를 받을 것
자신의 녹는점 이상의 온도로 운송되는 고체 물질	1) 제4.1급, 제4.2급, 제4.3급, 제5.1급, 제6.1급, 제8급 또는 제9급으로 분류되고, 제6.1급 또는 제8급의 부위험성이 없으며, 포장등급 II 또는 III인 경우에 한하여 이동식 탱크로 운송 가능함 2) 포장등급 III의 고체물질인 경우에는 이동식 탱크지침 "T4"를, 포장등급 II의 고체물질인 경우에는 이동식 탱크지침 "T7"에 따를 것

3.3 비냉동 액화가스(Non-refrigerated liquefied)용 이동식 탱크의 일반사항

(1) 비냉동 액화가스는 이동식 탱크 지침 "T50"과 일치와 일치하는 이동식 탱크이어야 하며, 위험물 목록 (12)열~(14)열과 특정 비냉동 액화가스에 지정된 이동식 탱크 특별규정에 따라 운송되어야 한다.

(2) 충전 전, 송하인은 해당 이동식 탱크가 운송예정인 비냉동 액화가스에 대하여 승인된 것인지를 확인하여야 한다. 해당 이동식 탱크에는 동체,

가스켓, 부속설비 및 보호내장의 재질과의 접촉으로 위험한 반응을 일으켜서 위험한 생성품을 형성하거나 이들 재질을 뚜렷하게 약화시킬 수 있는 비냉동 액화가스가 적재되지 않도록 하여야 한다.

(3) 이동식 탱크에는 이동식 탱크의 최대허용총질량을 초과하여 충전되어서는 안 되며, 운송예정인 개개 가스에 명시된 최대허용하중 이상으로 충전하지 말아야 한다.

(4) 다음과 같은 경우에는 비냉동 액화가스용 이동식 탱크의 운송을 요청하여서는 안 된다 :

(가) 이동식 탱크내의 동요파(surge)에 의하여 제한치를 넘는 수압을 발생시킬 수 있는 여유공간이 남아있는 상태인 경우 ;

(나) 누설이 있는 경우 ;

(다) 탱크의 건전성 또는 탱크의 들어올림용 장치나 고박용 장치에 영향을 미칠 수 있을 정도로 손상된 경우 및 ;

(라) 부속설비가 검사를 받고 양호한 작동상태에 있다는 것이 확인되지 않는 경우

3.4 냉동 액화가스(Refrigerated liquefied)용 이동식 탱크의 일반사항

(1) 냉동 액화가스는 이동식 탱크지침 "T75"와 일치하며 또한 위험물 목록 (12)열~(14)열과 특정 냉동 액화가스에 지정된 이동식 탱크 특별규정에 따라 운송되어야 한다.

(2) 충전율을 계산 할 때에는 폭풍, 이로(deviation), 부두하역자의 파업 등 이동식 탱크가 최종 수하인에게 전달되기까지 육상, 해상 운송 시 예상되는 모든 지연기간을 포함한 예상운송기간과 이동식 탱크의 명판(data

plate)에 기록되어 있는 "최대허용운송기간(holding time)"을 고려하여 탱크를 선정한 후 작업을 하여야 한다. "최대허용운송기간(holding time)"은 냉동액화가스 용 이동식탱크에서 가장 중요한 개념으로, 화물을 탱크에 적재 한 시점부터 외부의 열이 단열재 또는 단열층을 통과하여 탱크 내부로 전달되어 내부의 화물이 팽창하고 압력이 상승하여 안전밸브가 작동하기까지의 시점을 의미한다. 탱크 내 · 외부 단열을 위한 방식으로 단열재(insulation)를 이용하는 방식이나 진공(vacuum)층을 이용하고 있는데, 100% 단열은 불가하여 외부의 열이 완만히 내부로 전달되어 화물에 영향을 주는 것이다. 온도변화에 따른 각 화물의 체적팽창계수는 상이함으로 탱크의 명판에 표시되어 있는 "최대허용운송기간(holding time)"도 달라진다.

(3) 동체의 초기 충전율은 증기압이 최대허용사용압력(MAWP)과 같아지는 온도까지 내용물(헬륨은 제외)의 온도가 상승하여도 액체가 차지하는 용적이 이동식 탱크용적의 98%를 초과하지 말아야 한다.

(4) 냉동액화 된 에틸렌(Ethylene, refrigerated liquid)를 운송하는 탱크에 표시되어 있는 자료를 보면 다음과 같이 "최대허용운송기간(holding time)"이 표시되어 있다.

물질명	최대적재량	Holding Time
1073 Oxygen(LOx)	18,880 kg(84%)	59days @ 0 barg
1977 Nitrogen(LIN)	12,734 kg(80%)	40days @ 0 barg
1951 Argon(LAr)	23,051 kg(84%)	47days @ 0 barg
1038 Ethylene(LC2H4)	9,400 kg(84%)	70days @ 0 barg
1972 Natural Gas(LCH4)	6,983 kg(84%)	65days @ 0 barg

* Design temperature: −196℃~50 ℃, Water capacity at 20 ℃: 19,600 ltr
MAWP: 10.3 barg, TP(Test Pressure): 16.95 barg

위 표에서 UN 번호가 1038인 Ethylene의 경우, "최대허용운송기간(holding time)"이 70일이다. 이는 게이지(gauge) 압력으로 0 bar로 적재된 Ethylene

의 경우 70일이 지나면 MAWP인 10.3 barg(gauge압력)를 초과하여 안전밸브가 작동하기 시작함을 의미한다. 인화성가스인 Ethylene이 안전밸브를 통하여 외부로 큰 소리를 내며 누출되어 폭발성환경을 만들 수 있음을 의미한다. 이 때 용량이 19,600 liter인 이 탱크에 최대 9,400kg을 적재할 수 있음을 의미하며, 이는 "19,600 liter × 0.98(MAWP가 되었을 때 차지하는 용적의 98%) × 밀도(MAWP인 10.3 barg가 되었을 때의 온도에 해당하는 밀도)"를 곱하여 계산된 값이며, 적하 시점의 압력(0 barg)에서는 탱크용적의 84%를 차지함을 의미한다.[9] 따라서, Ethylene을 이동식탱크를 이용하여 운송할 때는 수출국 공장에서 출하되는 시점부터 수입국 수요처에 공급 완료되는 시점까지의 기간이 70일 이내여야 함을 의미한다.

(5) 다음과 같은 경우에는 냉동 액화가스용 이동식 탱크 사용이 금지된다.
   (가) 동체내의 동요파(surge)에 의하여 제한치를 넘는 수압을 발생시킬 수 있는 여유공간이 남아있는 상태인 경우 ;
   (나) 누설이 있는 경우 ;
   (다) 이동식 탱크의 건전성 또는 이동식 탱크의 들어올림용 장치 또는 고박용 장치에 영향을 미칠 수 있을 정도로 손상된 경우 ;
   (라) 부속설비가 검사를 받지 않았고 또한 양호한 작동상태가 아닌 경우 ;
   (마) 운송예정인 냉동 액화가스에 대한 실제 "최대허용운송기간(holding time)"이 미결정된 경우 및 이동식 탱크 명판에 운송될 물질의 실제 "최대허용운송기간(holding time)"이 표시되어 있지 않은 경우 ; 및
   (바) 운송 기간이 실제 "최대허용운송기간(holding time)"을 초과하는 경우.

9) IMDG Code, 4.2.3.6.1, 4.2.3.6.2, 6.7.4.6

3.5 이동식 탱크 지침 및 특별규정

(1) IMDG Code의 위험물 목록(DGL)에는 이동식 탱크로 운송이 허가된 위험물에 대한 이동식 탱크 지침("T"기호)과 특별규정("TP"기호)이 수록되어 있다. 각 이동식 탱크 지침은 알파벳-숫자(T1～T75)로 지정되어 있다.

(2) 제1급 및 제3급～제9급 물질의 경우, 이동식 탱크 지침에는 최소시험압력, 최소동체판두께(기준강철), 하부 개구부 규정 및 압력안전규정이 명시되어 있다. "T23"에는 이동식 탱크로 운송이 허가되는 제4.1급의 자체반응성 물질 및 제5.2급의 유기과산화물질의 목록이 제어온도 및 비상온도와 함께 수록되어 있다.

(3) 비냉동 액화가스는 이동식 탱크 지침 "T50"에 지정되어 있다. "T50"에는 이동식 탱크로의 운송이 허용되는 비냉동 액화가스의 최대허용사용압력, 하부 개구부 규정, 압력안전장치 규정 및 충전율이 명시되어 있다. 한편 냉동 액화가스는 이동식 탱크 지침 "T75"에 지정되어 있다.

(4) 위험물 목록의 (12), (13)열 및 (14)열의 적용기준은 다음과 같다 :

(가) 12열(예비용)－이 열은 IMDG Code 제29차 개정분의 요건에 따라 제조된 IMO 이동식 탱크 및 도로용 탱크차량에 적용되었던 규정이 있던 자리이다. 2010년 1월 1일부터 (12)열의 규정은 사라지고 (13)열의 규정에 따르게 되었다.

(나) 13열(이동식 탱크 및 산적컨테이너 지침) - T기호가 포함된 이 열은 이동식 탱크 및 도로용 탱크차량으로의 위험물 운송에 적용할 수 있다. "T"문자가 없는 경우 이것은 주관청의 특별한 승인이 없는 한 해당 위험물을 이동식 탱크로 운송하는 것은 금지한다.
"BK 2"가 표시되어 있는 경우, 고체 위험물을 산적컨테이너를 이용하여 운송할 수 있음을 의미 한다. “BK 2” 표시가 없는 경우 산적컨테이너 이용이 금지되며, IMDG Code의 위험물목록에 등재된 위험물 중 소수의 위험물만이 허가되어 있다.

(다) 14열(탱크특별규정)－“TP(Tank Provisions)”와 숫자로 구성되는 (TP 1～TP 91) 이 열은 이동식 탱크 및 도로용 탱크차량으로의 위험물 운송에 적용한다. “탱크특별규정”은 13열에 부가하여 또는 13열의 탱크규정을 대체하여 위험물의 운송에 적용된다.

UN No	Proper Shipping Name (PSN)	Packing Group	Portable tanks and bulk containers		
				Tank instructions	Provisions
(1)	(2)	(5)	(12)	(13)	(14)
1760	CORROSIVE LIQUID, N.O.S.	II	–	T11	TP2 TP27
1760	CORROSIVE LIQUID, N.O.S.	III	–	T7	TP1 TP28
1802	PERCHLORIC ACID	II	–	T7	TP2

(5) 적절한 이동식 탱크 지침의 결정

특정의 이동식 탱크 지침이 위험물 목록에 명시되어 있는 경우에는 해당 이동식 탱크 보다 더 높은 시험압력, 더 두꺼운 동체두께, 더 엄격한 하부 개구부 및 압력안전장치를 갖춘 이동식 탱크를 동시에 사용할 수 있다.

다음의 표는 특정물질의 운송에 이용할 수 있는 적절한 이동식 탱크를 결정하는 데에 적용한다. 예를 들면, 특정물질에 대하여 “T13”이 허가된다면 “T14”, “T19”, “T20”, “T21” 및 “T22”도 동시에 허가된다.

명시된 이동식 탱크 지침	동시에 허가되는 이동식 탱크 지침
T1	T2, T3, T4, T5, T6, T7, T8, T9, T10, T11, T12, T13, T14, T15, T16, T17, T18, T19, T20, T21, T22
T2	T4, T5, T7, T8, T9, T10, T11, T12, T13, T14, T15, T16, T17, T18, T19, T20, T21, T22
T3	T4, T5, T6, T7, T8, T9, T10, T11, T12, T13, T14, T15, T16, T17, T18, T19, T20, T21, T22
T4	T5, T7, T8, T9, T10, T11, T12, T13, T14, T15, T16, T17, T18, T19, T20, T21, T22
T5	T10, T14, T19, T20, T22
T6	T7, T8, T9, T10, T11, T12, T13, T14, T15, T16, T17, T18, T19, T20, T21, T22
T7	T8, T9, T10, T11, T12, T13, T14, T15, T16, T17, T18, T19, T20, T21, T22
T8	T9, T10, T13, T14, T19, T20, T21, T22
T9	T10, T13, T14, T19, T20, T21, T22
T10	T14, T19, T20, T22
T11	T12, T13, T14, T15, T16, T17, T18, T19, T20, T21, T22
T12	T14, T16, T18, T19, T20, T22
T13	T14, T19, T20, T21, T22
T14	T19, T20, T22
T15	T16, T17, T18, T19, T20, T21, T22
T16	T18, T19, T20, T22
T17	T18, T19, T20, T21, T22
T18	T19, T20, T22
T19	T20, T22
T20	T22
T21	T22
T22	없음
T23	없음
T50	없음

(6) 이동식 탱크 지침

이동식 탱크 지침 "T1～T22"에는 적용 가능한 최소시험압력, 최소동체두께(mm, 기준강재), 압력안전장치 및 하부 개구부 규정이 하기와 같이 지정되어 있다.

T1～T22		이동식 탱크 지침		T1～T22
본 이동식 탱크 지침은 제3급～제9급의 액체 및 고체물질에 적용한다. 일반규정 제6.7.2항에 적합하여야 한다.				
이동식 탱크 지침	최소시험압력 (bar)	최소동체두께 (mm-기준 강재) (제6.7.2.4항 참조)	압력안전장치규정 (제6.7.2.8항 참조)	하부 개구부 규정 (제6.7.2.6항 참조)
T1	1.5	제6.7.2.4.2항 참조	표준형	제6.7.2.6.2항 참조
T2	1.5	제6.7.2.4.2항 참조	표준형	제6.7.2.6.3항 참조
T3	2.65	제6.7.2.4.2항 참조	표준형	제6.7.2.6.2항 참조
T4	2.65	제6.7.2.4.2항 참조	표준형	제6.7.2.6.3항 참조
T5	2.65	제6.7.2.4.2항 참조	제6.7.2.8.3항 참조	불가
T6	4	제6.7.2.4.2항 참조	표준형	제6.7.2.6.2항 참조
T7	4	제6.7.2.4.2항 참조	표준형	제6.7.2.6.3항 참조
T8	4	제6.7.2.4.2항 참조	표준형	불가
T9	4	6mm	표준형	불가
T10	4	6mm	제6.7.2.8.3항 참조	불가
T11	6	제6.7.2.4.2항 참조	표준형	제6.7.2.6.3항 참조
T12	6	제6.7.2.4.2항 참조	제6.7.2.8.3항 참조	제6.7.2.6.3항 참조
T13	6	6mm	표준형	불가
T14	6	6mm	제6.7.2.8.3항 참조	불가
T15	10	제6.7.2.4.2항 참조	표준형	제6.7.2.6.3항 참조
T16	10	제6.7.2.4.2항 참조	제6.7.2.8.3항 참조	제6.7.2.6.3항 참조
T17	10	6mm	표준형	제6.7.2.6.3항 참조
T18	10	6mm	제6.7.2.8.3항 참조	제6.7.2.6.3항 참조
T19	10	6mm	제6.7.2.8.3항 참조	불가
T20	10	8mm	제6.7.2.8.3항 참조	불가
T21	10	10mm	표준형	불가
T22	10	10mm	제6.7.2.8.3항 참조	불가

➡ 예1 : UN 1665, NITROXYLENES, LIQUID 운송용 이동식 탱크의 선택

이 물질에 대한 위험물 목록(DGL)을 살펴보면 상단의 (13)열에는 “T7”로, (14)열에는 “TP2”로 규정되어 있다. 위 표-이동식 탱크지침 T1 -T22를 참고하여, NITROXYLENES, LIQUID 운송에 필요한 탱크 사양을 표시하면 아래와 같다.

UN No.	Proper Shipping Name (PSN)	Class or division	Subsidiary risk(s)	Portable tanks and bulk containers		
					Tank instructions	Provisions
(1)	(2)	(3)	(4)	(12)	(13)	(14)
1665	NITROXYLENES, LIQUID	6.1	–	–	T7	TP2

- 최소시험압력 : 4 bar
- 최소동체판 두께 : 제6.7.2.4.2항 참조 (동체의 지름이 1.8m 이하~5mm 이상, 동체의 지름이 1.8m 초과 －6mm 이상)
- 압력안전장치 : 표준형
- 하부 개구부 : 제6.7.2.6.3항 참조(self closing internal stop valve + external stop valve + liquid-tight closure 3중으로 구성되는 하부밸브)

『3중 하부밸브』

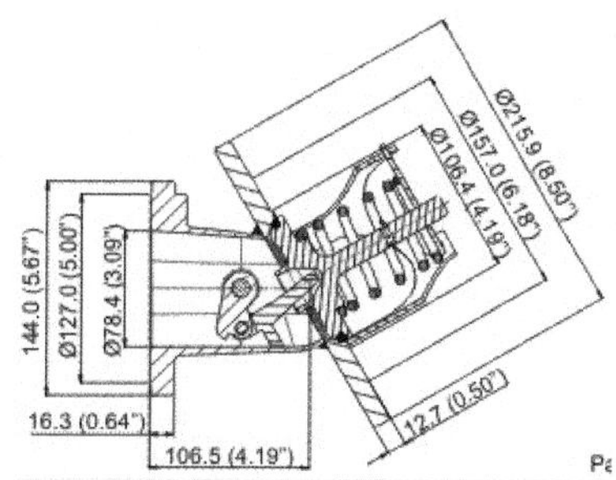

『Self closing internal stop valve 구조』

3.6 비냉동 액화가스 운송용 이동식 탱크의 선택

비냉동 액화가스는 이동식 탱크 지침 “T50”에 지정되어 있다. 사용자는 운송하고자 하는 비냉동 액화가스용 이동식 탱크에 대한 최대허용사용압력, 하

부 개구부 규정, 압력안전장치 규정 및 충전율이 탱크 지침 "T50"의 요건에 적합한지를 확인하여야 한다.

➡ 예 : UN 1005, AMMONIA, ANHYDROUS 운송용 이동식 탱크의 선택

이동식 탱크 지침 "T50"에 수록된 해당 위험물에 대한 다음 사양에 적합한 이동식 탱크를 사용하여야 한다.

T50		이동식 탱크 지침			T50
본 이동식 탱크 지침은 비냉동 액화가스에 적용한다. 제4.2.2항의 일반규정 및 제6.7.3항의 규정에 적합하여야 한다.					
UN No.	비냉동 액화가스	최대사용압력(bar) Small ; Bare ; Sunshield ; Insulated	액면 아래의 개구부	압력안전규정 (제6.7.3.7항 참조)	최대 충전밀도 (kg/L)
1005	Ammonia, anhydrous	29.0 25.7 22.0 19.7	허용	제6.7.3.7.3항 참조	0.53

즉, UN No. 1005의 AMMONIA ANHYDROUS를 이동식 탱크로 운송하기 위해서는 탱크의 형태에 따라 규정된 최대허용압력과 액면 아래의 개구부 유무 및 압력안전규정에 적합한 사양의 이동식 탱크만이 허가된다.

AMMONIA, ANHYDROUS를 운송하기 위하여 "차양(Sunshied)탱크를 사용한다면,

(1) 최대사용압력(MAWP) : 22.0 bar 이상의 탱크인지 확인한다.

(2) 액면 하 개구부(bottom valve) : 하부에 개구부가 있거나 상부에 개구부가 있는 탱크를 선정한다.

(3) 압력배출장치(pressure relief devices) : 일반적으로 비냉동 액화가스의 경우 탱크 내에 발생하는 과압을 배출하기 위하여 설치하는 압력배출장치는 MAWP에서 열리기 시작하여 MAWP의 110% 압력에서 완전히 열렸다가 탱크의 압력이 낮아지면 MAWP의 −10% 압력에서 다시 압

력배출장치가 닫히게 되어있다. 이를 위하여 스프링으로 작동하는 압력배출장치(spring-loaded pressure relief device)를 설치하게 되어 있다.[10] 그러나 문제의 무수암모니아 가스는 누출 시 소량이라도 치명적일 수 있음으로, 소량이라도 급박한 상황이 아니면 마지막 순간까지 배출되어서는 안 된다. 그래서 제6.7.3.7.3항 규정에 맞추어 "파열판(frangible disc)"과 "스프링으로 작동되는 압력배출장치(spring-loaded pressure relief device)"로 구성되고 그 사이에 "압력계(pressure gauge)"나 압력을 알려주는 "자동표시기(tell-tale indicator)"를 설치하여 파열판의 상태를 확인하게 되어 있다. 즉 정상상태에서 탱크 내압을 나타내고 있다면 파열판이 이미 파열되어 있는 것으로 교환하여야 함을 의미한다. 즉 파열판은 1회용 압력장치라면 스프링식 압력장치는 반복 사용이 가능하다. 파열판과 스프링식 압력장치로 구성된 압력장치는 MAWP의 +10%에서 작동되어 내압이 배출되게 되어 있다.

(4) 최대충전밀도(kg/ℓ)가 "0.53"이므로 "20,000 ℓ용량의 탱크인 경우 10,600kg까지 충전이 가능하다.

4 산적컨테이너(Bulk container)의 사용[11]

4.1 산적컨테이너의 선정

고체위험물의 운송에 이용되는 산적컨테이너가 해상운송에 이용되도록 허가된 위험물의 수는 많지 않다. 통행이 비교적 자유롭고 빈번한 EU 역내 국가 간의 해상운송에 간헐적으로 이용될 것으로 보이나 그 외의 지역에서는 실제적으로 거의 사용되지 않는 운송형태로 생각된다. DGL에서 해당위험물을 찾고 "(13)"열을 보았을 때 "BK2"로 표시되어 있으면 산적컨테이너를 위험물

10) IMDG Code, 6.7.3.7.1
11) IMDG Code, 제0603-5호, 한국해사위험물검사원, pp.177~178.

운송에 이용할 수 있다. 산적컨테이너에는 2개의 코드가 부여되어 있는데, 의미는 아래와 같다.

산적컨테이너의 종류	코드	비고
상부개방형 산적컨테이너 (sheeted bulk container)	BK1	해상운송용으로 불허 됨.
밀폐형 산적컨테이너 (closed bulk container)	BK2	해상운송용으로 허가 됨.

➡ 예 : UN 1942, AMMONIUM NITRATE (PG III) 운송용 산적컨테이너의 선정

UN No.	Proper Shipping Name (PSN)	Class or division	Subsidiary risk(s)	Packing group	Special provi-sions	Portable tanks and bulk containers		
							Tank instruc-tions	Provisions
(1)	(2)	(3)	(4)	(5)	(6)	(12)	(13)	(14)
1942	AMMONIUM NITRATE	5.1	–	III	952	–	T1 BK2	TP33

DGL에서 'UN 1942"를 찾고 "(13)"을 보니 "BK2"되어 있다. 따라서 "AMMONIUM NITRATE"는 산적컨테이너로 운송할 수 있다. 그러나 "(6)" 열의 특별규정을 보니 "952"번이 지정되어 있고, IMDG Code 2권 DGL의 마지막 부분에 있는 특별규정 중 "952"의 내용을 확인해보니 "관할관청의 허가를 얻어야" 산적컨테이너로 해상운송이 가능한 조건이었다. 이 경우 "(13)" "BK2"와 더불어 관할관청의 허가를 득하여야 "AMMONIUM NITRATE"를 산적컨테이너를 이용하여 운송할 수 있다.

조건을 구비하여 화물을 운송하게 되면 운송관련서류에 "Bulk container BK2 approved by the competent authority of ...."라는 내용을 첨가한다.

4.2 산적 컨테이너의 일반사항

(가) 운송 중 조우할 것으로 예상되는 온도에서 액체로 변할 수 있는 고체 물질은 산적 컨테이너로의 운송이 허용되지 않는다.

(나) 산적 컨테이너는 누출방지형이어야 하며, 진동의 영향 또는 온도, 습도 또는 압력의 변화를 포함한 통상적인 운송상태 하에서 내용물의 누출이 없도록 밀폐되어야 한다.

(다) 산적고체는 산적 컨테이너 내부에서의 이동이 최소화되도록 골고루 분배되어야 한다.

(라) 위험물이 수납되었던 빈 산적 컨테이너는 모든 위험성이 없어지도록 적절한 조치를 취하지 않는 한 충전된 컨테이너에 대하여 IMDG Code에 명시된 것과 동일한 방법으로 취급되어야 한다.

(마) 만약 산적 컨테이너가 분진 폭발을 야기할 수 있거나 인화성 증기가 방출될 수 있는 산적화물(예를 들면 임의의 폐기물)의 운송에 사용되는 경우에는 해당 화물의 적·양하 중 발화원을 차단하고 위험한 정전기 방출을 방지하기 위한 조치를 취하여야 한다.

(바) 산적 컨테이너는 충전하기 전에 구조적 사용가능성에 대한 외관검사를 실시하여야 하며, 산적 컨테이너 내부 벽, 천장 및 바닥에는 돌출 또는 손상이 없어야 한다.

5 위험물의 충전율[12)]

5.1 일반

액체가 충전된 포장화물 및 이동식 탱크에는 운송 중 예상되는 온도에 기인한 액체 팽창의 결과로 포장용기가 새거나 영구변형이 일어나지 않도록 충분한 여유공간(ullage : 상부공간)을 남겨두어야 한다.

12) IMDG Code, 제0603-5호, 한국해사위험물검사원, pp.188~194.

5.2 소형용기의 충전율

(1) 특정한 규정이 명시되어 있지 않는 한 55℃의 온도에서 포장용기에 액체가 완전히 가득 차도록 충전하여서는 안 된다.

(2) 액체는 다음의 산식으로 계산한 값 이상의 공간율이 확보되도록 충전되어야 한다(위험물 선박운송 및 저장규칙에 의함) :

- 열대지방으로 운송시 : S = A x (65−T) x 100
- 열대지방 이외의 지방으로 운송시 : S = A x (45−T) x 100

이 경우, S : 공간율 ; A : 체적팽창계수 ; T : 위험물 충전시의 온도(℃)

➡ 예 : ETHANOL, UN 1170의 충전율 계산

ETHANOL, UN 1170(비중 : 0.7936)을 200 ℓ용량의 강제드럼에 충전하는 경우의 상부 공간율을 계산하면 다음과 같다. 단, 충전시의 온도는 25℃이고 체적팽창계수는 0.00108이며, 열대지방 이외의 지역으로 운송하는 것으로 가정한다 ;

(가) 공간율 : S = 0.00108 × (45 − 25) × 100 ≒ 2% (공간율)

(나) 200 ℓ강제드럼에 2%의 공간율을 감안한 후 충전 가능한 질량은 :

(200 × 0.7936) - (200 × 0.7936 × 2%) ≒ 156 kgs

(다) 비중보정계수를 감안하면, 약 156kgs까지만 충전하여야 함

5.3 중형산적용기(IBCs)의 충전율

(1) 평균온도가 50℃인 경우의 최대 충전율은 IBC 물용량(water capacity)의 98%를 초과하지 말아야 한다.

(2) 평균온도가 50℃가 아닌 경우의 최대 충전율은 다음의 공식으로 결정한다 :

$$충전율 = \frac{98}{1 + \alpha\ (50 - t_F)}\ (\%)\ (\text{IBC 용량 대비})$$

이 경우, α = 15℃와 50℃ 사이에서 액체 물질의 평균 부피팽창계수 만약, 최고로 올라가는 온도가 35℃라면, "α"는 다음 공식의 공식으로 산출한다 :

$$\alpha = \frac{d_{15} - d_{50}}{35 \times d_{50}}$$

이 경우, d_{15} = 15℃ 때의 밀도 ;

d_{50} = 50℃ 때의 밀도 ;

t_F = 충전시 액체의 평균온도

5.4 제2급 위험물의 충전에 대한 일반사항

(1) 압축가스용 용기에는 적절히 충전된 용기의 내부압력이 15℃에서 최대 허용 충전압력을 초과하지 않도록 충전되어야 한다.

(2) 액화가스 및 용해가스용 용기에는 실제 충전율이 최대허용 충전율을 초과하지 않도록 충전되어야 하지만, 해당 용기에는 60℃에서 액체로 완전히 충전되는 상태(liquid-full)가 되어서는 안 된다.

(3) 냉동 액화가스용 용기에는 충전온도 및 0.1MPa의 압력에서 해당 용기의 용량을 기준으로 비인화성 가스는 98%를, 인화성 가스는 95%를 초과하여 충전하여서는 안 된다.

5.5 제1급, 제3급~제9급 물질용 이동식 탱크의 충전율

(1) 이동식 탱크에 위험물을 충전하는 경우에는 IMDG Code의 위험물 목록

(DGL) (14)열에 명시된 특별규정(TP-Code)에 따라야 한다.

UN No.	Proper Shipping Name (PSN)	Class or division	Subsidiary risk(s)	Portable tanks and bulk containers		
					Tank instructions	Provisions
(1)	(2)	(3)	(4)	(12)	(13)	(14)
1230	METHANOL	3	6.1	–	T7	TP2

이 특별규정 중 이동식 탱크의 충전율과 관련된 TP 기호는 다음과 같다 :

특별규정	내 용
TP1	제4.2.1.9.2항에 규정된 충전율을 초과하지 말 것(97%)
TP2	제4.2.1.9.3항에 규정된 충전율을 초과하지 말 것(95%)
TP3	자신의 녹는점 이상의 온도로 운송되는 고체이거나 고온의 액체인 경우의 최대 충전율(%)은 제4.2.1.9.5.1항에 따라 결정할 것
TP4	충전율은 90%를 초과하지 않는 값으로 하거나 또는 주관청이 승인 한 다른 값으로 할 것(IMDG Code 제4.2.1.15.2항 참조)
TP5	IMDG Code 제4.2.3.6항에 규정된 충전율을 초과하지 말 것

(2) "TP1" 로 규정된 위험물의 충전율(IMDG Code 제4.2.1.9.2항)

IMDG Code의 위험물 목록(DGL) (14)열에 "TP1"로 규정된 위험물은 다음의 충전율 이하로 충전하여야 한다 :

$$충전율 = \frac{97}{1 + \alpha\ (t_r - t_f)}$$

(3) "TP2" 로 규정된 위험물의 충전율(IMDG Code 제4.2.1.9.3항)

포장등급 I 또는 II의 제6.1급 및 제8급의 액체 또는 65℃에서 1.75bar(175kPa)를 초과하는 절대 증기압을 갖는 액체, 또는 해양오염물질로 확인된 액체에 대한 최대 충전율(%)은 다음의 공식으로 결정한다 :

$$충전율 = \frac{95}{1 + \alpha\ (t_r - t_f)}$$

이 공식에서, α는 충전 중 액체의 평균온도(tf)(℃)와 운송 중 액체의 최고평균온도(tr) (℃) 사이에서 액체의 평균 부피팽창계수를 의미한다.

일반적으로 α는 다음의 공식으로 산출한다 :

$$\alpha = \frac{d_{15} - d_{50}}{35 d_{50}}$$

여기서, d_{15}는 15℃에서의 액체의 밀도를, d_{50}은 50℃에서의 액체의 밀도를 말한다.

➡ 예 : ACRYLONITRILE, UN 1093에 대한 최대 충전율 계산

(가) 상기 물질을 24,000 ℓ용량의 이동식 탱크에 충전 예정이다. 충전 중 평균온도는 15℃이고, 액체의 최고 평균온도가 50℃로 가정한다. 상기 물질의 15℃에서의 비중은 0.8115이고 50℃에서의 비중은 0.7726이다.

(나) ACRYLONITRILE의 충전율은 위험물 목록(DGL)의 (14)열에 "TP2"로 규정되어 있다.

UN No.	Proper Shipping Name (PSN)	Class or division	Subsidiary risk(s)	Portable tanks and bulk containers		
					Tank instructions	Provisions
(1)	(2)	(3)	(4)	(12)	(13)	(14)
1093	ACRYLONITRILE, STABILIZED	6.1	–	–	T14	TP2 TP13

(다) 먼저, ACRYLONITRILE에 대한 "α"를 구한다. 즉,

$$\alpha = \frac{0.8115 - 0.7726}{35 \times 0.7726} = 0.001438$$

(라) TP2에 따른 충전율을 구한다. 즉,

$$충전율 = \frac{95}{1 + \alpha\ (t_r - t_f)} = \frac{95}{1 + 0.001438\ (50 - 15)} = 90.45\%$$

(마) 최대 충전량을 구한다. 즉,

최대 충전량 = 24,000L × 0.8115 × 90.45% = 17,616kgs

주 : 이것은 다음과 같은 대체방법으로도 계산할 수 있다. 즉,
최대 충전량 = 24,000 ℓ(탱크 용량) × 0.7726(d_{50}) × 95%(TP2 공식의 분자 숫자) = 17,615kgs

(4) "TP3으로 규정된 위험물의 충전율(IMDG Code 제4.2.1.9.5.1항)

자신의 녹는점 이상의 온도로 운송되는 고체 및 고온의 액체에 대한 최대 충전율(%)은 다음의 공식으로 산출한다 :

$$충전율 = 95 \frac{t_r}{t_f}$$

(5) "TP4" 로 규정된 위험물의 충전율(IMDG Code 제4.2.1.15.2항)

방사성 물질용 이동식 탱크의 충전율은 90%를 또는 주관청이 승인한 다른 수치를 초과하여서는 안 된다.

(6) 운송금지 충전율[13)]

20℃에서 또는 가열된 물질인 경우에는 운송 중 해당 물질의 최고온도에서 2,680mm^2/s 미만의 점도를 갖는 액체의 충전율이 20%를 초과하고 80% 미만인 경우에는 운송을 금지하여야 한다. 단, 이동식 탱크의 동체가 7,500L이하의 용량으로 칸막이(partition) 또는 요동 방지판(surge plate)으로 분할되어 있는 경우에는(baffled tank) 예외이다.

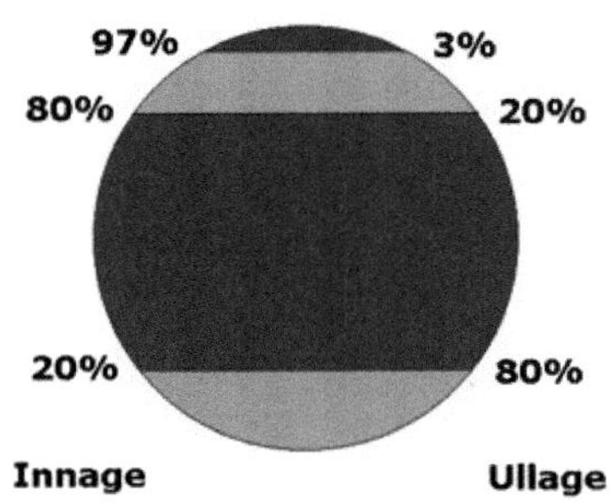

13) IMDG Code, 4.2.1.9.6

즉, 탱크용량을 기준으로 20% 이하로 충전하거나, 80%에서 97% 이내로 충전하여야 한다. 97%를 초과하여 충전하거나 20% 초과 80% 미만으로 충전하여서는 안 된다. 이것은 일반적인 규정이며(실질적으로 부피팽창계수가 "0"인 위험물은 없으므로, 97%까지의 충전율은 허가되지 않음), 정확하고 안전한 충전율은 IMDG Code의 해당 물질에 명시된 특별규정에 따라야 한다.

5.6 비냉동 액화가스용 이동식 탱크의 충전율

동체 용적 1 ℓ당 비냉동 액화가스의 최대질량(kg/ ℓ)은 50℃에서의 비냉동 액화가스 밀도에 0.95를 곱한 수치를 초과하여서는 안 된다. 또한 동체에는 60℃에서 액체가 만재되어서는 안 된다.

또한 이동식 탱크의 최대허용총질량을 초과하여 충전되어서는 안 되며, 운송예정인 각 가스에 명시된 최대허용하중 이상으로 충전되어서도 안 된다.

5.7 냉동 액화가스용 이동식 탱크의 충전율

동체의 초기 충전율은 증기압이 MAWP와 같아지는 온도까지 내용물(헬륨은 제외)의 온도가 상승하여도 액체가 차지하는 용적이 98%를 초과하지 않아야 한다. 헬륨 운송용 동체는 가득 충전 할 수 있지만, 압력안전장치의 입구 이상으로 충전할 수 없다(DGL 14열에 "TP5"로 표시된 경우) :

➡ 예 : ARGON, UN 1951의 초기 충전율 계산 :

(1) 먼저 탱크의 MAWP와 Water Capacity를 확인한다.
  －MAWP가 17.2bar이고 15,000L라고 가정함.

(2) 17.2Bar에서의 아르곤의 액체 비중을 구한다.
  －이것은 기술적 자료를 참고하여야 하며, 1.0876이라고 가정함.

(3) 최대로 충전할 수 있는 양을 계산한다. 즉,
  15,000L × 1.0876 × 98% ＝ 15,988kgs

5.8 MEGCs의 충전율

MEGCs의 구성부품에는 각 구성부품에 충전될 예정인 특정 가스에 대한 사용압력, 충전율 및 포장지침 “P200”에 명시된 충전규정에 따라 충전되어야 한다. 어떠한 경우에도 MEGC 또는 각 구성부품의 그룹에는 모든 구성부품에 명시된 사용압력 중에서 가장 낮은 사용압력을 초과하여 충전되어서는 안 된다.

본서 “2.6.2”에서 언급한 바와 같이 IMDG Code 4장(part 4)에서 포장지침 “P200”을 찾고, 해당 위험물을 찾아 충전율(kg/ℓ)을 찾는다. MEGCs를 구성하는 “실린더” 또는 “Tube” 각각의 용량을 합하여 총용량 구한 후 충전율을 곱하여 MEGCs에 충전하여야 하는 위험물의 총무게를 구한다.

제6장

위험물 포장용기의 시험

1 소형용기의 구조 및 시험[1)]

1.1 용어의 정의

IMDG Code에 수록된 소형용기와 관련된 몇몇 정의를 소개하면 다음과 같다 :

- 에어로졸(aerosol) 또는 에어로졸 디스펜스(aerosol dispenser) : 1회용 용기로서, 금속, 유리 또는 플라스틱으로 제작되고, 액체, 반죽상 또는 분말이 함유되어 있거나 함유되어 있지 않은 가압하의 압축가스, 액화가스 또는 용해가스가 들어 있으며, 또한 그 내용물을 가스에 현탁된 고체나 액체 미립자 상태로 또는 거품, 반죽상 또는 분말 상태로 또는 액체나 가스상태로 분사할 수 있는 방출장치가 부착되어 있는 것을 말한다.
- 포대(bag) : 종이, 플라스틱 필름, 직물, 직포 또는 기타의 적절한 재질로 제작된 연성형 포장용기를 말한다.
- 상자(box) : 금속, 목재, 합판, 재생목재, 골판지, 플라스틱 또는 기타 적절한 재질로 제작된 것으로서, 완전한 사각형 또는 다각형의 면(face)을 가진 포장용기를 말한다.
- 크레이트(crate) : 완전하지 않은 외면을 가진 외장용기를 말한다.
- 드럼(drum) : 금속, 골판지, 플라스틱, 합판 또는 기타 적절한 재질로 제작된 끝이 평면 또는 볼록면인 원통형 포장용기를 말한다. 이 정의에는 다른 형상, 예를 들면 둥근 테이플 넥크형(round taper-necked) 또는 페일형의 포장용기도 포함된다. 목재배럴 및 제리캔은 드럼의 정의에 해당되지 않는다.
- 제리캔(jerrican) : 사각형 또는 다각형의 단면 형상을 갖는 금속 또는 플라스틱 포장용기를 말한다.
- 목재배럴(wooden barrel) : 천연목재로 제조된 원형의 단면형상과 볼록면의 벽을 가진 포장용기로서, 동체판 및 상・하판으로 구성되고 동체테

1) IMDG Code, 제0603-5호, 한국해사위험물검사원, pp.196~203, pp.210~214.

가 부착된 포장용기를 말한다.

『드럼』

『제리캔』

『상자』

『크레이트』

- 재생용기(reconditioned packaging) : 다음의 것을 포함한다.
  - (1) 금속드럼이 다음의 경우인 것 :
    - ① 모든 잔류물, 내·외부의 부식, 외부 도색 및 라벨 등을 제거하여 제작시의 제조 재질 상태로 청소한 것 ;
    - ② 차임(chimes ; 테두리)을 똑바르게 하고 밀봉하며, 모든 비일체형 가스켓을 교체하여 본래의 모양과 외형으로 복구시킨 것 ; 및
    - ③ 눈에 보이는 구멍, 현저하게 감소된 금속 두께, 금속의 약화, 손상된 나사 또는 폐쇄장치 또는 기타의 현저한 결함 등과 같은 포장용기를 배제하고, 청소를 한 후 도장을 하기 전에 검사한 것.
  - (2) 플라스틱제의 드럼 및 제리캔이 다음의 경우인 것 :
    - ① 모든 잔류물, 내·외부의 부식, 외부 도색 및 라벨 등을 제거하여 제작시의 제조 재질 상태로 청소한 것 ;
    - ② 모든 비일체형 가스켓을 교체한 것 ; 및
    - ③ 찢어짐, 주름, 갈라짐, 손상된 나사 또는 폐쇄장치 또는 기타의 현저한 결함과 같은 명백한 손상이 있는 포장용기를 배제하고, 청소를 한 후에 검사한 것.

- 개조용기(remanufactured packaging) : 다음의 것을 포함한다 :
  - (1) 금속드럼이 다음의 경우인 것 :
    - ① UN형식이 아닌 것을 UN형식으로 생산한 것 ;
    - ② UN형식을 다른 UN형식으로 바꾼 것 ; 또는

③ 필수 구조 구성부품(비분리식 헤드와 같은 것)을 교체한 것 ; 또는

(2) 플라스틱 드럼이 다음의 경우인 것 :

① UN형식을 다른 UN형식으로(예, 1H1을 1H2로) 바꾼 것 ; 또는

② 필수 구조 구성부품을 교체한 것.

• 재사용 용기(re-used packaging) : 검사를 실시하여 성능시험에 견딜 수 있는 능력에 영향을 주는 결함이 발견되지 않은 재충전에 사용되는 포장용기를 말한다. 이 용어에는 동일하거나 유사한 혼화성 내용물을 재충전하는데 사용되는 포장용기와 제품의 송하인에 의하여 관리되는 유통경로 범위 내에서 운송되는 포장용기가 포함된다.

1.2 소형용기의 일반사항

(1) IMDG Code의 포장용기에 관한 규정은 현재 사용되고 있는 포장용기를 기초로 하고 있다. 그러나 과학과 기술의 발달을 고려하여 이 규정과 상이한 지침을 가진 포장용기에 대하여는 해당 포장용기가 동등의 효과가 있고 또한 주관청이 인정할 수 있다면 사용할 수 있다.

(2) 액체를 충전할 예정인 모든 포장용기가 하기에 해당하는 경우에는 적절한 기밀시험을 실시하여 이에 합격하여야 한다 :

(가) 최초로 운송에 사용하기 전 ;

(나) 개조 또는 재생한 후, 운송에 재사용하기 전

복합용기의 내용기는 시험결과에 영향을 미치지 않는 한 외장용기 없이 시험할 수 있다. 결합용기의 내장용기에 대하여는 기밀시험이 필요하지 않다.

(3) 위험물과 직접 접촉할 수 있는 플라스틱으로 제작된 용기, 용기 구성부품 및 폐쇄장치(잠금장치)는 당해 위험물질에 견딜 수 있어야 하며, 위험한 반응을 일으킬 수 있거나 유해 화합물을 형성할 수 있거나 또는

용기 또는 폐쇄장치를 연화, 약화 또는 파손시킬 수 있는 재료가 혼합되어서는 안 된다.

(4) 플라스틱제 포장용기는 충전된 물질이나 자외선 복사에 기인한 노화 및 질 저하에 적절히 견딜 수 있어야 한다. 충전된 물질이 침투하여도 통상적인 운송조건하에서는 위험을 초래하지 않아야 한다.

(5) 포장용기의 제조자 및 공급자는 폐쇄장치(요구된 가스켓)의 형태와 수치 및 기타의 모든 필요한 구성부품과 관련된 정보를 비치하여, 운송에 제공된 포장용기가 IMDG Code의 적절한 성능시험에 통과할 수 있음을 보증하여야 한다.

1.3 소형용기의 형태를 나타내는 기호

(1) 포장용기의 형태를 나타내는 기호는 다음과 같이 구성된다 :

(가) 포장용기의 종류를 나타내는 아라비아 숫자 1자 – 예, 드럼, 제리캔 등 ;

1	2	3	4	5	6
드럼	목재배럴	제리캔	상자	포대	복합용기

(나) 연속하여, 포장용기의 재질을 나타내는 알파벳 대문자 1자 또는 2자 - 예, 강재, 목재 등 ;

A	B	C	D	F	G
강재	알루미늄	천연목재	합판	재생목재	화이버보드
H	L	M	N	P	
플라스틱	직물	종이, 다층	금속	유리, 도기	

(다) 필요한 경우에는 연속하여 동일 종류의 포장용기에 대한 자세한 분류를 나타내는 아라비아 숫자 1자

(2) 복합용기인 경우에는 2자의 알파벳 대문자를 이 기호의 두 번째 지점에 연속적으로 사용하여야 한다(예, 1HA1). 첫 번째 대문자는 내용기(inner receptacle)의 재질을 표시하며, 두 번째 대문자는 외장용기(outer packaging)의 재질을 표시한다. 결합용기인 경우에는 외장용기의 기호만을 사용한다.

(3) "T", "V" 또는 "W" 문자를 포장용기의 종류를 표시하는 기호의 뒤에 사용할 수 있다 :

(가) "T" 문자는 회수용기(salvage packaging)에 사용한다.

(나) "V" 문자는 특별용기(special packaging)에 사용한다. 제품 또는 고체나 액체용의 임의 형태의 내장용기를 별도의 시험 없이 IMDG Code의 조건을 만족하는 상태하의 외장용기내에 조립한 것이다.

(다) "W" 문자는 IMDG Code에 명시된 포장용기와 동일한 종류이기는 하지만 개별 포장용기 규정과 상이한 지침으로 제조되었으나 일반 규정과 동등한 것으로 간주되는 포장용기에 사용한다.

(4) 다음의 표에는 포장용기의 종류, 제조 시 사용된 재질 및 그 분류에 따라 포장용기의 종류를 나타내는데 사용되는 기호가 명시되어 있다 :

종 류	재 질	분 류	기 호
1. 드럼	A. 강재	비분리식 헤드	1A1
		분리식 헤드	1A2
	B. 알루미늄	비분리식 헤드	1B1
		분리식 헤드	1B2
	D. 합판	–	1D
	G. 화이버	–	1G
	H. 플라스틱	비분리식 헤드	1H1
		분리식 헤드	1H2
	N. 금속(강재 또는 알루미늄은 제외)	비분리식 헤드	1N1
		분리식 헤드	1N2

종 류	재 질	분 류	기 호
2. 배럴	C. 천연목재	마개형	2C1
		분리식 헤드	2C2
3. 제리캔	A. 강재	비분리식 헤드	3A1
		분리식 헤드	3A2
	B. 알루미늄	비분리식 헤드	3B1
		분리식 헤드	3B2
	H. 플라스틱	비분리식 헤드	3H1
		분리식 헤드	3H2
4. 상자	A. 강재	–	4A
	B. 알루미늄	–	4B
	C. 천연목재	보통형	4C1
		분말누출방지벽형	4C2
	D. 합판	–	4D
	F. 재생목재	–	4F
	G. 화이버보드	–	4G
	H. 플라스틱	발포형	4H1
		고형	4H2
5. 포대	H. 직조플라스틱	내장 또는 코팅이 없음	5H1
		분말누출방지형	5H2
		방수형	5H3
	H. 플라스틱 필름	–	5H4
	L. 직물	내장 또는 코팅이 없음	5L1
		분말누출방지형	5L2
		방수형	5L3
	M. 종이	다층,	5M1
		다층, 방수형	5M2
6. 복합용기	H. 플라스틱재의 내용기	외장용 강재드럼	6HA1
		외장용 강재 크레이트 또는 상자	6HA2

종 류	재 질	분 류	기 호
		외장용 알루미늄드럼	6HB1
		외장용 알루미늄 크레이트 또는 상자	6HB2
		외장용 목재상자	6HC
		외장용 합판드럼	6HD1
		외장용 합판상자	6HD2
		외장용 화이버드럼	6HG1
		외장용 화이버보드 상자	6HG2
		외장용 플라스틱 드럼	6HH1
		외장용 경질형 플라스틱 상자	6HH2
	P. 유리, 도기 또는 자기재의 내용기	외장용 강재드럼	6PA1
		외장용 강재 크레이트 또는 상자	6PA2
		외장용 알루미늄드럼	6PB1
		외장용 알루미늄 크레이트 또는 상자	6PB2
		외장용 목재상자	6PC
		외장용 합판드럼	6PD1
		외장용 목재바구니	6PD2
		외장용 화이버드럼	6PG1
		외장용 화이버보드 상자	6PG2
		외장용 발포형 플라스틱 용기	6PH1
		외장용 경질형 플라스틱 용기	6PH2

1.4 소형용기의 UN 표준용기 표시

(1) UN 표준용기 표시는 해당 포장용기가 시험에 합격한 설계형식과 일치한다는 것과, 포장용기의 사용자가 아니라 제조자가 IMDG Code 규정에 따른 것임을 나타내는 표시이다. 따라서 표시가 부착되어 있다고 하여 모든 위험물에 대하여 해당 포장용기의 사용이 허가되는 것은 아니다. 또한 이 표시는 항상 시험성적의 상세한 사항 등을 제공하는 것이

아니므로 이 상세한 사항 등에 관하여는 시험 증명서, 시험 보고서 또는 시험에 합격한 포장용기 등록서 등을 참조하는 것이 필요하다.

(2) X 또는 Y로 표시된 포장용기는 그 보다 낮은 위험도를 갖는 포장등급으로 지정된 물질로서 포장용기 시험규정에 명시된 성능시험을 실시하는데 사용되었던 물질의 최대허용비중치의 1.5배 또는 2.25배 이내의 비중을 가진 물질용의 포장용기로 사용할 수 있다.
즉, 비중 1.2의 제품으로서 포장등급 I의 시험에 합격한 포장용기는 비중 1.8인 포장등급 II의 제품 또는 비중 2.7인 포장등급 III의 제품용으로 사용할 수 있다.

(3) 소형용기의 UN 표준용기 표시는 다음과 같이 나타낸다 :

(a) 유엔 포장용기 기호(United Nations packaging symbol) ;
(b) 포장용기의 종류(type of packaging)를 나타내는 기호 ;
(c) 다음의 2개 부분으로 된 기호 ;
i) 시험에 합격한 설계형식의 포장등급(packing group)을 나타내는 문자 ;
X : 포장등급 I, II 및 III인 경우
Y : 포장등급 II 및 III인 경우
Z : 포장등급 III인 경우 ;
ii) 내장용기가 없는 액체(liquid) 충전용 포장용기에 대하여는 설계형식 시험시의 내용물의 밀도(relative density)(소수점 2자릿수 이하 반올림한 값)(비중이 1.2 이하인 경우에는 생략 가능함). 고체(solid) 충전용 포장용기 또는 내장용기가 있는 포장용기에 대하여는 kg으로 표시한 허용총질량(maximum gross mass).
(d) 고체 충전용 포장용기 또는 내장용기가 있는 포장용기에 대하여는 문자 "S", 액체 충전용 포장용기(결합용기는 제외)에 대하여는 10kPa 단위로 절삭하여 표시한 수압 시험치 ;

(e) 해당 포장용기의 제조 년도(서기 년의 끝 두 자리). 1H 및 3H 형식의 포장용기에는 제조월도 표시하여야 함. 이것은 나머지 표시와 다른 장소에 표시할 수 있음 ;

(f) 표시를 배당한 국명(국제교통자동차등록식별기호를 사용함) ; 및

(g) 제조자 명칭 또는 주관청이 정한 포장용기의 기타 식별표시

포장용기를 재생(reconditioning)한 경우에는 다음의 표시를 다음의 순서에 따라 견고한 표시로 나타내어야 한다 :

h) 재생이 행하여진 국명(국제교통자동차등록식별기호를 사용함) ;

i) 재생업자의 명칭 또는 승인된 기호 ; 및

j) 재생이 행하여진 년도 및 "R"의 문자(예, 05R) ; 기밀시험에 합격한 모든 포장용기에는 또다시 "L"의 문자(예, 05RL)

재활용 플라스틱재로 제조된 포장용기에는 "REC"라는 표시를 하여야 한다.

➡ 예 1 :

U N 1A1/X1.8/250/09/ROK/KR

1 : 포장용기의 종류 : 드럼

A : 제작재질 : 강재

1 : 드럼형태 : 비분리식 헤드

X : 포장등급 I, II 또는 III에 적합

1.8 : 비중 1.8 이하의 위험물에 적합

250 : 수압 시험치(kPa), 250 kPa로 시험하여 합격 함.

09 : 제조 년도. 만약 플라스틱제이면 어딘가에 제조 월이 있어야 함

ROK : 시험을 인정한 국가(대한민국)

KR : 제조자 명칭 또는 주관청이 정한 포장용기의 기타 식별표시

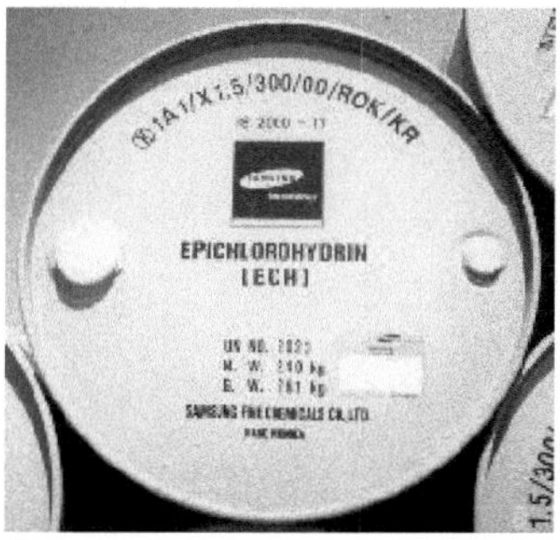

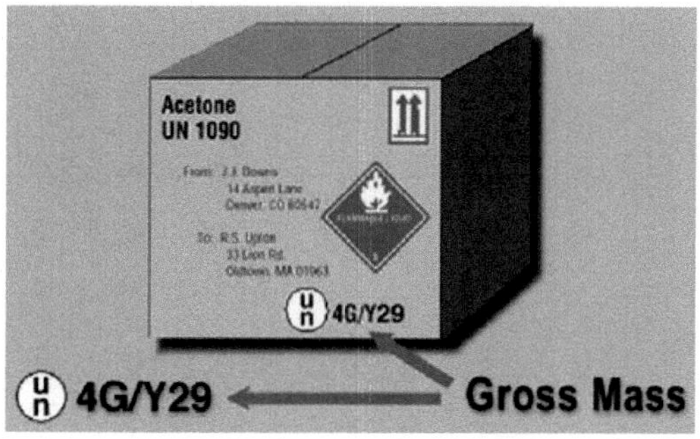

➡ 예 2 :

(U N) 4G/Y55/S/09/ROK/KR

4: 포장용기의 종류 : 상자

G: 제작재질 : 화이버보드

Y : 포장등급 II 또는 III에 적합

55 : 최대 총질량(kg)(maximum gross mass)

S : 고체 또는 내장용기. 상자는 고체 또는 내장용기용으로 설계될 수 있음

09 : 제조 년도(2009년도인 경우)

ROK : 시험을 인정한 국가(대한민국)

KR: 제조자 명칭 또는 주관청이 정한 포장용기의 기타 식별표시

1.5 소형용기 시험시의 일반사항

(1) 적합한 포장용기를 선별하기 위하여 송하인은 해당 포장용기가 IMDG Code에 따라서 시험된 것인지의 여부를 확인하여야 한다.

(2) 시험은 운송용으로 준비한 포장화물에 실시되어야 한다. 이것은 어떤 액체가 강제드럼에 충전된다면 해당 액체를 시험 시에 사용하여야 한다는 것을 의미한다. 만약 유리병을 화이버보드 상자로 운송한다면 그

유리병을 시험에 사용하여야 한다.

(3) 결합용기(combination packaging)의 외장용기에 상이한 형태의 내장용기를 넣어서 실시한 시험에 합격한 경우, 이 외장용기에는 그러한 다양한 종류의 상이한 내장용기를 넣어서 조립할 수도 있다. 추가로, 동등한 성능수준이 유지된다면 다음과 같은 내장용기내의 변형은 포장용기의 추가시험 없이 허용할 수 있다 :

(가) 다음의 조건을 만족한다면, 동등하거나 그 보다 작은 치수의 내장용기를 사용할 수 있다 :

① 내장용기가 시험에 합격한 내장용기와 유사하게 설계된 경우(예를 들면, 모양－원통형, 직사각형 등) ;

② 내장용기의 제작재질(유리, 플라스틱, 금속 등)이 최초의 시험에 합격한 내장용기 이상으로 충격 또는 겹침 적재력에 견딜 수 있도록 되어있는 경우 ;

③ 내장용기에 동일하거나 그 보다 작은 개구부가 있는 경우 및 폐쇄장치가 유사하게 설계된 경우(나사식 캡, 마찰 뚜껑 등) ;

④ 빈 공간을 채우고 내장용기의 심한 이동을 방지하기 위하여 추가의 완충재가 사용되는 경우 ;

⑤ 내장용기가 시험에 합격한 포장화물과 동일한 방법으로 외장용기 내부에 자리를 잡는 경우 ; 및

(나) 빈 공간(들)을 채우고 내장용기의 심한 이동을 방지하기 위하여 충분한 양의 완충재가 추가된다면, 시험에 합격한 내장용기보다 적은 숫자의 내장용기 또는 상기 (1)항에서 확인되는 대체형태의 내장용기 보다 작은 개수의 내장용기는 사용할 수 있다.

(4) 제품 또는 고체나 액체용의 임의 형태의 내장용기(inner packaging)는 다음의 조건하에서 별도의 시험 없이 외장용기내에 조립하여 운송할 수 있다 :

(가) 당해 외장용기는 액체가 충전된 깨어지기 쉬운 내장용기(예를 들

면, 유리)를 넣은 체로 포장등급 I에 해당하는 낙하높이에서 낙하 시험에 합격한 것일 것.

(나) 내장용기의 합계 총질량(total combined gross mass)은 상기 (1)항의 낙하시험 시에 사용된 내장용기 총질량(gross mass)의 1/2를 초과하지 않을 것.

(다) 내장용기와 내장용기 사이 및 내장용기와 외장용기 사이의 완충재 두께는 최초로 시험된 포장용기에서의 두께 이하로 감소되지 않을 것 ; 또한 최초 시험 시에 하나의 단일 내장용기가 사용되었다면, 내장용기와 내장용기 사이의 완충재 두께는 최초 시험에서의 포장용기 외면과 내장용기 사이의 완충재의 두께보다 작아서는 안 됨. 개수가 적거나 크기가 축소된 내장용기를 사용하는 경우(낙하시험 시 사용된 내장용기와 비교하여)에는 빈 공간을 채우기 위하여 추가의 충분한 완충재를 사용할 것.

(라) 외장용기는 빈 상태로 겹침적재 시험에 합격하여야 함. 겹침적재 시험을 위한 동일한 포장화물의 총질량은 낙하시험 시에 사용된 내장용기들의 합계 총질량을 근거로 계산하여야 함.

(마) 액체를 충전하는 내장용기는 그 내장용기의 액체 내용물 전체를 흡수하기에 충분한 양의 흡수재로 주위를 둘러싸야 함.

(바) 외장용기에 액체용의 내장용기를 넣을 예정이지만 방수형이 아니거나 또는 외장용기에 고체용의 내장용기를 넣을 예정이지만 분말 누출방지형이 아닌 경우에는 누출 사고 시에 액체 또는 고체 내용물을 수용하는 수단이 제공되어야 함. 이러한 수단은 방수형 내장, 플라스틱 포대 또는 기타 이와 동등의 효과가 있는 격납수단의 형태이어야 함. 액체를 충전하는 포장용기의 경우, 상기에서 요구되는 흡수재는 액체 내용물을 수용하는 수단의 안쪽에 위치하여야 함.

(사) 포장용기에는 결합용기에 대한 포장등급 I의 성능시험에 합격한 것이라는 표시가 있어야 함. 표시되는 총질량(kgs)은 외장용기의 질량과 낙하시험 시에 사용된 내장용기(들)의 총질량의 1/2를 합한 값이어야 함. 그러한 포장용기 표시에는 “V”글자도 포함되어야 함.

(5) 결합용기의 시험 시에는 내장용기도 포함되어야 한다. 내용기 또는 단일용기 또는 포장용기에는 액체용인 경우에는 그 용량의 98% 이상을, 고체용인 경우에는 그 용량의 95% 이상을 채워야 한다. 결합용기의 내장용기가 액체 및 고체를 운송하도록 설계된 경우에는 고체 및 액체 내용물 각각에 대하여 개별적인 시험이 요구된다.

(6) 시험 내용물은 실제 물질일 필요는 없지만 액체인 경우에는 일반적으로 물(water)을 사용한다. 비중은 납추를 추가하여 조정할 수 있다. 고체의 경우, 시험에 사용되는 물질은 운송되는 실제 물질의 물리적 특성을 반영하여야 한다.

(7) 액체에 대한 낙하시험 시에 대체물질을 사용할 경우에는 운송될 물질과 유사한 비중 및 점도를 가지는 것이어야 한다.

(8) 종이 또는 화이버보드 포장용기 시험 시에는 조절된 온도 및 상대습도를 가지는 대기에서 24시간 이상 조절하여야 한다. 3가지의 선택권이 있으며, 최우선 대기는 23℃±2℃ 및 50%±2%(r.h)이다. 다른 2가지 선택권은 20℃±2℃ 및 65%±2℃(r.h) 또는 27℃±2℃ 및 65%±2%(r.h.)이다.

(9) 천연목재로 제작된 마개형 배럴에는 시험을 실시하기 전에 24시간 이상 물을 채워 두어야 한다.

(10) 액체 충전용의 플라스틱 드럼, 플라스틱 제리캔 및 복합용기(플라스틱 재질의 것)의 제조에 사용되는 플라스틱 재질의 경우에는 추가의 절차를 거쳐야 한다.
이 추가절차에 대한 예를 들면 다음과 같다. 먼저, 시험용 용기 또는 포장용기에 충전 예정인 물질을 채워서 장시간(예를 들면, 6개월간) 방치시키는 예비시험을 행한 후 해당 시험을 실시하여야 한다. 플라스틱 드럼 또는 플라스틱 제리캔 내부에서 응력균열 또는 질 저하가 일어날 수 있는 물질을 충전하는 경우에는 운송중에 해당 포장화물 상부에 겹침적재되는 동형 포장화물의 총질량(total mass)과 동일한 겹침하중을 시험용 용기의 상면에 가하여야 한다. 격침적재의 높이는 시험용 용기를 포함하여 3m 이상으로 한다.

1.6 소형용기의 성능시험

1.6.1 낙하시험

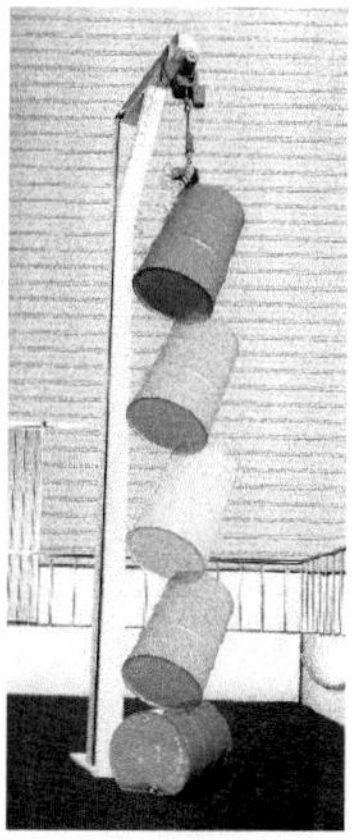

(1) 낙하시험시의 일반적인 낙하높이는 1.2m이다. 이것은 포장등급 II인 물질, 폭발성 물질, 어떤 자기반응성 물질, 유기 과산화물 및 제6.2급 임상 폐기물에 적용한다. 포장등급 I인 물질은 일반적으로 1.8m 낙하시험을 받으며, 포장등급 III은 0.8m 낙하시험을 받는다.

(2) 이 낙하높이는 상대밀도(비중)가 1.2 이하인 액체물질을 위한 일반적인 낙하높이이다. 밀도가 1.2를 초과하고 시험물질이 물(water)인 경우의 낙하높이는 다음과 같이 산출한다. 즉, 포장등급 I인 경우에는 비중 × 1.5m, 포장등급 II인 경우에는 비중 × 1.0m, 포장등급 III인 경우에는 비중 × 0.67m이다.

(3) 낙하시험은 일반적으로 대기온도에서 실행한다. 그러나 플라스틱 재료는 그것의 부서짐 효과를 시험하기 위해 (-)18℃ 이하에서 낙하시켜야 한다.

(4) 포장화물이 낙하된 후 누출이 없어야 한다.

1.6.2 기밀시험

(1) 기밀시험은 액체 충전용 포장용기에만 실시한다. 결합용기의 내장용기

에는 이 시험을 실시할 필요가 없다.

(2) 포장화물(대체로 드럼)에 공기 공급구를 연결하여 내부 공기압력을 가한 상태에서 5분 동안 수중에 담구어야 한다. 공급되는 압력은 포장등급 II 및 III인 경우에는 20kPa(0.2bar)이고, 포장등급 I인 경우에는 30kPa(0.3bar)이다.

(3) 누출이 없어야 한다.

1.6.3 수압시험(내압시험)

(1) 액체용 단일용기는 열에 의해 발생할 수 있는 압력상승에 견딜 수 있어야 한다. 시험자는 포장화물이 견디어야 하는 압력을 결정하기 위하여 50℃ 또는 55℃에서의 물질의 증기압을 알아야 한다.

(2) 금속용기 및 복합용기(유리, 자기 또는 자기재의 것)에는 폐쇄구를 포함하여 5분간 시험압력을 가하여야 한다. 플라스틱 포장용기 및 복합용기(플라스틱 재질의 것)에는 폐쇄구를 포함하여 30분간 시험압력을 가하여야 한다.

(3) 적용수압은 다음 중 하나의 방법으로 결정된 값이어야 한다 :

① 55℃에서 포장용기 내에서 측정한 총게이지압(즉, 충전하는 물질의 증기압에 공기 또는 기타 불활성 가스의 분압을 더한 값에서 100kPa를 뺀 값)에 안전계수 1.5를 곱한 값 이상의 압력 ;

② 운송되는 물질의 50℃에서의 증기압에 1.75를 곱한 값에서 100kPa를 뺀 값 이상의 압력. 단, 최저 시험압력은 100kPa로 함 ;

③ 운송되는 물질의 55℃에서의 증기압에 1.5를 곱한 값에서 100kPa를 뺀 값 이상의 압력. 단, 최저 시험압력은 100kPa로 함.

(4) 추가하여, 포장등급 I의 물질을 충전할 예정인 포장용기에는 250kPa(게이지압) 이상의 시험압력을 포장용기의 재질에 따라서 5분간 또는 30분간 가하여야 한다.

(5) 포장용기에서 누출이 없어야 한다.

1.6.4 겹침적재시험

(1) 운송 중 포장화물 상부에 적재될 수 있는 동일 포장화물의 총무게에 상당하는 하중을 시험용기 상부 표면에 가하는 시험이다. 적재시험의 최소높이(시료를 포함하여)는 3m이다. 시험기간은 대기온도에서 24시간으로 한다. 그러나 액체 충전용 플라스틱제 포장용기는 재료의 강도를 점검하기 위해 40℃에서 28일 동안 적재하여 시험하여야 한다.

(2) 누출이 없어야 한다. 복합용기 또는 결합용기의 경우에는 내용기 또는 내장용기로부터 충전물질의 누출이 없어야 한다. 플라스틱제 포장용기는 겹침적재의 안전성을 평가하기 전에 대기온도까지 냉각시켜야 한다.

1.6.5 마개형 목재배럴의 벌어짐 시험(cooperage test for bung-type wooden barrels)

(1) 제조 후 2일 이상 경과한 빈(empty) 배럴의 동체부(bilge) 상부의 테를 모두 떼어낸다.

(2) 배럴 상부의 단면 직경이 10%를 초과하여 증가하지 않아야 한다.

1.7 시험 보고서

(1) 포장용기 제작자, 사용자 및 주관청이 이용할 수 있는 보고서가 작성되어야 한다.

(2) 시험 보고서에는 운송용으로 준비된 해당 포장용기를 IMDG Code의 관련규정에 따라 시험하였으며, 포장방법 및 구성요소가 다른 것은 무효가 될 수 있다는 내용의 문구가 포함되어 있어야 한다.

제 호
Certificate No. SU06-2022-03802

위험물 용기 검사증

CERTIFICATE OF INSPECTION FOR PACKAGING CONTAINING DANGEROUS GOODS

위험물용기 Packaging	종 류(기 호) KIND	BOXES (4G)
	재 질 MATERIAL	FIBREBOARD (inner packaging : 5L plastic bottle * 4ea)
	형 식 TYPE	A-TYPE(370*370*350)
	제 조 번 호 Mfg. No.	LRE 2022 035
	검 사 수 량 Quantity Inspected	5500
	표 시 MARKING	(u/n) 4G/Y25/S/22/ROK/KOMDI
제 조 자 Manufacturer	성명 또는 법인명 NAME	주식회사이레수출포장 IRE EXPORT PACKING CO.,LTD
	주 소 ADDRESS	경기 용인시 처인구 백암면 청계로 38 (백봉리, 태림포장(주)) 38, Cheonggye-ro, Baegam-myeon, Cheoin-gu, Yongin-si, Gyeonggi-do, Korea
비 고 Remark	이 증서는 해당용기의 1회 사용에만 유효합니다. This certificate is valid for one use of the packaging	

위 용기는 「위험물 선박운송 및 저장규칙」 제205조의2에 따른 검사에 합격하였음을 증명합니다.

We hereby certify that the above mentioned packagings have passed our inspection under the provision of the Article 205-2 of the Regulation for the Carriage and Storage of Dangerous Goods by Ships and the provisions of IMDG Code under the authority of the Government of Republic of Korea.

2022 년 12 월 21 일
Y M D

KOMDI 재단법인 한국해사위험물검사원장 (인)
Korea Maritime Dangerous Goods Inspection and Research Institute

재단법인 한국해사위험물검사원장인

2 압력용기, 에어로졸 및 가스 카트리지의 구조 및 시험[2)]

2.1 일반

(1) 압력용기와 그 폐쇄장치는 노후화(fatigue)를 포함한 통상적인 운송 중 겪게 되는 모든 조건에 견딜 수 있는 방법으로 설계, 제조, 시험 및 장착되어야 한다.

(2) 과학과 기술의 발달을 고려하고 또한 UN 승인표시가 표시된 것 이외의 압력용기도 국내적으로 사용할 수 있음을 고려하여 IMDG Code에 명시된 것 이외의 요건에 적합한 압력용기도 운송국 및 사용국 주관청이 승인한다면 사용할 수 있다.

(3) 압력용기의 최소 동체두께는 어떠한 경우에도 설계 및 제조기술 표준에 명시된 수치 보다 더 얇아서는 안 된다. 또한 용접으로 제작되는 압력용기는 용접성이 양호한 금속재료만을 사용하여야 한다.

(4) 실린더, 튜브, 압력드럼, 실린더 다발 및 MEGCs의 시험압력은 포장지침 “P200”에 따라야 한다. 밀폐형 초저온 용기의 시험압력은 포장지침 “P203”에 따라야 한다.

(5) 다발로 조립된 압력용기는 구조적으로 지지되어야 하며, 1개의 운송기구에 함께 결합되어야 한다. 압력용기는 이동이 방지되도록 고박되어야 한다. 분기관(manifold)은 충격으로부터 보호되어야 한다. 독성 액화가스용인 경우에는 각 압력용기가 개별적으로 충전될 수 있고 또한 운송 중 압력용기 내용물의 상호 교환이 발생될 수 없도록 하는 장치가 갖추어져 있어야 한다.

---

2) IMDG Code, 제0603-5호, 한국해사위험물검사원, pp.216~222.

(6) 냉동 액화가스용의 밀폐형 초저온 압력용기 제조 시에는 다음의 추가규정을 적용한다 :

(가) 용기에 사용되는 금속의 기계적 특성(충격강도 및 굽힘계수 포함)은 각 압력용기에 대하여 확인되어야한다 ;

(나) 압력용기는 단열되어야 한다. 단열재는 외피(jacket)에 의하여 충격에 보호되어야 한다. 만약 압력용기와 외피 사이의 공간에 있는 공기를 제거한 경우(진공단열), 그 외피는 100kPa(1bar) 이상의 외부압력에서 영구변형이 없도록 또는 200kPa(2bar) 게이지압 이상의 압력에도 함몰되지 않도록 설계되어야 한다. 더불어 내부 압력용기의 누설에 따른 진공층에서 압력상승이 발생하더라도 이러한 압력을 배출할 수 있는 안전밸브가 외피에 있어야 한다. 이 안전밸브는 외부의 습기가 내부로 침투되는 것이 방지되는 구조여야 한다.

(다) 대기압에서 −182℃ 이하의 끓는점을 가지는 냉동액화가스 운송용 밀폐형 초저온용기가 산소 또는 산소가 풍부한 액체와 접촉할 위험성이 있는 장소에 위치하게 되는 경우 산소 또는 산소가 풍부한 대기와 위험하게 반응하는 재질의 재료가 사용되어서는 안 된다.

(라) 밀폐형 초저온용기는 적절한 들어올림 및 고박용 장치가 있어야 한다.

(마) 인화성 냉동액화가스 운송용으로 사용되는 밀폐형 초저온 용기의 각 충전 및 배출용 개구부에는 2개 이상의 독립된 차단장치가 직렬로 부착되어야 하며, 그 첫 번째의 차단장치는 스톱밸브로, 2번째 차단장치는 캡 또는 이와 동등한 장치로 하여야 한다.

(바) 양단에서 폐쇄시킬 수 있거나 액체상태의 가스가 갇힐 수 있는 배관의 마디에는 자동 압력안전장치를 설치하여 배관내부의 과도한 압력생성이 방지되도록 하여야 한다.

(사) 초저온 용기의 각 연결부에는 자신의 기능(가스연결구 또는 액체연결구)을 나타내는 표시가 명확하게 행해져야 한다.

(7) 손으로 또는 굴려서 취급할 수 없는 압력용기에는 기계적인 방법으로 안전하게 취급할 수 있는 장치(스키드, 고리, 끈)가 부착되어야 하며, 그 장치는 압력용기내의 강도를 손상시키지 않고 과도한 응력의 원인이 되지 않도록 배치되어야 한다.

『Skids가 달린 압력용기』

『forklift pocket이 달린 압력용기』

(8) 각 압력용기에는 포장지침 “P200” 또는 IMDG Code에 명시된 바에 따라 압력안전장치가 부착되어야 한다. 압력안전장치는 이물질의 침입, 가스의 누출 및 위험한 과압의 발생이 방지되어야 한다. 또한 충전량이 용량으로 측정되는 압력용기에는 액면계가 구비되어 있어야 한다.

(9) 운송하고자 하는 가스의 종류(일반 압력용기, 초저온 액화가스, Acetylene 용기)에 따라 검사항목에 다소 차이가 있으나 압력용기는 최초검사와 정기검사를 받아야 한다. 최초검사항목은 다음과 같다.

(가) 용기 구조재의 물리적 특성 시험,

(나) 최소동체두께의 측정,

(다) 각 생산군(batch) 당 재료의 균질성 확인 (초저온 고압용기-해당 무),

(라) 압력용기의 내·외부 상태 검사,

(마) 목 부분 나사산(thread) 검사 (초저온 고압용기-해당 무),

(바) 설계기준에 적합한지에 대한 확인,

(사) 수압시험,

(아) 제조 후 결함이나 불합격 여부 평가. 용접식 압력용기의 경우 용접

의 양부 평가,

(자) 고압용기에 따른 표시(marking) 검사,

(차) Acetyle (UN 1001, UN 3374) 운용용기의 경우 다공질 재료로 구성된 충전물의 적합한 설치와 상태에 대한 검사, 그리고 용재의 양에 대한 검사,

(카) 밀폐형 초저온용기의 경우 용접상태를 비파괴검사(방사선, 초음파 검사 등)를 통하여 검사

2.2 재충전용 UN 압력용기의 표시

(1) 재충전용 UN 압력용기에는 증명표시, 조작표시 및 제조자 표시가 견고하게 표시되어야 한다. 이들 표시는 압력용기 상에 영구적으로 부착되어야 하며(각인, 조작 또는 식각), 압력용기의 어깨, 상부 끝 또는 경부 상에 표시되거나 또는 압력용기에 영구적으로 부착된 구성부품에(용접된 깃 또는 초저온 용기의 외피에 용접된 내부식성 판) 표시되어야 한다. UN 포장용기 기호를 제외하고, 표시의 최소 크기는 직경이 140mm 이상인 용기인 경우에는 5mm로, 140mm 미만인 용기인 경우에는 2.5mm로 하여야 한다. UN 포장용기 기호의 초소 크기는 직경이 140mm 이상인 용기인 경우에는 10mm로, 140mm 미만인 용기인 경우에는 5mm로 하여야 한다.

(2) 다음과 같은 증명 표시(certification mark)가 있어야 한다 :

(a) 유엔 포장용기 기호(United Nations packaging symbol) ;

(b) 설계, 구조 및 시험에 사용된 기술 표준 (예를 들면, ISO 9809-1) ;

(c) 국제교통자동차등록기호로 나타낸 승인국의 확인 표시 ;

(d) 표시를 인정하는 국가의 주관청에 등록된 검사기관의 확인 표시 또는 각인 ;

(e) 최초검사의 날짜, 사선으로(즉 " / ") 분리된 4자리의 년도와 2자리의 월

(3) 다음과 같은 조작표시(operational mark)가 있어야 한다 :

(f) "PH"라는 문자 뒤에 시험압력(test pressure)(bar). 이 시험압력 뒤에는 "BAR"라는 문자가 있어야 함 ;

(g) 영구적으로 부착된 모든 필수부품(예를 들면 넥링, 푸트링 등)을 포함한 빈(empty) 압력용기의 질량. "KG" 이라는 문자가 뒤에 따라야 함. 이 질량에는 밸브, 밸브캡 또는 밸브 가드, 모든 코팅 또는 아세틸렌용의 다공성 물질은 포함시키지 않아야 함. 빈 무게는 마지막 숫자를 반올림한 3자리 숫자로 나타내어야 함. 1kg 미만인 실린더의 경우, 그 질량은 마지막 숫자를 반올림한 2자리 숫자로 나타내어야 함 ;

(h) "MM"이라는 문자 앞에 압력용기의 최소보증 벽두계(mm). 이 표시는 물용량이 1 ℓ이하인 압력용기, 복합 실린더 또는 밀폐형 초저온용기에는 요구되지 않음 ;

(i) UN 1001 및 UN 3374의 압축가스용 압력용기인 경우에는 "PW"라는 문자 뒤에 사용압력(working pressure)(bar). 밀폐형 초저온 용기인 경우에는 "MAWP"라는 문자 뒤에 최대허용사용압력(maximum allowable working pressure) ;

(j) 액화가스용 압력용기인 경우에는 "L"이라는 문자 앞에 마지막 숫자를 반올림한 3개의 숫자로 표시한 물용량(water capacity). 만약 최소 또는 공칭 물용량의 값이 정수인 경우에는 소수점 뒤의 숫자는 생략할 수 있음 ;

(k) UN 1001의 경우, 빈 용기, 충전 중 제거되지 않는 부착물과 부속품, 다공성 물질, 용제 및 침윤가스의 총질량. 그 질량은 마지막 숫자를 반올림한 2자라 숫자로 나타내며, "KG"라는 문자가 그 뒤에 옴 ;

(l) UN 3374인 경우, 빈 용기, 충전 중 제거되지 않는 부착물과 부속품 및 다공성 물질의 총질량. 그 질량은 마지막 숫자를 반올림한 2자라 숫자로 나타내며, "KG"라는 문자가 그 뒤에 옴.

(4) 다음과 같은 제조표시(manufacturing marks)가 있어야 한다 :

(m) 실린더 나사산의 확인(예를들면, 25E). 이 표시는 밀폐형 초저온 용기에는 요구되지 않음 ;

(n) 주관청에 의하여 등록된 제조자 표시. 제조국이 승인국과 동일하지 않은 경우에는 제조자 표시 앞에는 "국제교통자동차등록기호"로 나타낸 제조국의 확인표시가 나타나야 함. 국가표시 및 제조표시는 공간 또는 사선으로 분리되어야 함 ;

(o) 제조자가 지정한 일련번호 ;

(p) 수소 취약화(hydrogen embrittlement) 위험성이 있는 가스 운송용의 강재 실린더 용기 및 강재 내장이 부착된 강재 복합압력용기의 경우, 강재와의 호환성을 나타내는 "H" 문자.

(5) 상기의 표시는 다음의 예에서 나타난 바와 같이 3가지의 그룹에 위치하여야 한다.

(가) 제조자 표시는 상위 그룹에 있어야 하며, (4)에 명시된 순서에 따라 연속적으로 나타나야 함.

(나) 조작표시는 중간 그룹에 있어야 하며, 문자가 요구되는 경우에는 사용압력 (i) 바로 다음에 시험압력 (f)이 포함되어야 함.

(다) 증명표시는 하위 그룹에 있어야 함.

(6) 실린더에 적용되는 표시의 예는 다음과 같다 :

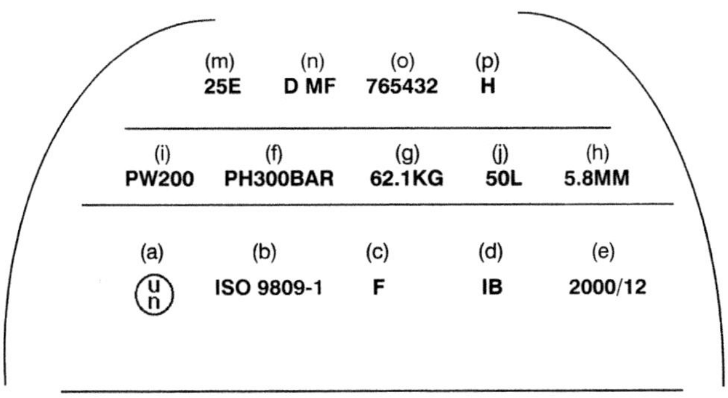

(7) 전술한 표시에 추가하여, 정기검사 및 시험요건에 적합한 각 재충전용 압력용기에는 다음의 표시가 순서에 따라 표시되어야 한다 ;

(a) 정기검사 및 시험을 실시한 기관에 허가된 국가를 확인하기 위한 기호(들). 만약 해당 기관이 제조국의 주관청에 의하여 승인된 기관이라면 이 표시는 요구되지 않음.

(b) 정기검사 및 시험의 실시한 주관청에 의하여 허가된 기관의 등록표시 ;

(c) 정기검사 및 시험일자, 사선으로(즉 " / ") 분리된 자리의 년도와 2자리의 월. 4자리의 년도를 나타내기 위하여 사용할 수 있음.

2.3 1회용 UN 압력용기의 표시

(1) 1회용 UN 압력용기에는 증명 표시 및 가스나 압력용기의 특정표시가 명확하고 견고하게 표시되어야한다. 이러한 표시는 압력용기상에 영구적으로 부착되어야 한다(각인, 도장, 조각 또는 식각). 각인을 하는 경우를 제외하고, 이 표시는 압력용기의 어깨, 상부끝 또는 경부상에 표시하거나 영구적으로 부착된 압력용기의 구성품에 부착되어야 한다(예를 들면, 용접된 고리).

(2) "UN" 이라는 표시와 "재충전 금지(DO NOT REFILL)"라는 표시를 제외하고, 표시의 최소크기는 직경이 140mm 이상인 용기인 경우에는 5mm로, 140mm 미만인 용기인 경우에는 2.5mm로 하여야 한다.
"UN" 이라는 표시는 직경이 140mm 이상인 용기인 경우에는 10mm로, 140mm 미만인 용기인 경우에는 5mm로 하여야 한다. "재충전 금지(DO NOT REFILL)"라는 표시의 최소 크기는 5mm로 하여야 한다.

(3) 기타의 표시는 측벽 이외의 장소에 허용된다. 단, 그 표시는 낮은 응력구역이 아닌 곳이거나 유해한 응력집중을 생성하지 않는 크기 및 깊이이어야 한다. 그러한 표시는 요구되는 표시와 상충되지 않아야 한다.

2.4 비-UN 압력용기

IMDG Code에 따라 설계, 제조, 검사, 시험 및 승인되지 않은 압력용기는 주관청에 의하여 인정된 기술규칙과 IMDG Code의 일반규정에 따라 설계, 제조, 검사, 시험 및 승인되어야 한다. 비-UN 압력용기에는 UN 포장용기 기호가 표시되어서는 안 된다.

2.5 에어로졸 분사기 및 가스 카트리지

(1) 각 용기의 시험은 열탕(hot water bath)내에서 실시되어야 한다. 이 경우 내압이 55℃(만약 액상이 50℃에서 용기 용량의 95%를 초과하지 않는 경우에는 50℃로 함) 상당치에 도달하도록 용액의 온도와 시험지속시간을 설정하여야 한다.

(2) 만약 내용물이 열에 민감하거나 또는 용기가 시험온도에서 연화(softens)되는 플라스틱 재질로 제조된 경우에는 용액의 온도를 20℃에서 30℃ 사이로 설정하여야 하지만, 2,000개중 1개의 비율로 그 온도 보다 높은 온도의 용액에서 추가시험을 실시하여야 한다.

(3) 용기가 새거나 영구변형이 일어나지 않아야 한다. 단, 플라스틱 용기는 누설이 없는 한 연화(softening)에 의한 변형은 상관이 없다.

3 전염성 물질(제6.2급)용 포장용기[3)]

3.1 일반

(1) 전염성 물질용 포장용기는 2가지 즉, 임상 폐기물용 포장용기와 전염성 물질용 포장용기로 광범위하게 분류할 수 있다 :

(가) 임상 폐기물 : 임상 폐기물에는 전염성 물질이 함유되어 있을 확률이 적은 외과처치용품, 바늘, 칼등을 포함한다. 이러한 품목들은 포장등급 II의 성능기준을 충족시키는 고형의 유엔승인용기에 포장되어야 한다.

(나) 전염성 물질 : 전염성 물질은 주로 유리약병, 슬라이드 및 시험관 등에 들어있는 실험실 시료들이다.

(2) 유리약병/시험관은 1차용기로 간주하며, 이것은 2차용기 내부에 위치하여야 한다. 1차용기와 2차용기는 모두 방수가 되어야 한다. 1차용기와 2차 포장용기 사이에는 흡수재를 넣어야 한다. 외장용기는 적절한 강도가 있어야 한다.

(3) 전염성 물질용 포장용기는 다음의 시험요건에 따라야 한다 :

(가) 9m의 낙하시험(화이버보드의 외장용기는 낙하시험 이전에 물분사시험을 실시할 것) ;

(나) 플라스틱 포장용기는 낙하시험을 실시하기 전에 -18℃이하로 조절할 것 ;

(다) 포장용기에 드라이아이스를 넣어 운송한다면, 시험 시에 이것을 사용할 것 ;

(라) 총질량이 7kg 이하인 포장용기에는 규정된 질량의 철재막대를 이용한 파공시험을 실시할 것 ; 및

3) IMDG Code, 제0603-5호, 한국해사위험물검사원, pp.225~226.

(마) 총질량이 7kg을 초과하는 포장용기에는 1m 높이에서 철재막대 상의 충격시험을 실시할 것.

3.2 제6.2급용 포장용기의 표시

제6.2급용 포장용기에는 다음과 같이 표시되어야 한다.

(a) UN 포장용기 기호 ;

(b) 포장용기의 형태를 나타내는 기호 ;

(c) 제6.2급 (CLASS 6.2) 이라는 문구 ;

(d) 포장용기 제조 년의 마지막 2자리 ;

(e) 표시를 배정한 국가명(국제교통자동차등록기호를 사용함) ;

(f) 제조자의 명칭 또는 주관청이 정한 포장용기의 기타 식별기호 ;

(g) 임의 형태의 내용기는 중간(2차)용기 내부에 조립할 수 있는 포장용기의 경우에는 상기 (b)항에서 요구된 표시에 바로 이어서 "U"자를 삽입할 것 ; 및

(h) 상기의 (a)~(g)에 따라 적용되는 표시의 각 요소들은 쉽게 확인할 수 있도록 사선 또는 빈 공간과 같은 방법으로 명확하게 분리하여야 한다.

➡ 예 :

U
N

4G/CLASS 6.2/01

S/SP-9989-ERIKSSON

4 중형산적용기(IBC)의 구조 및 시험[4)]

4.1 용어의 정의

• 중형산적용기(IBC ; Intermediate Bulk Container) : 소형용기 이외의 것으로서, 아래와 같은 요건에 적합한 고형 또는 연성형의 이동식 포장용기를 말한다 :

(1) 다음의 용량을 가지는 것 ;
  – 포장등급 II 및 III의 고체 및 액체용으로는 3.0m^3(3,000리터) 이하인 것 ;
  – 연성형, 고형 플라스틱, 복합, 화이버보드 또는 목재 IBCs에 포장되는 포장등급 I의 고체용으로는 1.5m^3 이하인 것 ;
  – 금속 IBCs에 포장되는 포장등급 I의 고체용으로는 3.0m^{3}이하인 것 ;
  – 제7급의 방사성 물질용으로는 3.0m^{3}이하인 것 ;

(2) 기계적으로 취급하도록 설계되어 있는 것 ; 및

(3) 운송 및 취급 중 발생되는 응력에 견딜 수 있는 것(이 응력은 시험으로 결정됨).

• 본체(body)(복합 IBCs 이외의 모든 형태의 IBCs의 경우) : 개구부 및 폐쇄장치를 포함한 용기 자체를 말하며, 부속설비는 포함되지 않는다.
• 취급장치(handling device)(연성형 IBCs의 경우) : IBC 본체에 부착되거나 IBC 본체 재질에 연속적으로 붙어서 형태를 이룬 들어올림용 끈, 고리, 구멍 또는 골조를 말한다.
• 최대허용총질량(maximum permissible gross mass : MPGM) : 본체, 부속설비, 외부 구조물 및 최대허용하중의 합계질량을 말한다.
• 플라스틱(plastic)(복합용기의 내용기와 관련하여 사용되는 경우) : 고무 등과 같은 중합물질(polymeric material) 이외의 것을 포함한다.

---

4) IMDG Code, 제0603-5호, 한국해사위험물검사원, pp.228~234, pp.238~242.

• 보호된 것(protected)(금속 IBCs의 경우) : 충격에 대한 추가적인 보호장치가 부착되어 있는 것을 말하며, 그 보호형태로는 다층(샌드위치)구조, 이중 외벽 구조 또는 금속제 격자용기 골조 등이 있다.

• 부속설비(service equipment) : 주입구 및 배출구를 말하며, IBCs의 형태에 따라 압력안전장치, 안전장치, 가열장치, 단열장치 및 계측장치를 말한다.

• 외부 구조물(structural equipment)(연성형 IBCs 이외의 모든 종류의 IBCs의 경우) : 본체의 보강, 고박, 취급, 보호 또는 안정장치를 말하며, 플라스틱 내용기 부착 복합 IBCs, 화이버보드 및 목재 IBCs에 대하여는 바닥 팔레트를 포함한다.

• 직조 플라스틱(woven plastics)(연성형 IBCs의 경우) : 적절한 플라스틱제의 연신 테이프 또는 단섬유로 제작된 제품을 말한다.

4.2 IBCs의 종류

IBCs는 6가지 종류가 있다.

『금속 IBCs』

『연성형 IBCs』

『고형 플라스틱 IBCs』

『복합 IBCs』

『화이버보드 IBCs』

『목재 IBCs』

(1) **금속** IBC(metal IBCs) : 적절한 부속설비와 외부 구조물을 갖춘 금속 본체로 구성된 것이다.

(2) **연성형** IBCs(flexible IBCs) : 필름, 직조물 또는 기타의 유연성 재료 또는 그들의 조합물로 구성되며, 필요한 경우 그 내면을 코팅하거나 내장을 부착한 것으로서 적절한 부속설비 및 취급장치를 갖춘 것이다.

(3) **고형 플라스틱** IBCs(rigid plastic IBCs) : 고형의 플라스틱 본체로 구성되고 적절한 부속설비와 함께 외부 구조물을 갖춘 것이다.

(4) **복합** IBCs(composite IBCs) : 고형 외장용기 형태의 외부 구조물이 부속설비 또는 기타 외부 구조물을 갖춘 플라스틱 내용기를 둘러싸고 있는 형태로 구성된다.

(5) **화이버보드** IBCs(fibreboard IBCs) : 분리되는 상부 또는 하부 뚜껑이 있거나 또는 없는 화이버보드 본체로 구성되고, 필요한 경우에는 내장(inner liner)(단, 내장용기가 아닌 것)과 적절한 부속설비 및 외부 구조물을 갖춘 것이다.

(6) **목재** IBCs(wooden IBCs) : 내장이 부착된(단, 내장용기가 아닌 것) 고형 또는 조립식 목재 본체로 구성되고, 적절한 부속설비 및 외부 구조물을 갖춘 것이다.

4.3 IBCs의 형태기호 체계

(1) IBC의 형태를 나타내는 기호는 다음의 (가)에서 규정한 2자의 아라비아 숫자와, 이것에 이어서 하기의 (나)에서 규정한 1자 이상의 알파벳 대문자, 그리고 이것에 연속하여 IBC의 분류를 나타내는 1자의 아라비아 숫자(각의 항목에 규정된 경우)로 구성된다.

(가)

형식	고체인 경우, 다음과 같이 주입 또는 배출		액체인 경우
	중력	10kPa(0.1bar)를 초과하는 압력	
고형	11	21	31
연성형	13	—	—

(나)

A	B	C	D	F	G
강재	알루미늄	천연목재	합판	재생목재	화이버보드
H	L	M	N	HZ	
플라스틱	직물	종이, 다층	금속	프라스틱 내장용기를 포함하고 있는 복합용기	

(2) 복합 IBCs인 경우에는 2자의 알파벳 대문자를 이 기호의 두 번째 지점에 연속적으로 사용한다. 첫 번째 대문자는 IBC의 내용기의 재질을 나타내며, 두 번째 대문자는 IBC의 외장용기의 재질을 나타낸다(예, 11HZ1).

(3) "W"문자를 IBC 기호 뒤에 사용할 수 있다. 이 "W"문자는 IMDG Code에 명시된 IBCs와 동일한 형식이기는 하지만 각 IBC 규정과 상이한 지침으로 제조되었으며 IBC의 일반규정에 따라 동등한 것으로 간주되는 IBC임을 나타낸다.

(4) IBC에는 다음의 형식 및 기호가 지정되어 있다 :

재 질	분 류	기 호
금속 A. 강재	고체용. 중력으로 주입 또는 배출되는 것	11A
	고체용. 압력으로 주입 또는 배출되는 것	21A
	액체용	31A
B. 알루미늄	고체용. 중력으로 주입 또는 배출되는 것	11B
	고체용. 압력으로 주입 또는 배출되는 것	21B
	액체용	31B
N. 금속, (강재 또는 알루미늄 이외)	고체용. 중력으로 주입 또는 배출되는 것	11N
	고체용. 압력으로 주입 또는 배출되는 것	21N
	액체용	31N
연성형 H. 플라스틱	내장이 없거나 코팅되지 아니한 직조플라스틱	13H1
	코팅된 직조플라스틱	13H2
	내장이 있는 직조플라스틱	13H3

재 질	분 류	기 호
	내장이 있고 코팅된 직조플라스틱	13H4
	플라스틱 필름	13H5
L. 직물	내장이 없거나 코팅되지 아니한 것	13L1
	코팅된 것	13L2
	내장이 있는 것	13L3
	내장이 있고 코팅된 것	13L4
M. 종이	다층	13M1
	다층 및 방수	13M2
H. 경질플라스틱	고체용. 중력으로 주입 또는 배출되는 것. 외부 구조물을 갖춘 것	11H1
	고체용. 중력으로 주입 또는 배출되는 것. 독립형인 것(버팀구조없이 지탱되는 것)	11H2
	고체용. 압력으로 주입 또는 배출되는 것. 외부 구조물을 갖춘 것	21H1
	고체용. 압력으로 주입 또는 배출되는 것. 독립형인 것	21H2
	액체용. 외부 구조물을 갖춘 것	31H1
	액체용. 독립형인 것	31H2
HZ. 플라스틱 내용기가 있는 복합	고체용. 중력으로 주입 또는 배출되는 것. 내용기가 고형인 것	11HZ1
	고체용. 중력으로 주입 또는 배출되는 것. 내용기가 연성형인 것	11HZ2
	고체용. 압력으로 주입 또는 배출되는 것. 내용기가 고형인 것	21HZ1
	고체용. 압력으로 주입 또는 배출되는 것. 내용기가 연성형인 것	21HZ2
	액체용. 내용기가 고형인 것	31HZ1
	액체용. 내용기가 연성형인 것.	31HZ2
G. 화이버보드	고체용. 중력으로 주입 또는 배출되는 것	11G
목재		
C. 천연목재	고체용. 중력으로 주입 또는 배출되는 것, 내장이 있는 것	11C
D. 합판	고체용. 중력으로 주입 또는 배출되는 것. 내장이 있는 것	11D
F. 재생목재	고체용. 중력으로 주입 또는 배출되는 것. 내장이 있는 것	11F

4.4 IBCs의 검사

(1) 모든 금속, 고형 플라스틱 및 복합 IBC는 주관청이 만족하는 다음의 검사를 받아야 한다 :

(가) 사용하기 전 및 그로부터 5년을 초과하지 않는 간격으로 다음 사항에 대하여 검사를 받아야 한다 :

① 설계형식(표시 포함)과의 일치성 ;

② 내·외부 상태 ; 및

③ 부속설비의 적절한 기능

만약 단열된 경우라면 IBC 본체의 적절한 시험에 필요한 범위까지만 제거한다.

(나) 2.5년을 초과하지 않는 간격으로 다음 사항에 대하여 검사를 받아야 한다 :

① 외부 상태 ; 및

② 부속설비의 적절한 기능

만약, 단열된 경우라면 IBC 본체의 적절한 시험에 필요한 범위까지만 제거한다.

(2) IBC가 충돌(예를 들면 사고) 또는 기타의 원인으로 손상된 경우에는 설계형식과 일치하도록 수리(repair)를 하거나 보수(maintain)하여야 한다. 충돌된 고형 플라스틱 IBCs의 본체 및 복합 IBCs의 내용기는 교체하여야 한다.

(3) 수리 후 시험 및 검사기관은 제조자의 UN 설계형식 표시 근처에 다음 사항을 견고하게 표시하여야 한다 :

(가) 시험 및 검사를 행하였던 국가 ;

(나) 시험 및 점검을 실시한 기관의 명칭 및 허가된 기호 ; 및

(다) 시험 및 검사 일자(월, 년)

4.5 IBCs의 시험

4.5.1 일반

(1) IBCs의 시험은 해당 IBC를 사용하기 전에 각 IBC의 설계형식마다 실시하고 이것에 합격하여야 한다. IBC 설계형식은 설계, 치수, 재질 및 두께, 제조방법, 충전 및 배출방법에 의하여 정의되지만, 다양한 표면처리도 포함할 수 있다. 또한 외부 치수만이 더 작은 상이한 설계형식도 포함한다.

(2) 시험은 운송용으로 준비된 IBCs에 실시되어야 한다. IBCs에는 관련 항목에 지시된 바에 따라 충전되어야 한다. 해당 IBCs로 운송될 물질 대신에 대체물질을 사용할 수 있으나, 시험결과에 영향을 미치지 않는 것이어야 한다. 대체물질로서 고체를 사용하는 경우에는 운송될 물질과 동일한 물리적 성질(질량, 입자의 크기 등)을 가지는 것이어야 한다. 포장화물의 총질량을 얻기 위해서는 시험결과에 영향을 미치지 아니 하도록 배치한, 예를 들면 납편(lead shot)이 들어있는 포대와 같은 부가물의 사용을 허용할 수 있다.

(3) 액체를 충전하는 IBCs에 대한 낙하시험 시에 대체물질을 사용하는 경우에는 운송될 물질과 유사한 비중 및 점도를 가지는 것이어야 한다. 물(water)은 다음의 조건 하에서 액체에 대한 낙하시험용으로도 사용할 수 있다 :

(가) 운송될 물질의 비중이 1.2 이하인 경우, 그 낙하높이는 IBCs의 다양한 형식에 대한 관련 항에 규정되어 있는 높이일 것 ; 또는

(나) 운송될 물질의 비중이 1.2를 초과하는 경우, 그 낙하높이는 운송될 물질의 비중(d)(소수점 첫째자리)을 기초로 하여 다음과 같이 계산하여야 한다.

포장등급 I	포장등급 II	포장등급 III
d x 1.5 m	d x 1.0 m	d x 0.67 m

4.5.2 하부 들어올리기 시험(bottom lift test)

(1) **시험준비** : IBC에 하중이 균등하게 분포되도록 채운다. 채워진 IBC의 질량 및 하중은 IBC의 최대허용총질량의 1.25배로 한다.

(2) **시험방법** : IBC를 지게차의 발을 중앙에 위치시켜서 2회 들어 올렸다 내렸다 하는데, 지게차발 사이의 간격은 지게차발이 들어가는 쪽 측면 길이의 3/4이 되도록 한다(지게차발이 들어가는 지점이 정하여져 있는 경우는 제외). 그 지게차발은 들어가는 쪽 깊이의 3/4을 통과하도록 한다. 이 시험은 지게차발이 들어갈 수 있는 모든 방향에서 반복한다.

(3) **시험합격기준** : IBC 및 바닥 팔레트(해당하는 경우)가 운송용으로 불안전하게 될 영구변형이 없으며, 내용물의 손실이 없어야 한다.

4.5.3 상부 들어올리기 시험(top lift test)

(1) **시험준비** : 금속, 고형 플라스틱 및 복합 IBCs에 하중이 균등하게 분포되도록 채운다. 채워진 IBC의 질량 및 하중은 IBC의 최대허용총질량의 2배이어야 한다. 연성형 IBC에는 최대허용총질량(MPGM)의 6배의 하중이 균등하게 분포되도록 채운다.

(2) **시험방법** : 금속 및 연성형 IBC를 설계된 방법으로 밑바닥 면이 지면과 분리될 때까지 들어 올려서 5분 동안 그 위치를 유지한다. 고형 플라스틱 및 복합 IBCs인 경우에는 ① 끌어올리는 힘이 수직이 되도록 대각선으로 서로 반대편에 있는 1쌍의 들어 올리는 장치를 이용하여 끌어올려서 5분 동안 그 위치를 유지하고 ② 끌어올리는 힘이 중심에 대하여 수직방향으로 45도가 되도록 대각선으로 서로 반대편에 있는 1쌍의 들어

올리는 장치를 이용하여 끌어 올려서 5분 동안 유지한다.

(3) **시험합격기준** : 금속, 고형 플라스틱 및 복합 IBCs : IBC 및 바닥 팔레트가 운송용으로 불안전하게 될 영구변형이 없으며, 내용물의 손실이 없어야 한다. 연성형 IBCs의 경우에는 IBC가 운송 또는 취급용으로 불안전하게 될 IBCs 또는 들어 올리는 장치의 손상이 없어야 한다.

4.5.4 겹침적재시험(stacking test)

(1) **시험준비** : IBCs에 최대허용총질량을 채워야 한다.

(2) **시험방법** : IBC를 견고한 수평면의 바닥에 놓고 겹침적재시험하중이 균등하게 분포되도록 한다. IBCs에는 최소한 다음의 기간 동안 시험하중을 가하여야 한다 :

- 금속 IBCs : 5분 ;
- 11H2, 21H2 및 31H2형식의 고형 플라스틱 IBCs 및 격침적재하중이 지탱되는 플라스틱제 외장용기가 있는 복합 IBCs(즉, 11HH1, 11HH2, 21HH1, 21HH2, 31HH1 및 31HH2) : 40℃에서 28일간 ;
- 그 이외의 모든 형식의 IBCs : 24시간

(3) **겹침적재시험하중의 계산** : IBC에 가하는 하중은 운송중 IBC 상부에 겹침적재되는 것과 동일한 개수의 합계최대허용총질량의 1.8배로 하여야 한다.

(4) **시험합격기준** : 영구변형이 없으며, 내용물의 손실이 없어야 한다.

4.5.5 기밀시험(leakproof test)

(1) **시험방법 및 적용압력** : 20kPa(0.2bar) 이상의 게이지 압력에서 공기를 사용하여 10분 이상 실시하여야 한다.

(2) **시험합격기준** : 공기의 누설이 없어야 한다.

4.5.6 수압시험(hydraulic pressure test)

(1) **시험방법** : 규정된 압력(IMDG Code 제6.5.4.8.4 참조) 이상의 수압을 가하여 적어도 10분 동안 실시하여야 한다. 이 IBC는 시험되는 동안 기계적으로 유지되어서는 안 된다.

(2) **시험합격기준** : 누설 또는 영구변형이 없어야 한다.

4.5.7 낙하시험(drop test)

(1) **시험용 IBC의 준비** : 금속 IBCs는 고체인 경우에는 그 용량의 95% 이상을, 액체인 경우에는 그 용량의 98% 이상을 채워야 한다. 연성형 IBCs는 그 용량의 95% 이상의 용적으로 최대허용총질량에 상당하는 내용물이 균일하게 분포되도록 채워야 한다. 고형 플라스틱 및 복합 IBCs는 고체인 경우에는 그 용량의 95% 이상을, 액체인 경우에는 그 용량의 98% 이상을 채워야 하며, 시험품 및 그 충전물의 온도가 (−)18℃이하로 떨어진 후에 실시하여야 한다. 화이버보드 및 목재 IBCs는 그 용량의 95% 이상을 채워야 한다.

(2) **시험방법** : IBC를 충격시 가장 약하다고 생각되는 IBC의 바닥부분이 충격점이 되도록 딱딱하고 탄력이 없으며 부드럽고 평평한 수평면에 낙하시켜야 한다. 용량이 $0.45m^3$ 이하인 IBC도 낙하시험을 실시하여야 한다.

(3) 낙하높이는 포장등급 I인 경우에는 1.8m, 포장등급 II인 경우에는 1.2m, 포장등급 III인 경우에는 0.8m로 한다.

(4) **시험합격기준** : 내용물의 누설 및 파손이 없어야 한다.

4.5.8 균열전파시험(tear test)

(1) **시험준비** : IBC에는 해당 용량의 95% 이상의 용적으로 최대허용총질량에 상당하는 내용물을 균일하게 분포되도록 채워야 한다.

(2) **시험방법** : 일단 IBC를 지면에 놓고, 밑바닥 면과 내용물의 상부와의 중간 위치에 IBC의 중심선과 45° 각도가 되도록 넓은 쪽 측면을 완전히 관통하는 100mm의 칼흠을 낸다. 그 다음에 IBC에 최대허용총질량의 2배에 해당하는 겹침하중을 균일하게 분포시켜야 한다. 이 하중을 5분 이상 가하여야 한다. 상부 또는 측면에서 들어 올리도록 설계된 IBC는 겹침하중을 제거한 후 밑바닥 면이 지면과 분리될 때까지 들어 올려서 그 위치를 5분 동안 유지한다.

(3) **시험합격기준** : 찢겨진 길이가 본래 길이의 25%를 초과하여 넓어지지 않아야 한다.

4.5.9 끌어당겨 떨어뜨리기 시험(topple test)

(1) **시험준비** : IBC에는 해당 용량의 95% 이상의 용적으로 최대허용총질량에 상당하는 내용물을 균일하게 분포되도록 채워야 한다.

(2) **시험방법** : IBCs를 딱딱하고 탄력이 없으며 부드럽고 평평한 수평면에 IBCs 상부의 어떤 부분을 끌어당겨 떨어지도록 하여야 한다.

(3) 끌어당겨 떨어뜨리는 높이는 포장등급 I인 경우에는 1.8m, 포장등급 II인 경우에는 1.2m, 포장등급 III인 경우에는 0.8m로 한다.

(4) **시험합격기준** : 내용물의 손실이 없어야 한다.

4.5.10 직립시험(righting test)

(1) **시험용 IBC의 준비** : IBC에는 해당 용량의 95% 이상의 용적으로 최대 허용총질량에 상당하는 내용물을 균일하게 분포되도록 채워야 한다.

(2) **시험방법** : 옆으로 드러누워 있는 IBC를 1개의 들어올림용 장치(들어올림용 장치가 4개인 경우에는 2개의 들어올림용 장치)를 사용하여 0.1m/s의 속도로 밑바닥 면이 지면과 떨어질 때까지 수직방향으로 일으켜 세운다.

(3) **시험합격기준** : IBC 또는 IBC의 들어올림용 장치가 운송 또는 취급시 불안전하게 될 손상이 없어야 한다.

4.6 시험 보고서

(1) IBC 시험 보고서에는 운송용으로 준비된 IBC를 IMDG Code의 관련규정에 따라 시험하였으며, 포장방법 또는 구성요소를 다르게 사용하면 무효가 될 수 있다는 내용의 문구를 포함시켜야 한다. 그 시험 보고서의 사본은 주관청이 활용할 수 있어야 한다.

(2) 액체용 또는 압력으로 충전 또는 배출되는 고체용의 각 금속, 고형 플라스틱 및 복합 IBCs에는 최초시험(즉, 운송에 최초로 사용하기 전), 수리후 및 2.5년을 초과하지 아니하는 간격으로 기밀시험을 실시하여야 한다. 이 시험의 결과와 시험을 실시한 기관의 확인은 최소한 다음 시험 날짜까지 IBC의 소유자가 보관하고 있어야 하는 시험 보고서에 기재되어야 한다.

4.7 IBCs의 표시

4.7.1 기본표시

IMDG Code에 따라 제조되고 사용되는 각 IBC에는 하기의 사항을 판독이 용하도록 내구성 있고 명확하게 표시하여야 한다. 문자, 숫자 및 기호의 높이는 12mm 이상이어야 하며, 다음과 같이 표시하여야 한다.

(1) 유엔 포장용기 기호(United Nations packaging symbol) ; (U N)

(2) IBC의 종류를 나타내는 기호 ;

(3) 해당 설계형식에 인정된 포장등급(packing group)을 나타내는 대문자 ;

- −X : 포장등급 I, II 및 III(고체용 IBCs에 한함)인 경우 ;
- −Y : 포장등급 II 및 III인 경우 ; 또는
- −Z : 포장등급 III인 경우.

(4) 제조 월 및 년도(서기 년의 끝 2자리) ;

(5) 표시를 배당한 국가명(국제교통자동차등록식별기호를 사용함) ;

(6) 제조자의 명칭 또는 기호 그리고 주관청이 정한 IBC의 기타 식별표시 ;

(7) 겹침적재시험하중(Kg) ;

IBC에 가하는 겹침적재하중(kg)은 운송 중 IBC 상부에 겹침적재되는 것과 동일한 개수의 합계 최대허용총질량의 1.8배로 함. 겹침적재용으로 설계되지 않은 IBC에는 "0"으로 표시함 ;

(8) 최대허용총질량(maximum permissible gross mass : MPGM).

➡ 예 :

(U N) 31HA1/Y/01 05/ROK/KR/10800/1200

31 : 고형의 액체용 복합 IBC

H : 내용기 : 플라스틱제

A : 외장용기 : 강재

1 : 액체용

Y : 포장등급 II 또는 III에 적합

01 05 : 제조 월 및 년도(2005년 1월)

ROK : 표시를 인정하는 국가명(대한민국)

KR : 주관청이 부여한 식별기호

10800 : 겹침적재시험하중

1200 : 최대허용총질량(MPGM)

4.7.2 추가표시

(1) 각 IBC에는 기본표시에 추가하여 다음의 정보를 검사시 용이하게 접근할 수 있는 장소에 영구적으로 부착된 내부식성의 명판 상에 나타낼 수 있다. 금속 IBCs의 경우 이 명판은 내부식성 금속이어야 한다.

추가표시	IBCs의 종류				
	금속	고형 플라스틱	복합	화이버보드	목재
용량(L)(@20℃)	X	X	X		
자중(kg)	X	X	X	X	X
시험압력(게이지압)(kPa 또는 bar)(해당되는 경우)		X	X		
최대 충전/배출압력(kPa 또는 bar)(해당되는 경우)	X	X	X		
동체의 재질 및 최소두께(mm)	X				
마지막 기밀시험 날짜(해당되는 경우)(월 및 년)	X	X	X		
마지막 검사일자(월 및 년)	X	X	X		
제조자 일련번호	X				
최대허용겹침적재하중(kg)					

(2) 2011년 1월 1일부터 모든 IBCs(신조, 수리, 재생산)에는 다음 같은 그림 위에 "최대겹침적재하중"을 표시하여야 한다.

『겹침적재가 가능한 IBCs』

『겹침적재가 불가한 IBCs』

(3) 각 연성형 IBC에는 권고된 취급방법 및 들어 올리는 방법을 나타내는 상형문자도 표시할 수 있다.

5 대형용기(Large packaging)의 시험[5)]

5.1 대형용기의 종류

대형용기는 그 재질과 형태(고형인지 연성형인지)에 따라 다음의 종류가 있다.

종 류	재 질	기호
금속 대형용기	강재	50A
	알루미늄	50B
	금속(강재 또는 알루미늄재 이외의 것)	50N
연성형 대형용기	연성형 플라스틱	51H
	연성형 종이	51M
플라스틱 대형용기	고형 플라스틱	50H
화이버보드 대형용기	고형 화이버보드	50G
목재 대형용기	합판	50D
	재생목재	50F

5) IMDG Code, 제0603-5호, 한국해사위험물검사원, pp.244~248

5.2 대형용기의 형태를 나타내는 기호

대형용기의 형태를 나타내는 기호는 다음과 같이 구성되어야 한다 :

(1) **아라비아 숫자 2자** :
"50" : 고형(rigid) 대형용기의 경우 ;
"51" : 연성형(flexible) 대형용기의 경우 ; 및

(2) **이어서, 포장용기의 재질(예를 들면 목재, 강재 등)을 나타내는 알파벳 대문자.**

A	B	C	D	F	G
강재	알루미늄	천연목재	합판	재생목재	화이버보드
H	L	M	N	P	
플라스틱	직물	종이, 다층	금속	유리, 도기	

(3) "W"문자를 대형용기를 나타내는 기호 뒤에 사용할 수 있다. 이 "W"문자는 IMDG Code에 명시된 대형용기 규정과 상이한 지침으로 제조되었으나 IMDG Code의 규정과 동등한 것으로 간주되는 대형용기 임을 나타낸다.

5.3 대형용기의 시험

5.3.1 하부 들어올리기 시험(bottom lift test)

(1) **시험용 대형용기의 준비** : 최대허용총질량의 1.25배의 하중이 균등하게 분포되도록 채워야 한다.

(2) **시험방법** : 대형용기를 지게차의 발을 중앙에 위치시켜서 2회 들어올렸다 내렸다 하는데, 지게차발 사이의 간격은 지게차발이 들어가는 쪽 측

면 길이의 3/4이 되도록 한다(지게차발이 들어가는 지점이 정하여져 있는 경우는 제외). 그 지게차발은 들어가는 쪽 깊이의 3/4을 통과하여야 한다. 이 시험은 지게차발이 들어갈 수 있는 모든 방향에서 반복하여야 한다.

(3) **시험합격기준** : 운송용으로 불안전하게 될 영구변형이 없으며, 내용물의 손실이 없어야 한다.

5.3.2 상부 들어올리기 시험(top lift test)

(1) **시험용 대형용기의 준비** : 대형용기에 최대허용총질량의 2배의 하중을 가하여야 한다. 연성형 대형용기에는 최대허용총질량의 6배의 하중이 균일하게 분포되도록 한다.

(2) **시험방법** : 대형용기를 설계된 방법으로 밑바닥 면이 지면과 분리될 때까지 들어 올려서 5분 동안 그 위치를 유지하여야 한다.

(3) **시험합격기준** : 대형용기가 운송용으로 불안전하게 될 영구변형이 없으며, 내용물의 손실이 없어야 한다.

5.3.3 겹침적재시험(stacking test)

(1) **시험용 대형용기의 준비** : 대형용기에는 최대허용총질량을 채워야 한다.

(2) **시험방법** : 대형용기를 견고한 수평면의 바닥에 높고 최소 5분 동안 겹침시험하중이 균등하게 분포되도록 하여야 한다. 목재, 화이버보드 및 플라스틱 재질의 대형용기에는 24시간 동안 겹침시험하중이 균등하게 분포되도록 하여야 한다.

(3) **겹침시험하중의 계산** : 대형용기에 가하는 하중은 운송 중 대형용기의

상부에 겹침 적재되는 것과 동일한 개수의 대형용기의 합계 최대허용총질량의 1.8배로 하여야 한다.

(4) **시험합격기준** : 대형용기가 운송용으로 불안전하게 될 영구변형이 없으며, 내용물의 손실이 없어야 한다.

5.3.4 낙하시험(drop test)

(1) **시험용 대형용기의 준비** : 내장용기에는 액체의 경우에는 그 용량의 98% 이상을, 고체용인 경우에는 그 용량의 95%이상을 충전하여야 한다.

(2) **시험방법** : 대형용기를 충격시 가장 약하다고 생각되는 대형용기의 바닥부분이 충격점이 되도록 하는 방법으로, 딱딱하고 탄력이 없으며, 부드럽고 평평한 수평면에 낙하시켜야 한다.

(3) 낙하높이는 포장등급 I인 경우에는 1.8m, 포장등급 II인 경우에는 1.2m, 포장등급 III인 경우에는 0.8m로 한다.

(4) **시험합격기준** : 대형용기는 운송중 안전에 영향을 줄 수 있는 어떠한 손상도 없어야 한다. 내장용기(들) 또는 제품(들)으로부터 충전 물질의 누설이 없어야 한다.

5.4 시험 보고서

대형용기 시험 보고서에는 운송용으로 준비된 대형용기를 IMDG Code의 관련규정에 따라 시험하였으며, 포장방법 또는 구성요소를 다르게 사용하면 무효가 될 수 있다는 내용의 문구를 포함시켜야 한다. 그 시험 보고서의 사본은 주관청이 활용할 수 있어야 한다.

5.5 대형용기의 UN 표준용기 표시

대형용기에는 다음의 사항을 내구성 있고 읽기 쉽도록 표시하여야 한다 :

(a) 유엔 포장용기 기호(United Nations packaging symbol) :

(b) 고형 대형용기를 나타내는 기호 “50” 또는 연성형 대형용기를 나타내는 기호 “51”이것에 이어서 용기의 재질을 나타내는 기호 ;

(c) 해당 설계형식에 승인된 포장등급 (packing group)을 나타내는 대문자 :
“X” : 포장등급 I, II 및 III인 경우 ;
“Y” : 포장등급 II 및 III인 경우 ; 또는
“Z” : 포장등급 III인 경우 ;

(d) 제조 월 및 년도(서기 년의 끝 2자리) ;

(e) 표시를 배당한 국가명(국제교통자동차등록식별기호를 사용함) ;

(f) 제조자의 명칭 또는 기호 및 주관청이 정한 대형용기의 기타 식별표시 ;

(g) 겹침적재시험하중(kg). 겹침적재용으로 설계되지 아니한 대형용기의 경우에는 “0”이 나타나야 함 ; 및

(h) 최대허용총질량(MPGM ; maximum permissible gross mass)(kg).

➡ 예 :

(U N) 50A/X/05 02/N/PQRS/2500/1000

50 : 고형의 대형용기
A : 제작재질 : 강재
X : 포장등급 I 이상에 사용
0502 : 2002년 5월 제작
N : 제조국가
PQRS : 제조자의 명칭 또는 기호
2500: 겹침적재시험하중 −2,500kg
1000 : 최대허용총질량 −1,000kg

6 이동식 탱크 및 MEGCs의 구조 및 시험[6)]

6.1 제3급~제9급의 위험물용 이동식 탱크의 구조, 검사 및 시험

6.1.1 정의

- 기밀시험(leakproofness test) : 가스를 사용하여 MAWP의 25% 이상의 유효내부압력을 동체 및 그 부속설비에 가하는 시험을 말한다.
- 최대허용사용압력(MAWP ; maximum allowable working pressure) : 작동상태에서 동체의 상부에서 측정한 다음의 압력 중에서 가장 높은 압력 이상이어야 하는 압력을 말한다 :
  - (1) 충전 또는 배출 중 동체에 허용되는 최대유효게이지압력 ; 또는
  - (2) 동체에 설계되는 최대유효게이지압력으로서, 하기 압력의 합계 이상이어야 한다 :
    - ① 65℃(65℃를 초과하는 경우에는 운송중의 가장 높은 온도)에서의 절대 증기압(bar)에서 1bar를 뺀 압력 ; 및
    - ② 65℃의 상부공간 최고온도와 액체평균온도의 증가 tr - tf (tf = 충전온도, 통상 15℃로 함. tr = 최고액체평균온도, 50℃)에 기인한 액체팽창에 의하여 결정되는 상부공간 내부의 공기 또는 기타 가스의 분압(bar)
- 최대허용총질량(MPGM : maximum permissible gross mass) : 이동식 탱크의 자체 질량과 운송을 위하여 허가된 최대질량의 합계를 말한다.
- 이동식 탱크(portable tank) : 제3급~제9급 물질의 운송에 사용되는 450 ℓ를 초과하는 용량을 가진 다양한 형태의 탱크를 말한다. 이동식 탱크에는 위험물의 운송에 필요한 부속설비 및 외부 구조물이 부착된 동체를 포함한다. 이동식 탱크는 탱크의 외부 구조물을 제거하지 않고 충전 및 배

---

6) IMDG Code, 제0603-5호, 한국해사위험물검사원, pp.250~251, pp.253~260.

출이 가능하여야 한다. 이동식 탱크는 동체 외부에 안정장치를 갖추고 있어야 하며, 만재시 들어올릴 수 있어야 한다. 도로용 탱크차량, 철도용 탱크차, 비금속성 탱크 및 중형산적용기(IBCs)는 이동식 탱크의 정의에 포함시키지 않는다.

- **기준강**(reference steel) : 370N/mm^{2}의 인장강도와 27%의 파단시의 신장율을 가진 강재를 말한다.
- **설계온도범위**(design temperature range) : 대기조건하에서 운송되는 물질에 대하여 (−)40℃에서 50℃ 범위를 말한다. 50℃를 초과하는 온도에서 충전, 배출 또는 운송되는 물질인 경우의 설계온도는 충전, 배출 또는 운송 중 해당 물질의 최대온도 이상이어야 한다.
- **부속설비**(service equipment) : 계측장치와 충전, 배출, 환기, 안전, 가열, 냉각 및 단열장치를 말한다.
- **동체**(shell) : 운송되는 물질을 간직하는 이동식 탱크의 구성부품(탱크 본체)을 말하며, 개구부 및 폐쇄장치는 포함되지만 부속설비 또는 외부 구조물은 포함되지 않는다.
- **외부 구조물**(structural equipment) : 동체의 보강, 고박, 보호 및 외부 안정장치를 말한다.
- **시험압력**(test pressure) : 수압시험 중 동체 상부에서의 최대 게이지압력으로서, 설계압력의 1.5배 이상과 동등한 압력을 말한다.

6.1.2 검사 및 시험

(1) 각 이동식 탱크의 동체 및 그 부속장치들은 제1회는 사용하기 전(최초검사 및 시험)에 그리고 그 이후에는 5년을 초과하지 않는 일정한 간격(5년 정기검사 및 시험)으로 검사 및 시험을 받아야 하며, 5년 정기검사 및 시험의 중간에 중간검사 및 시험(2.5년 정기검사 및 시험)을 받아야 한다.

(2) 2.5년 정기검사 및 시험은 지정된 날짜에서 3개월 이내에 실시할 수 있다. 특별검사 및 시험은 마지막 정기검사 및 시험의 날짜에 상관없이 실시하여야 한다.

(3) 이동식 탱크는 마지막 5년 혹은 2.5년 정기검사 및 시험의 만료일 이후에는 운송될 물질을 충전하거나 운송을 요청할 수 없다. 그러나 마지막 정기검사 및 시험의 만료일 이전에 물질이 충전된 이동식 탱크는 마지막 정기시험 또는 검사 만료일로부터 3개월을 초과하지 않는 기간 동안 운송할 수 있다.

(4) 추가로 다음과 같은 경우의 이동식 탱크는 마지막 정기시험 및 검사 만료일 이후에 운송할 수 있다 :

① 비워진 후 세정하기 전, 재충전(refilling) 전에 차기에 요구된 시험 또는 검사를 받을 목적으로 운송되는 경우 ; 및

② 적절한 처분 또는 재생을 위한 위험물의 반환을 허용하기 위하여, 마지막 정기검사 또는 시험의 만료일로부터 6개월을 초과하지 않는 기간 동안 운송되는 경우. 이러한 면제에 대한 참조는 운송서류(transport document)에 언급되어야 함.

6.2 비냉동 액화가스용 이동식 탱크의 구조, 검사 및 시험

6.2.1 정 의

충전밀도(filling density) : 동체 용량(ℓ) 당 비냉동 액화가스의 평균질량(kg/ℓ)을 말한다. 이 충전밀도는 이동식 탱크 지침 “T50”에 수록되어 있다.

- 기밀시험(leakproofness test) : 가스를 사용하여 MAWP의 25% 이상의 유효내부압력을 동체 및 그 부속설비에 가하는 시험을 말한다.
- 최대허용사용압력(MAWP : maximum allowable working pressure) : 작동상태에서 동체의 상부에서 측정한 다음의 압력 중에서 가장 높은 압력 이상이어야 하는 압력을 말한다. 단 7bar 이상이어야 한다 :

(1) 충전 또는 배출 중 동체에 허용되는 최대유효게이지압력 ; 또는

(2) 설계된 동체의 최대유효게이지압력으로서 다음과 같아야 한다 :

① 이동식 탱크 지침 “T50”에 수록된 비냉동 액화가스에 대하여는 해

당 가스에 대한 이동식 탱크 지침 "T50"에 규정된 MAWP(bar) ;

② 그 이외의 비냉동 액화가스에 대하여는 하기 압력의 합계 이상인 압력 :

i) 설계기준온도에서의 비냉동 액화가스의 절대 증기압(bar)에서 1bar를 뺀 압력 ; 및

ii) 설계기준온도 및 액체평균온도의 증가 tr-tf (tf = 충전온도, 통상 15℃로 함. tr = 최고액체평균온도, 50℃)에 기인한 액체팽창에 의하여 결정되는 상부공간 내부의 공기 또는 기타 가스의 분압(bar)

- 기준강(reference steel) : 370N/mm2의 인장강도와 27%의 파단시의 신장율을 가진 강재를 말한다.
- 부속설비(service equipment) : 계측장치와 충전, 배출, 환기, 안전 및 단열장치를 말한다.
- 동체(shell) : 운송되는 비냉동 액화가스를 간직하는 이동식 탱크의 구성부품(탱크 본체)를 말하며, 개구부 및 폐쇄장치는 포함하지만 부속설비 또는 외부구조물은 포함하지 않는다.
- 외부 구조물(structural equipment) : 동체의 보강, 고박, 보호 및 외부 안전장치를 말한다.
- 시험압력(test pressure) : 압력시험 중 동체 상부에서의 최대 게이지압력을 말한다.

6.2.2 검사 및 시험

제3급~제9급 위험물 운송용 이동식 탱크와 동일하다.

6.3 제2급 냉동 액화가스용 이동식 탱크의 구조, 검사 및 시험

6.3.1 정의

- 외피(jacket) : 단열장치의 일부분인 외부 단열 덮게 또는 피복을 말한다.
- 기밀시험(leakproofness test) : 가스를 사용하여 MAWP의 90%이상의

유효내부압력을 동체 또는 그 부속설비에 가하는 시험을 말한다.

- 최대허용사용압력(MAWP ; maximum allowable working pressure) : 충전 및 배출 중 가장 높은 유효압력을 포함하여 작동상태에서 충전된 이동식 탱크 동체의 상부에 허용되는 최대유효게이지압력을 말한다.
- 최저설계온도(minimum design temperature) : 동체의 설계 및 제조시 사용되는 온도로서, 충전, 배출 및 운송의 통상적인 조건 하에서 가장 낮은(가장 추운) 내용물의 온도(사용온도)보다 낮은 온도를 말한다.
- 탱크(tank) : 통상적으로 다음 중 어느 하나로 구성된 구조물을 말한다 :

(1) 하나의 외피와 하나 이상의 내부 동체로 되어있고, 동체와 외피 사이의 공간은 공기를 배출시킨 것(진공단열) 및 단열장치를 병행시킨 것 ; 또는

(2) 고체 단열재(예 : solid foam)의 중간층을 가진 외피 및 내부 동체

6.3.2 검사 및 시험

제3급~제9급 위험물 운송용 이동식 탱크와 동일하다.

6.4 집합형 가스 컨테이너(MEGCs)의 구조, 검사 및 시험

6.4.1 정의

- 요소부품(element) : 실린더, 튜브 또는 실린더 다발로 제한된다.
- 기밀시험(leakproofness test) : 가스를 사용하여 시험압력의 20%이상의 유효내부압력을 MEGCs의 부품 및 부속설비에 가하는 시험을 말한다.
- 분기관(manifold) : 부품의 충전 및/또는 양하용 개구부와 연결되는 관장치 및 밸브의 조립품을 말한다.

6.4.2 일반

(1) MEGCs의 부품은 이음매 없는 강재로 제작되어야 한다. MEGCs의 모든 부품은 동일한 설계형식이어야 한다.

(2) 부속설비는 통상적인 운송 및 취급조건 중에 압력용기 내용물의 방출의 결과로 야기되는 손상이 방지되도록 배치되어야 한다. 만일 프레임과 부품간의 결합부가 소조립품을 사이에 두고 서로 움직이도록 되어 있는 경우, 그 부속설비는 작동부분에 손상을 주지 아니하면서 움직이도록 고정되어야 한다. 분기관, 배출용 부속품(파이프 소켓, 차단장치) 및 스톱밸브는 외력에 의하여 비틀려 떨어지는 것으로부터 보호되어야 한다. 차단밸브와 통하는 분기관 관장치는 전단으로부터 밸브 및 관장치가 보호되도록 충분히 유연하여야 한다. 충전 및 배출장치(플랜지 또는 나사식 플러그 포함) 및 보호캡은 우발적으로 열리지 않도록 고정시킬 수 있어야 한다.

(3) 제2.3급 가스를 운송할 예정인 각 부품에는 밸브가 부착되어 있어야 한다. 제2.3급의 액화가스용 분기관은 각 부품에 개별적으로 충전될 수 있고 또한 봉인을 할 수 있는 밸브에 의하여 격리되어야 한다. 제2.1급의 가스 운송의 경우, 부품은 3,000 ℓ이하의 조립품 내부에 밸브에 의하여 격리되어야 한다.

(4) MEGCs의 충전 및 배출용 개구부의 경우, 직렬로 2개의 밸브가 각의 배출 및 충전 배관에 접근하기 쉬운 장소에 위치하고 있어야 한다. 이 밸브 중 하나는 역류방지 밸브이어야 한다. 충전 및 배출장치는 분기관에 부착할 수 있다. 양쪽 끝에서 폐쇄시킬 수 있는 배관 단면의 경우 및 액체 제품이 빠져나가지 못하도록 가두어 둘 수 있는 경우에는 압력안전밸브를 과도한 압력상승을 방지하기 위하여 준비되어야 한다. MEGC상의 주 격리밸브에는 폐쇄방향이 명확하게 표시되어야 한다. 각의 스톱밸브 또는 기타의 폐쇄수단은 MEGC의 시험압력의 1.5배 이상의 압력에 견딜 수 있도록 제조되어야 한다. 모든 스크루 스핀들식 스톱밸브는 시계방향으로 돌려 폐쇄되는 것이어야 한다. 그 이외의 스톱밸브의 경우에는 폐쇄위치(열림 및 닫힘) 및 폐쇄방향이 명확하게 표

시되어야 한다. 모든 스톱밸브는 의도되지 않은 열림이 방지되어야 한다. 밸브 및 부속품 제조시에는 유연성 금속을 사용하여야 한다.

(5) MEGCs에 대량으로 충전되는 경우에는 1가지 이상의 계측장치가 부착되어야 한다. 동체의 내용물과 직접 접촉하는 유리 액면계 또는 기타 파손되기 쉬운 재료로 제작된 계측장치를 사용하여서는 안 된다.

6.4.3 압력안전장치

(1) UN 1013 이산화탄소(carbon dioxide)와 UN 1070 아산화질소(nitrous oxide) 운송용으로 사용되는 MEGCs에는 1개 이상의 압력안전장치가 설치되어야 한다. 기타의 MEGCs에는 사용국 주관청에 명시한 압력안전장치가 설치되어야 한다.

(2) 압력안전장치를 설치하는 경우, 격리될 수 있는 MEGCs의 각 부품 또는 부품의 집단에는 1개 이상의 압력안전장치가 부착되어야 한다.

(3) 이동식 탱크 지침 “T50”에 규정된 어떤 비냉동 액화가스의 운송에 사용되는 MEGCs에는 사용국 주관청이 요구하는 압력안전장치가 설치되어야 한다. 압력안전장치에는 용수철 장치 앞쪽에는 파열판이 설치되어 구성되어야 한다. 파열판과 용수철 장치 사이의 공간에는 압력계나 적당한 압력 표시기가 설치되어야 한다. 이 파열판은 용수철 장치의 배출개시압력보다 10% 높은 공칭압력에서 파열되어야 한다.

6.4.4 검사 및 시험

각 MEGC의 동체 및 그 부속장치들은 제1회는 사용하기 전(최초검사 및 시험)에 그리고 그 이후에는 5년을 초과하지 않는 일정한 간격(5년 정기검사 및 시험)으로 검사 및 시험을 받아야 하며, 5년 정기검사 및 시험의 중간에 중간 정기검사 및 시험(2.5년 정기검사 및 시험)을 받아야 한다. 특별검사 및 시험이 필요한 경우에는 마지막 정기검사 및 시험에 상관없이 실시하여야 한다.

7 산적컨테이너(bulk container)의 시험

7.1 산적컨테이너의 시험

(1) 산적컨테이너의 시험은 "안전한 컨테이너를 위한 국제협약(CSC, 1972)"의 규정에 따른다. 즉 최초 제조검사와 일정한 간격으로 이루어지는 재검사를 통하여 위험물 운송의 적합성 여부가 검증되는 것이다.

(2) 시험 및 검사 여부는 안전승인판(safety approval plate)과 데칼을 확인하여 알 수 있다. 여기서 "데칼"이라 함은 전사, 접착테이프 또는 금속판의 식각 등의 방법으로 컨테이너에 표시하는 방법을 총칭한다.

(3) "안전한 컨테이너를 위한 국제협약(CSC, 1972)"중 컨테이너의 검사에 관하여 국내법으로 수용한, 「선박안전법」 제23조제4항 · 제7항 및 같은 법 시행규칙 제58조제2항에 따른 컨테이너형식승인시험기준 및 검정기준 등에 관하여 필요한 사항을 "해양수산부고시 제2020-118호로 고시하고 2020년 7월 31일 시행하고 있다. 이 기준은 컨테이너의 최초검사기준으로 겹침적재검사, 상부달아올리기검사, 하부달아올리기검사, 구속검사, 가로방향래킹검사, 길이방향 래킹검사, 마루검사, 지붕검사, 포크리프터로 들어올리기검사, 갈고리에 의한 달아올리기검사, 끝벽검사, 옆벽검사, 풍우밀검사 및 기타검사 총 14개 시험항목을 정하고 있다.

(4) 「선박안전법」 제24조제3항, 같은 법 시행규칙 제64조제2항 및 안전한 컨테이너를 위한 국제협약부속서Ⅰ 제2규칙에 의한 컨테이너의 안전점

검기준을 제시하고 있다. 여기에는 정기점검과 계속점검이 있으며 의미하는 바는 다음과 같다.

(가) "정기점검(PES, Periodic Examination Scheme)"은 안전승인판(safety approval plate)이 부착된 컨테이너에 대하여 컨테이너 소유자가 해양수산관청(컨테이너 운송선박의 주된 기항지를 관할하는 해양수산관청)으로부터 승인 받은 정기점검방법에 따라 안전한 컨테이너를 위한 국제협약(CSC, 1972) 부속서 I 제2규칙 제2항의 규정된 점검년·월에 행하는 보수점검을 말한다. 이에 따르면 최초 제작일로부터 5년 후, 이후 2.5년을 간격으로 컨테이너 상태를 검사하게 되어 있다. 검사가 끝나면 차기검사일(NED, next examination date)이 표기가 된 데칼(decal)을 부착하게 되어있다.

(나) "계속점검(ACEP, Approved Continuous Examination Programme)"이라 함은 안전승인판이 부착된 컨테이너에 대하여 컨테이너 소유자가 해양수산관청으로부터 승인 받은 계속점검방법에 따라 협약 부속서 I 제2규칙 제3항의 규정에 의하여 행하는 보수점검을 말한다. 이 검사는 특정한 검사기한이 정해진 것이 아니라 수시로 컨테이너를 보수할 수 있게 장비와 인원을 배치하여 컨테이너를 보수 유지하게 하는 검사방법이다.

현장에서는 "ACEP"가 표기가 된 데칼을 보고 확인할 수 있다.

7.2 산적컨테이너의 표시

"안전한 컨테이너를 위한 국제협약(CSC, 1972)"의 규정을 준용하여 안전승인판(safety approval plate)에 최초 검사내용을 표시한다. 이후 일정한 간격으로 이루어지는 검사내용은 데칼(decal)로 표시하여 산적컨테이너의 검사여부를 확인하게 된다.

제 7 장

위험물의 표시

ALKYLSULPHONIC ACIDS, LIQUID
8
UN No. 2586
Hazard Class:8
Packing Group:III
Origin:LG Household & Health Care Ltd,korea
Exporter: HELM AG,HAMBURG,GERMANY
Manufacturing date:02.07.2009
Expiry date:01.07.2010

1 위험물 표지의 목적[1)]

1.1 일반

위험물의 운송 및 취급 중 안전을 확보하고 특히 비상시 적절한 조치를 취할 수 있도록 하기 위해서는 위험물 운송과 관련된 모든 사람들이 해당 위험물의 위험성을 잘 알아야 한다. 이를 위해서 포장화물 및 화물운송장치에는 위험성을 나타내는 표지(mark), 라벨(label) 및 대형라벨(placard)을 붙여야 한다. 표지, 라벨, 대형라벨을 통한 위험물 정보가 없고, 서류상으로도 위험성에 대한 정보가 전달되지 않는다면 위험물의 이동을 유발시킨 당사자인 송하인과 수하인 이외의 육상운송인, 해상운송인, 사고대응팀 등 위험물 취급자는 화물의 위험성을 알 수 없다. 신속한 사고 대응을 위해서 뿐만 아니라 효과적인 사고 예방책으로서도 화물에 대한 위험성 정보를 현장에서 바로 제공하는 것이 매우 중요하며 이러한 목적으로 상징적인 그림과 기호를 이용하는데 이것이 위험물 해상운송 시 이용되는 표지, 라벨 및 대형라벨이다.

1.2 위험물 표지의 종류

위험성을 나타내는 상징적인 그림과 기호는 크기, 성격(물질 고유의 위험성을 나타내는 상징 / 물질의 취급, 저장 시 주의사항을 나타내는 상징) 그리고 어느 것 위에 붙이는가에 따라 아래와 같이 이름이 달라진다.

(1) **표지**(mark)

위험물 고유의 위험성보다는 그 위험성이 일으킬 수 있는 외부적인 영향을 나타내거나 위험성의 발현을 막기 위한 주의사항을 상징적으로 나타낸 그림이나 도형이다. 예로서 해양오염물질표지(marine pollutant mark), 고온주의표지(elevated temperature), 훈증경고표지(fumigation warning sign), 상부방향화

1) IMDG Code, 제0603-5호, 한국해사위험물검사원, pp.266~267.

살표(orientation labels) 등이 있다. 이에 부가하여 운송되는 위험물의 양이 적어 IMDG Code의 적용 완화를 의미하는 제한된 양(limited quantities) 및 극소량 위험물(excepted quantities) 표지가 있다.

(2) **라벨**(label)

위험물이 담긴 포장용기의 외면에 붙여져, 위험물 고유의 위험성을 상징적으로 나타내는 그림이나 도형이다. 특별한 경우(포장용기가 작거나 특이한 모양) 이외에는 최소 100mm × 100mm 이상의 크기여야 한다.

(3) **플래카드**(Placard, Enlarged label)

화물운송장치(CTU, cargo transport unit)에 붙이는 것으로 크기를 키운 라벨이다. 최소 250mm × 250mm 이상의 크기여야 한다.

1.3 위험물 표지의 특이사항

(1) 덧포장 또는 단위 적재물 내부에 들어있는 각 포장화물에는 표지 및 라벨을 붙여야 하며, 덧포장 또는 단위 적재물 외부에도 적절한 표지 및 라벨을 붙여야 한다.

단, 덧포장 또는 단위 적재물에 들어있는 포장화물상의 모든 표지 및 라벨이 외부에서 명확하게 보이는 경우에는 예외로 한다. 추가로 덧포장에는 "OVERPACK"이라는 단어를 표시하여야 한다.

(2) 2가지 이상의 위험물을 동일한 외장용기 내부에 포장하는 경우(혼합포장), 외장용기 외부에는 당해 포장화물 내부에 들어있는 각 물질에 해당

하는 라벨 및 표지를 붙여야 한다. 단, 부위험성이 이미 정위험성 라벨에 의하여 나타나 있다면 부위험성 라벨을 부착할 필요는 없다.

(3) 이전에 위험물을 담았던 빈(empty uncleaned) 포장용기, IBC 및 화물운송장치에는 해당 위험물에 요구되는 표지 및 라벨을 부착한다. 단, 모든 위험성이 없어지도록 세정을 하거나 증기를 치환시키거나 또는 비위험 물질을 재충전한 경우에는 표지 및 라벨을 붙이지 않는다.

(4) 위험물의 잔류물이 남아있는 화물운송장치, 세정되지 아니한 빈 포장화물이 수납되어 있는 화물운송장치 또는 세정되지 않은 빈 산적 컨테이너는 그것에 마지막으로 담겨져 있었던 위험물에 적용되는 규정에 따라야 한다.

2 포장화물 및 IBCs의 표지[2)]

2.1 위험물 표지의 요건

모든 포장화물 표지는 다음과 같이 행하여야 한다 :

(1) 쉽게 볼 수 있고, 읽기 쉬울 것 ;

(2) 포장화물을 적어도 3개월 동안 해수에 담구어 두었을 경우에도 포장화

2) IMDG Code, 제0603-5호, 한국해사위험물검사원, pp.267~275.

물상에 표시된 내용을 확인할 수 있을 것.

(3) 포장화물의 외부 표면과 반대되는 색깔로 표시할 것 ; 및

(4) 그 표시의 유효성이 실질적으로 감소될 수 있는 기타의 다른 포장화물 표시들과 함께 위치시키지 말 것.

2.2 위험물 표시의 구성내용

(1) 각각의 포장화물에는 위험물의 적정선적명(PSN : Proper Shipping Name)과 이에 상응하는 UN 번호(UN Number)를 "UN"이라는 문자 뒤에 표시 하여야 한다. 비포장 제품인 경우에는 해당 제품의 위, 거치대(cradle) 위 또는 취급, 저장 또는 발사장치 위에 표시하여야 한다.

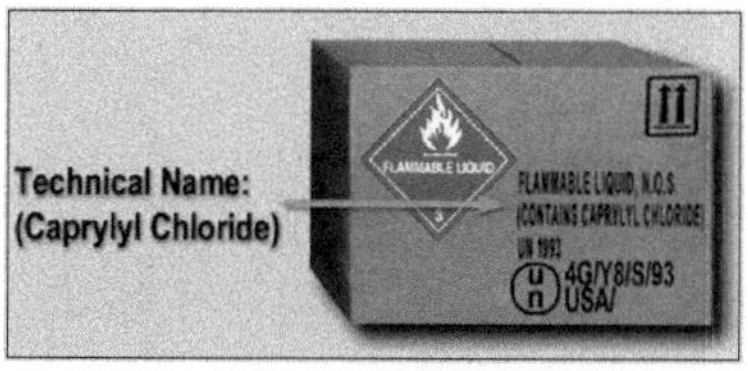

대표적인 포장화물 표시의 예는 다음과 같다 :
CORROSIVE LIQUID, ACIDIC, ORGANIC, N. O. S. (caprylyl chloride), UN 3265

(2) 용량이 450L 이상인 중형산적용기(IBC)에는 서로 반대되는 2곳에 표시하여야 하며, 회수용기에는 적정선적명과 이에 상응하는 UN번호 표시에 추가하여 "SALVAGE"라고 표시하여야 한다. 또한 등급 1.4S의 화약류의 경우, 1.4S 라벨을 부착하지 않는 한 등급 (division) 및 격리구분(compatibility group)을 표시하여야 한다.

(3) 단일용기 또는 내장용기 내에 해양오염물질(P)이 들어있는 포장화물인 경우에는 해양오염물질 표지(marine pollutant mark)를 내구성 있게 표시하여야 한다.

이 표지는 포장화물 외부와 대비되는 색깔로 하거나, 스티커(sticker)를 이용하는 경우에는 흑·백 색깔이어야 한다. 포장화물용인 경우 이 마름모형 표지의 각 변의 길이는 100mm 이상이어야 한다. 이 표지는 포장화물에 부착되는 다른 라벨 근처에 위치하여야 한다.

2.3 라벨의 선정과 부착

(1) 별도의 예외규정이 없는 한, 포장화물과 IBCs에는 그곳에 들어있는 내용물의 위험등급을 나타내는 라벨(label)을 부착하여야 한다. 부위험성이 있는 물질인 경우에는 적절한 부위험성 라벨(들)도 부착하여야 한다.

(2) 한 위험물이 정위험성(1차 위험성)과 부위험성(2차 위험성)을 동시에 갖는 경우, 정위험성에 대한 라벨을 "정위험성 라벨"이라고 하고, 부위험성에 대한 라벨을 "부위험성 라벨"이라고 한다. 이 2가지 라벨의 모양과 사양은 동일하다.

(3) 라벨의 하단 구석에는 급 번호를 표시하여 해당 위험물의 위험등급을 나타내어야 한다. 제5급 물질용 라벨의 경우에는 적절히 세분된 등급 즉 5.1 또는 5.2를 나타내어야 한다. 정위험성 라벨과 부위험성 라벨에는 반드시 급 번호가 나타나 있어야 한다.

(4) 위험등급 라벨은 위험물 목록(DGL) (3)열에 명시된 위험물 라벨을 부

착하여야 하며, 부위험성 라벨은 특별규정에 의하여 제한되지 않는 한 DGL (4)열에 명시된 급 또는 등급으로 명시된 위험물 라벨을 부착하여야 한다.

➡ 예 : 포장화물상의 라벨 선택의 예

UN No. 2014의 HYDROGEN PEROXIDE, AQUEOUS SOLUTION의 경우, 주위험성은 제5.1급이며(DGL의 3열), 부위험성은 제8급이다(DGL의 4열). 적정선적명과 유엔번호에 추가하여 제5.1급의 정위험성 라벨과 제8급의 부위험성 라벨을 부착하여야 한다.

UN No.	Proper Shipping Name (PSN)	Class or division	Subsidiary risk(s)	Packing group
(1)	(2)	(3)	(4)	(5)
2014	HYDROGEN PEROXIDE, AQUEOUS SOLUTION	5.1	8	II

HYDROGEN PEROXIDE, AQUEOUS SOLUTION UN 2014

(5) 라벨은 다음과 같이 붙인다.

(가) 적정선적명 표시 근처의 동일 포장화물 표면상에 위치시킬 것 ;

(나) 포장용기의 부품이나 부착물에 의하여 또는 기타의 다른 라벨 또는 표지에 의하여 덮어지거나 불명료하게 되지 않도록 위치시킬 것 ; 및

(다) 정위험성 라벨과 부위험성 라벨이 함께 요구되는 경우에는 정(부)위험성 라벨 바로 다음에 부(정)위험성 라벨을 부착할 것.

(6) 제8급 물질이 들어있는 포장용기에 있어서 “독성(toxicity)”이 단지 생체 조직 파괴효과에 의해서만 발생하는 경우에는 제6.1급의 부위험성 라벨을 부착할 필요가 없다.

(7) 제4.2급 물질에 있어서 제4.1급의 부위험성 라벨은 부착할 필요가 없다. 제5.2급 라벨은 해당 제품에 인화성이 있다는 것을 나타내고 있으므로 “FLAMMABLE LIQUID” 부위험성 라벨은 불필요하다.

(8) 다음과 같은 경우 아래 그림과 같은 상부방향화살표(orientation label)를 서로 다른 2측면에 붙여야 한다.
(가) 액체위험물이 담긴 내장용기를 포함하고 있는 결합용기
(나) 배기구(vent)가 달린 단일포장용기
(다) 냉동액화가스 운송용 초저온 용기
만약 포장화물의 크기로 인하여 불가피하게 라벨의 크기를 변경하여야 한다면 라벨의 치수는 변경시킬 수 있다. 단, 명확하게 볼 수 있어야 한다.

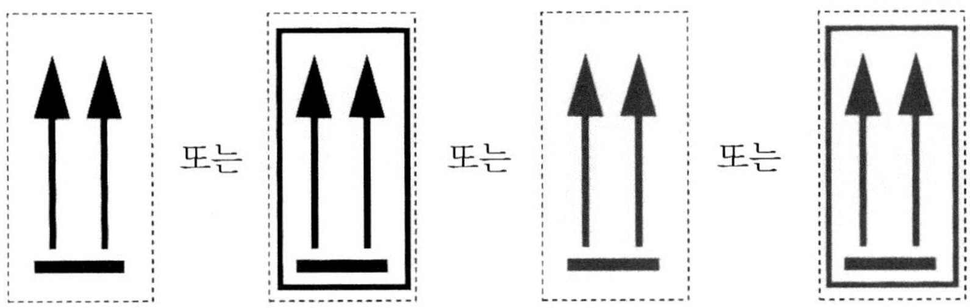

[흑색 화살표] [적색 화살표]

2.4 라벨의 사양

(1) 라벨의 색깔, 상징그림, 숫자 및 일반적인 형태는 IMDG Code에 명시된 견본 라벨과 일치하여야 한다.

(2) 라벨은 100mm × 100mm의 최소크기를 가진 정사각형을 45도 각도로

놓은 형태(다이아몬드 형태)이어야 하며, 모서리로부터 5mm 안쪽에 모서리와 평행한 선이 있어야 한다. 라벨의 상부절반에 있는 이 선의 색은 상징그림과 일치하는 색이어야 하고 라벨의 하부절반에 있는 이 선의 색은 하부 구석의 급을 나타내는 숫자의 색과 일치하여야 한다(라벨 견본 5.2(b)참조).

(3) 라벨은 2등분으로 나누어져 있다. 등급 1.4, 1.5 및 1.6을 제외하고, 라벨의 상반부는 상징그림을 위한 곳이고, 하반부는 문자, 급이나 등급번호 및 해당하는 경우 격리구분을 위한 곳이다.

(4) 상징그림, 문자 및 급 번호는 모든 라벨 상에 검정색으로 나타내어야 한다. 단, 다음의 경우에는 예외이다 :

(가) 제8급 라벨상의 문자(해당하는 경우) 및 급 번호는 흰색일 것 ;

(나) 라벨 전체가 녹색, 적색 및 청색 바탕인 경우에는 흰색으로 나타낼 수 있다.

(5) 등급 1.4, 1.5 및 1.6을 제외하고, 제1급 라벨의 하반부에는 해당 물질 또는 제품에 대한 등급번호(division number) 및 혼적구분(compatibility group) 문자를 표시한다. 등급 1.4, 1.5 및 1.6 라벨의 상반부에는 등급번호를, 하반부에는 혼적구분 문자를 표시한다. 등급 1.4, 혼적구분 S의 경우에는 일반적으로 라벨이 요구되지 않는다. 그러나 라벨이 그러한 화물에 필요하다고 생각되는 경우, 그 라벨은 견본 1.4를 기초로 하여야 한다.

(6) 제2급용의 가스 실린더에는 실린더의 모양, 운송방향 및 운송용 고박장치 등을 고려하여 실린더의 원통부분이 아닌 곳(어깨부분)에 부착하기 위하여 축소된 라벨을 부착할 수 있다.

(7) 라벨은 포장화물을 해수에 적어도 3개월 동안 담구어 두었을 경우에도 해당 라벨을 확인할 수 있도록 부착되어야 한다.

(8) 견본라벨

• 제1급 – 폭발성 물질 또는 제품

(견본 1)
등급 1.1, 1.2 및 1.3
상징그림(폭발) : 검정색.
바탕 : 오렌지색.
하부 모서리에 숫자 1*

(견본 1.4)
등급 1.4

(견본 1.5)
등급 1.5

(견본 1.6)
등급 1.6

바탕 : 오렌지색. 숫자 : 검정색, 숫자는 높이가 30mm이고, 두께가 5mm일 것.(100mm x 100mm로 측정된 라벨인 경우), 하부 모서리에 숫자 1*
* * 등급번호가 위치함 – 폭발성이 부위험성인 경우에는 공백으로 둘 것.
* 혼적구분이 위치함 – 폭발성이 부위험성인 경우에는 공백으로 둘 것.

• 제2급 – 가스류

(견본 2.1)
제2.1급
인화성 가스
상징그림(불꽃) : 검정색 또는 흰색.
바탕 : 적색.
하부 모서리에 숫자 2*

(견본 2.2)
제2.2급
비인화성, 비독성 가스
상징그림(가스 실린더) : 검정색 또는 흰색.
바탕 : 적색.
하부 모서리에 숫자 2*

(견본2.3)
제2.3급
독성가스
상징그림(해골 및 대퇴골) : 검정색.
바탕 : 흰색.
하부 모서리에 숫자 2*

• 제3급 – 인화성 액체류

(견본3)
상징그림(불꽃) : 검정색 또는 흰색.
바탕 : 적색.
하부 모서리에 숫자 3*

- 제4급

(견본 4.1)
제4.1급
가연성 고체
상징그림(불꽃) : 검정색.
바탕 : 흰색 바탕에 7개의
적색 수직 줄무늬.
하부 모서리에 숫자 ‘4’

(견본 4.2)
제4.2급
자연발화성 물질
상징그림(불꽃) : 검정색.
바탕 : 상반부는 흰색,
하반부는 적색. 하부
모서리에 숫자 ‘4’

(견본 4.3)
제4.3급
물과 접촉시 인화성 가스를 방출하는 물질
상징그림(불꽃) : 검정색 또는 흰색.
바탕 : 청색.
하부 모서리에 숫자 ‘4’

- 제5급

(견본 5.2)
제5.1급
산화성 물질
상징그림(원 위에 불꽃) :
검정색. 바탕 : 황색.
하부 모서리에 숫자 ‘5.1’

(견본 5.2(a))
제5.2급
유기과산화물
상징그림(원 위에 불꽃) :
검정색. 바탕 : 황색.
하부 모서리에 숫자 ‘5.2’
* 2011.1.1 까지만 사용

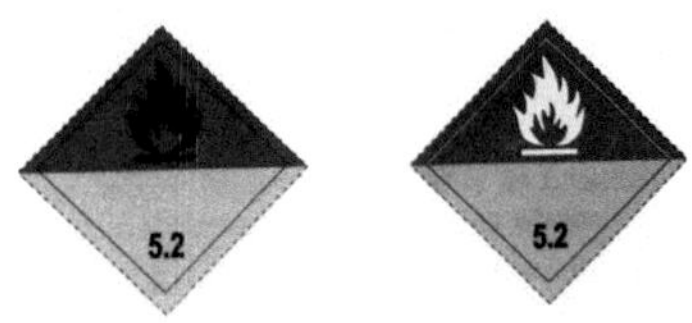

(견본 5.2(b))
제5.2급
유기과산화물
상징그림(불꽃) : 검정색 또는 흰색.
바탕 :상반부 적색, 하반부 황색.
하부 모서리에 숫자 ‘5.2’

- 제6급

(견본 6.1)
등급 6.1
독물
상징그림(해골 및 대퇴골) :
검정색. 바탕 : 흰색.
하부 모서리에 숫자 ‘6’

(견본 6.2)
등급 6.2
전염성 물질
라벨의 하반부에 INFECTIOUS SUBSTANCE 및 In case of damage or leakage immediately notify Public Health Authority라는 기재문을 부착할 수 있음.
상징그림(원 위에 3개의 초승달이 겹쳐진 것) 및 기재문 : 검정색.
바탕 : 흰색. 하부 모서리에 숫자 ‘6’

• 7급 – 방사성 물질

(견본 7A)
제1종 – 백색
상징그림(삼엽) : 검정색.
바탕 : 백색.
문자(필수) : 라벨 하반부에
검정색으로 RADIOACTIVE
CONTENTS ....
ACTIVITY ....
1개의 적색 막대기가
RADIOACTIVE 다음에 올 것.
하부 모서리에 숫자 7"

(견본 7B)
제2종 – 황색

(견본 7C)
제3종 – 황색

상징그림(삼엽) : 검정색.
바탕 : 백색바탕에 황백 상반부, 백색 하반부.
문자(필수) : 라벨 하반부에 검정색으로 RADIOACTIVE
CONTENTS ....
ACTIVITY ....
검정색 윤곽선 상자 TRANSPORT INDEX ....

2개의 적색 막대기가
RADIOACTIVE 다음에 올 것.

3개의 적색 막대기가
RADIOACTIVE 다음에 올 것.

하부 모서리에 숫자 7"

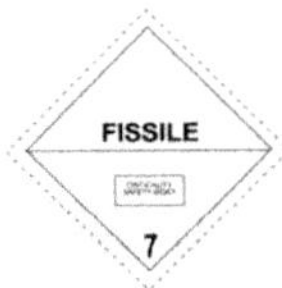

(견본 7E)
제7급 – 핵분열성 물질
바탕 : 흰색 . 문자(필수) : 라벨 상반부에 검정색으로 FISSILE
라벨의 하반부의 검정색 윤곽선 상자 : CRITICALITY SAFETY INDEX ....
하부 모서리에 숫자 7"

• 제8급 – 부식성 물질

(견본 8)
상징그림(2개의 유리 시험관에서 액체가 누출되고,
손 및 금속에 침투) : 검정색.
바탕 : 흰색바탕에 상반부는 흰색, 하반부는 검정색.
하부 모서리에 숫자 8"

• 제9급 – 기타의 위험물질 및 제품

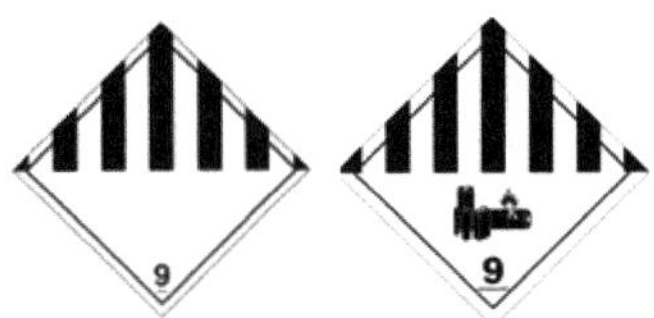

(견본 9)
상징그림(상반부에 7개의 수직 막대) :
검정색.
바탕 : 흰색.
하부 모서리에 밑줄 친 숫자 9"

3 대형라벨 및 화물운송장치의 표지[3)]

3.1 대형라벨

(1) 화물운송장치(cargo transport unit)에는 그 운송장치 내에 수납되어 있는 내용물이 위험물이며 또한 위험이 존재한다는 경고를 주기 위하여 그 외면에 확대된 라벨(enlarged labels)(대형라벨 ; placard)과 표지(mark, sign)를 부착하여야 한다. 단, 포장화물에 부착된 라벨 및/또는 표지가 화물운송장치의 외부에서 명확하게 보이는 경우에는 부착할 필요가 없다.

(2) 화물운송장치상에 대형라벨 및 표지를 붙이는 방법은 화물운송장치를 해수에 적어도 3개월 동안 담구어 두었을 경우에도 해당 정보를 확인할 수 있는 것이어야 한다.

(3) 모든 대형라벨, 표지들은 위험물 또는 그 잔류물이 배출되는 즉시 화물운송장치로부터 제거하거나 덮어씌워야 한다.

(4) 대형라벨은 위험물 목록 (4)열에 명시된 부위험성이 있는 물질에도 부착하여야 한다. 그러나 2가지 이상의 급에 해당되는 화물이 수납된 화물운송장치에 있어서, 부위험성이 정위험성 대형라벨에 의하여 이미 나타난 경우에는 부위험성 대형라벨을 부착할 필요가 없다.

(5) 대형라벨의 사양은 다음과 같아야 한다 :

(가) 치수는 250mm x 250mm 이상일 것. 모서리로부터 12.5mm 안쪽에 상징그림과 동일한 색깔의 선이 모서리와 나란히 뻗어 있을 것 ;

(나) 색깔 및 상징그림은 해당 위험물의 급에 대한 라벨과 일치할 것 ; 및

(다) 해당 위험물의 급 또는 등급번호는 높이 25mm 이상의 숫자로 표

3) IMDG Code, 제0603-5호, 한국해사위험물검사원, pp.276~280.

시할 것

(6) 위험물 또는 위험물의 잔류물이 수납된 화물운송장치에는 대형라벨 (placard)을 다음과 같이 명확하게 게시하여야 한다 :

(가) 화물 컨테이너, 세미 트레일러 또는 이동식 탱크－운송장치의 양 측면에 1개씩 및 전 · 후단에 1개씩 ;

(나) 철도용 화물차－적어도 양 측면에 1개씩 ;

(다) 2종류 이상의 위험물이나 그 잔류물이 수납된 다중구획탱크－관련 구획마다 양 측면에 1개씩 ; 및

(라) 기타의 화물운송장치－적어도 운송장치의 양 측면과 뒤쪽에 1개씩

3.2 일반적인 화물운송장치의 표지

(1) 다음과 같은 경우에는 내용물의 적정선적명(Proper Shipping Name : PSN)을 최소한 양 측면에 표시하여야 한다 :

(가) 위험물이 충전된 이동식 탱크(tank transport unit)인 경우 ;

(나) 위험물이 수납된 산적 컨테이너(bulk container)인 경우 ; 또는

(다) 대형라벨, UN 번호 또는 해양오염물질 표지가 요구되지 않는 단일 품목의 포장된 위험물이 수납된 기타의 화물운송장치인 경우. 그 대안으로서 UN번호를 게시할 수 있음.

(2) 다음과 같은 운송품에는 유엔번호(UN Number)를 게시하여야 한다 :

(가) 고체, 액체 또는 가스를 운송하는 이동식 탱크(다중구획 탱크화물 운송장치의 각 구획 포함) ;

(나) 총질량이 4,000kg을 초과하고 단일 유엔번호로만 지정되었으며 또한 화물운송장치에 위험물만이 수납된 경우 ;

(다) 차량의 내부 또는 상부, 화물 컨테이너의 내부 또는 탱크의 내부에 수납된 제7급의 운송품이 미포장된 LSA-I 또는 SCO-I 물질인 경우 ;

(라) 차량의 내부나 상부 또는 화물 컨테이너 내부의 전용(exclusive use)

운송품이 단일 유엔번호를 가진 포장된 방사성 물질인 경우 ;

(마) 위험물이 들어있는 산적 컨테이너인 경우 ;

(바) 2종류 이상의 위험물 또는 잔류물이 충전된 다중구획탱크-물질 및 잔류물이 충전되어 있는 관련 구획마다 양 측면에 1개씩

화물의 유엔번호는 높이가 65mm 이상인 검정색 숫자로 다음과 같은 방법으로 게시하여야 한다.

방법 1 : 주위험성 등급 대형라벨 하반부의 흰색 바탕에 게시 ; 또는

방법 2 : 높이가 120mm, 폭이 300mm 이상이고 10mm의 검정색 윤곽선을 갖는 오렌지색 직사각형 판에 표시하여 개개의 대형라벨 또는 해양오염물질 표시의 바로 근처에 위치시킴. 대형라벨 또는 해양오염물질 표지가 요구되지 않는 경우, 유엔번호는 적정선적명 바로 근처에 게시할 것.

• 방법 2에 의한 유엔번호 표시의 예 :

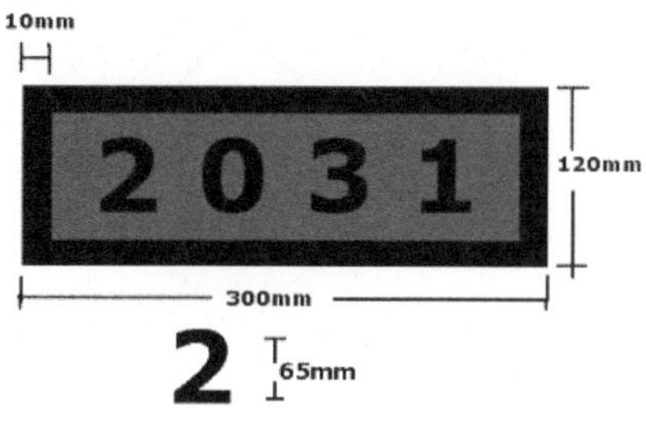

• 방법 1에 의한 유엔번호 표시의 예 :

또는

또는

또는

또는

* 급 또는 등급번호가 위치함.

* * 유엔번호가 위치함.

(3) 100℃ 이상의 온도에서 액체상태로 운송되거나 또는 240℃ 이상의 온도에서 고체상태로 운송되는 물질이 수납된 화물운송장치에는 고온주의표지(elevated temperature mark)를 양 측면과 전·후단에 부착하여야 한다. 이 삼각형 표지는 1측면이 250mm 이상이어야 하고, 적색으로 나타나야 한다.

고온주의표지에 추가하여, 운송중 도달할 것으로 예상되는 최고 물질온도를 이동식 탱크 또는 단열 외피의 양 측면에 높이 100mm 이상의 글자로 표시하여 고온주의표지 바로 근처에 견고하게 표시하여야 한다.

(4) 해양오염물질이 수납된 화물운송장치에는 해양오염물질 표지(marine pollutant mark)를 명확하게 게시하여야 한다. 마름모형 표지는 화물운송장치용인 경우에는 1측면이 250mm 이상이어야 한다.

(5) 제한된 양의 위험물(Limited quantity)이 수납된 컨테이너에는 IMDG Code 제1권 3.4.5.5에 따르는 표시를 컨테이너 외부에 부착해야 한다. Limited quantity 표시는 다음과 같이 250mm×250mm의 다이아몬드 형태이며 이상이며 해수에 적어도 3개월 동안 담구어 두었을 경우에도 해당 정보를 확인할 수 있는 것이어야 한다.

3.3 훈증소독된 화물운송장치의 표지

(1) 훈증제(fumigant)는 독성과 질식작용을 일으킬 수 있음으로 훈증소독된 화물운송장치를 취급할 때는 주의가 필요하다. 특히, 선박에서 어떤 사고가 발생하거나 보안 상 문제로 훈증 된 화물운송장치를 개방할 때는 더더욱 주의가 필요하며 훈증소독주의 표지나 선적서류를 보고 훈증에 따른 위험성을 판단하여야 한다. 훈증소독은 보통 고체 또는 액체의 훈증제를 기화시키고, 기화된 훈증제의 대류를 통하여 소독을 하게 된다. 화물운송장치가 선박에 적재 된 이후에는 훈증소독을 실시하여서는 안 된다.

(2) 훈증제로는 강한독성과 유효한 살충성능으로 Methyl bromide(bromomethane, CH_3Br)가 광범위하게 이용되고 있다. Methyl bromide는 오존층파괴물질(ozone-depleting chemical)의 일종으로, 선진국에서는 2005년, 개발도상국에서는 2015년까지 점진적으로 사용을 줄여나가다가 완전히 사용하지 않는 것으로 되어 있었다. 그러나 Methyl bromide를 대체할 만한 유효한 살충제의 출현 전까지 선진국에서도 일부 제한된 영역에서, 특히 검역과 선적부분에서 유예를 받음으로서 당분간 전 세계적으로 Methyl bromide의 사용은 지속될 것으로 보인다.[4)]

(3) 훈증소독된 밀폐형 화물운송장치에는 훈증소독 주의표지(fumigation warning sign)를 그 설비에 들어가고자 하는 사람이 쉽게 볼 수 있는 위치(출입구)에 표시하여야 한다. 이 표지는 직사각형이고, 최소 300mm 폭과 250mm 높이를 가져야 하며, 흰색 바탕에 검정색 글자(높이 25mm 이상)이여야 한다. 이 표지에는 훈증날짜와 시간 그리고 사용한 훈증제의 유형(명칭)을 나타내어야 한다.

---

4) UNEP, press release, http://www.unep.org/ozone/Press_Releases/26March_2004.pdf

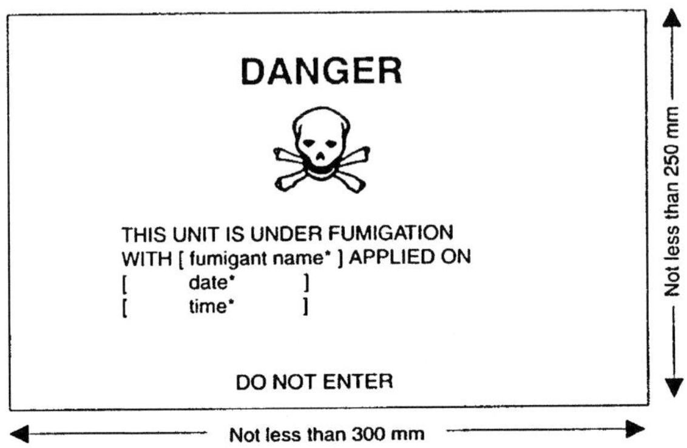

(4) 단순히 훈증소독만 된 화물운송장치에는 적정선적명(즉, FUMIGATED UNIT)과 유엔번호(UN 3359) 표시가 요구되지 않으며 제9급의 대형라벨도 요구되지 않는다. 그러나 만약 훈증소독된 화물운송장치에 위험물이 수납되어 있다면 대형라벨, 해양오염물질 표지(요구되는 경우), 고온주의표지(요구되는 경우) 및 훈증소독 주의표지 등 해당되는 대형라벨을 부착하여야 한다.

(5) 훈증 된 화물운송장치와 관련된 선적서류에는 사용된 훈증제의 종류와 양, 훈증을 실시 한 날짜와 시간을 표시하여야 한다. 그리고 남아 있을 수 있는 잔존 훈증제의 처리지침과 훈증장치를 화물운송장치 내에 설치하여 훈증한 경우 이의 제거방법을 표시하여야 한다.

(6) 훈증되었던 화물장치의 문을 열어 충분히 환기시켰거나 기계적인 환풍을 실시하여 환기시킨 경우 또는 훈증주의표지 상에 환기시켰다는 내용이 있으면, 훈증된 화물장치에 적용되는 IMDG Code 상의 규정은 적용하지 않는다.

(7) 훈증된 화물운송장치를 갑판 하(under deck)에 적재하는 경우 사용설명서가 달린 훈증가스 탐지기구를 본선에 비치하고 있어야 한다.[5]

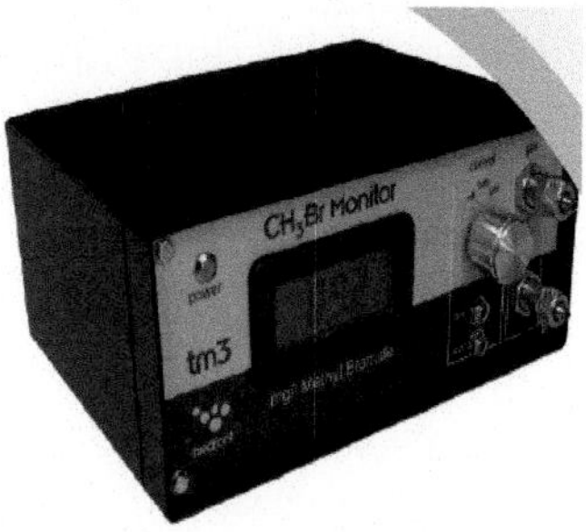

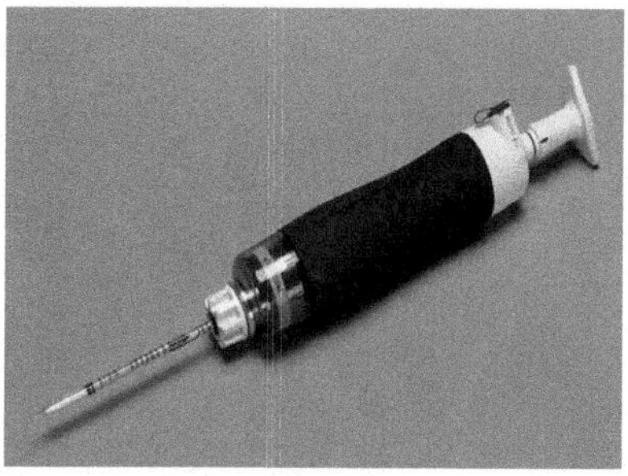

매일노동뉴스-한국산업안전보건공단 공동기획「화학물질 바로알기」

⑰ 메틸브로마이드

수입오렌지 소독하다 한 달 만에 뇌손상된 아르바이트생

육류나 곡물·과일에 이르기까지 수입농산물이 우리 식탁에서 차지하는 비중이 점점 커지고 있다. 수입된 곡물이나 과일이 국내에 유통되기 위해 반드시 거쳐야 하는 과정이 방역이다. 특히 식품류는 병해충을 제거하기 위해 살균가스를 뿌리는 훈증소독을 하는데 이때 사용되는 화학물질이 메틸브로마이드(Methyl Bromide)다. 브롬화메틸이라고도 불리는 메틸브로마이드는 단기간 노출돼도 사망에 이를 수 있는 강력한 독성을 가진 물질이다.

최원찬(가명·당시 20세)씨는 수입과일을 훈증소독하던 중 메틸브로마이드에 노출돼 질병에 걸렸다. 최씨는 2000년 3월27일 친구 세 명과 함께 아르바이트생으로 부산 동구 소재 (주)성민방역(가칭)에 채용됐다. 이 회사는 수입용 과일과 목재에 방역하는 일을 주로 했다. 정규직 노동자가 6명이었고, 방역물량에 따라 아르바이트생을 채용했다.

훈증소독에 쓰이는 메틸브로마이드

최씨는 수입컨테이너 방역작업을 했다. 작업은 준비·훈증·해체·검역작업 순으로 진행됐다. 먼저 수입컨테이너 안쪽에 송풍기를 설치한다. 메틸브로마이드를 컨테이너 안에 확산하기 위해서다. 그리고 메틸브로마이드 투입 호스와 농도확인을 위한 호스를 설치한다. 이어 컨테이너 문을 폐쇄하고 테이프로 밀봉한다. 이때 LPG가스를 이용해 물을 가열시켜 메틸브로마이드를 기체상태로 만든 후 컨테이너에 투입한다. 과일의 경우 2시간 정도 훈증을 한다. 제대로 훈증이 됐는지 농도확인 호스를 통해 잔류농도를 확인한다. 이후 한 시간 정도 컨테이너문을 개방한다. 마지막으로 송풍기·호스 등을 해체하고 검역소 직원이 검역작업을 실시한다.

최씨가 주로 방역작업에 참여했던 품목은 수입오렌지였다. 하루 8시간씩 주 6일을 근무했다. 매일 40개 정도의 컨테이너 작업을 했다. 해체작업은 컨테이너 개방 후 한 시간이

5) 그림의 출처, http://www.bedfont.com/fumigation, http://www.kitagawa-america.com/ProductSearchK.aspx

지난 후 작업을 해야 하지만 물량이 많을 때는 컨테이너 문을 개방하자마자 해체작업을 했다. 작업을 할 때 방독면도 착용하지 않았다. 최씨는 훈증에 사용되는 물질이 무엇인지도 몰랐고, 그것이 인체에 해로울 것이라고는 생각하지 못했다.

일한 지 보름 만에 몸에 이상증세

최씨가 몸에 이상을 느낀 것은 일을 한지 보름이 조금 지난 2000년 4월 중순께였다. 말을 더듬기 시작했고 많이 피로했다. 4월말부터는 어지럼증이 심해졌다. 남이 깨워주지 않으면 일어나지 못할 정도로 깊은 잠에 빠졌다. 5월9일에는 증상이 심해져 먹지도 못하고 잠만 잤다. 같은 달 12일 손이 떨리는 증상이 심해 밥을 먹을 수 없었다. 최씨는 결국 병원에 입원했다.

당시 최씨와 함께 일을 했던 친구 3명 중 2명도 말을 더듬거나 보행이 곤란한 증상이 발생했다. 평소 질병이 없었던 최씨는 결국 메틸브로마이드에 의한 뇌병증(뇌손상)이라는 진단을 받았다. 최씨가 방역회사에서 일한 기간은 겨우 한 달 정도였다.

2009-06-25 오전 12:16:59 입력 ⓒ매일노동뉴스 조현미기자
http://www.labortoday.co.kr/photo/view.asp?arId=89466

4 제한된 양의 규정 및 표지[6)]

4.1 제한된 양

위험물이 "제한된 양(limited quantity)"의 소량 포장화물로 선적되는 경우에는 송하인에게 일반적으로 부여되는 의무사항이 면제된다.

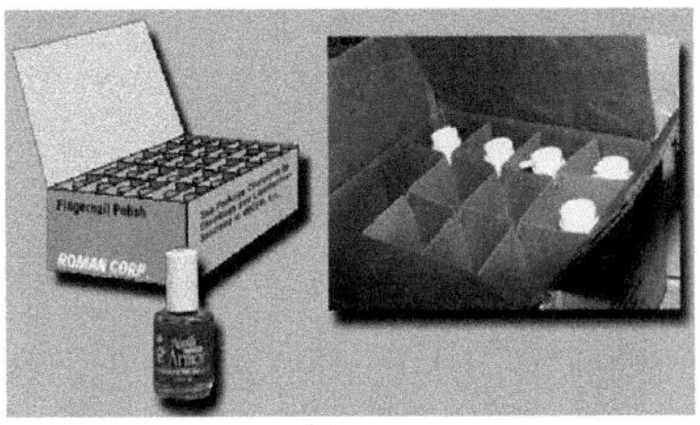

6) IMDG Code, 제0603-5호, 한국해사위험물검사원, pp.262~264.

4.2 운송품의 허용

내장용기내의 양(量)의 제한치는 각 물질에 대하여 위험물 목록(DGL) (7)열에 명시되어 있다. DGL의 각 등재명의 (7)열에 "None"이라는 단어가 명시되어 있는 것은 제한된 양의 예외규정으로는 운송이 허가되지 않음을 의미한다.

UN No.	Proper Shipping Name (PSN)	Class or division	Subsidiary risk(s)	Packing group	Limited quantities
(1)	(2)	(3)	(4)	(5)	(7)
1002	AIR, COMPRESSED	2.2	–	–	120㎖
1689	SODIUM CYANIDE, SOLID	6.1	P	I	None

4.3 포장요건

(1) 제한된 양으로 운송되는 위험물은 적절한 결합용기(외장용기와 내장용기로 구성된 포장용기)에 포장되어야 하며, 그 포장화물 전체의 총무게(total gross mass of package)는 30kg 이하이어야 한다.

(2) 팔레트 위에 쌓은 후 수축포장 또는 연신포장 한 작은 트레이(tray)는 제한된 량에 따라 운송되는 위험물이 들어있는 외장용기 또는 내장용기로 간주할 수 있다. 단, 유리, 도기, 자기 또는 어떤 플라스틱 재질 등으로 제작된 것과 같은 깨어지기 쉽고 파공되기 쉬운 내장용기로 운송하여서는 안 된다. 이러한 경우 그 포장화물 전체의 총 무게는 20kg 이하이어야 한다.

(3) 포장용기는 일반적인 포장요건에 적합하여야 하지만, 용기를 시험하여 유엔표준으로 승인받을 필요는 없다. 즉, 용기는 유엔표준용기일 필요는 없다.

4.4 혼합포장, 격리 및 적재

(1) 제한된 양의 위험물과 기타의 다른 위험물은 동일한 외장용기에 함께 포장할 수 있다. 단, 누출된 경우에 상호 위험하게 반응하지 않아야 한다.

(2) 제한된 양이 담긴 포장화물 간에는 격리가 필요 없다. 또한 다른 화물과의 격리도 필요 없다. 제한된 양으로 운송되는 모든 위험물은 적재구분 A(Stowage : Category A)로 할당한다.

4.5 표지 및 라벨

(1) 제한된 양으로 운송되는 포장화물에는 라벨이나 해양오염물질표지를 행할 필요가 없다.

(2) 내용물의 적정선적명은 표시할 필요가 없지만, 내용물의 UN No.("UN"이라는 문자가 앞에 있을 것)을 다이아몬드 내부에 표시하여야 한다. 이 다이아몬드의 외곽선의 폭은 2mm이상이어야 하며, UN No.는 높이가 6mm 이상이어야 한다. UN No.가 각기 다르게 지정된 2가지 이상의 물질이 동일 포장화물 내에 들어있는 경우라면 그 다이아몬드는 각각의 관련 UN No.를 포함시키기에 충분한 크기이어야 한다.

선의 굵기 : 2mm

4.6 대형라벨(placard)

제한된 양의 위험물(Limited quantity)이 수납된 화물운송장치에는 제1권 3.4.5.5에 따르는 표시를 컨테이너 외부에 부착해야 한다. Limited quantity 표시는 다음과 같이 250mm×250mm의 다이아몬드 형태이다.

4.7 서류

(1) 위험물 신고서에는 선적 위험물의 적정선적명과 함께 “limited quantity” 또는 “LTD QTY”라는 단어를 포함시켜야 한다.

(2) UN 1950, AEROSOLS는 독성물질이 포함되어 있는 경우 제한된 양이 120mℓ이며, 이 이외에는 제한된 양이 1000mℓ이다.

5 극소량으로 포장되는 위험물의 규정 및 표지

5.1 극소량 위험물(EQ, Excepted Quantites)의 도입배경

(1) 해운과 관련된 협약 중 양대 산맥이라고 할 수 있는 SOLAS와 MARPOL의 규정을 살펴보면, 운송 단위 당 위험물의 양이 증가하면 증가할수록 규제가 까다롭다. 이는 역으로 소량의 위험물인 경우 규정을 완화하여

적용하고 있는데, 이러한 규정을 IMDG Code에서 찾는다면 "제한된 양(LQ, Limited Quantities)" 규정을 들 수 있다.

(2) DGL의 "(7)"항을 보면 위험물에 따라 일정량이 표기되어 있는데, 이 양 이하로 포장 운송하면 위험물 운송에 따른 규칙 준수를 일부 완화 받게 된다. 대표적으로 위험물 포장용기에 대한 검사증명, 적재 및 격리규정이 완화되어 일반적으로 혼적이 불가한 위험물의 경우에도 혼적이 가능하였다. 이는 정상적인 수출·입 전에 위험물 시료나 표본을 운송할 때 도움이 되었다. 그럼에도 "LQ"로도 운송 불가한 경우가 있었다.

(3) 2008년 판에 "EQ"를 도입하여 극소량 위험물의 경우에는 큰 규제 없이 운송이 가능하게 되었고, 항공운송에서 이용되던 규정을 해운에도 도입함으로서 국제복합운송시대에 발맞추어 운송규정의 통일에 한 발 더 접근했다고 볼 수 있다.

(4) 극소량위험물의 최대 양은 다음 표에서 알 수 있듯이 매우 소량으로 실제 해운을 통하여 운송되는 경우는 매우 드물 것으로 보인다.

Code	내용기 당 최대 순질량(고체-g, 액체와 기체-㎖)	외용기 당 최대 순질량(고체-g, 액체와 기체-㎖, 혼합용기 인 경우 그 합)
E0	극소량 포장위험물 운송금지	
E1	30	1000
E2	30	500
E3	30	300
E4	1	500
E5	1	300

5.2 극소량위험물의 표지

포장의 외부에 표시되는 극소량포장위험물의 표지는 그림과 같다.

★ : 위험물 등급 (Class)
★★ : 수출자명 또는 수입자명

5.3 극소량위험물의 포장

(1) 포장용기 안에는 내장용기 (플라스틱-액체 위험물용으로 사용되는 경우 두께가 2mm 이상, 유리, 자기, 도기, 석기 및 금속으로 제조)가 있어야 하고, 내장용기의 뚜껑은 철사, 테이프 또는 그 밖의 확실한 방법으로 고정을 한다. 목에 나사산이 있는 용기의 뚜껑은 누출방지형 캡(cap)으로 하여야 한다.

(2) 각각의 내장용기는 통상적인 운송환경에서 깨지거나, 구멍이 나거나 , 내용물이 유출되지 않도록 완충재가 있는 "중간포장용기(intermediate packaging)"에 담겨야 한다. "중간포장용기"는 포장용기의 방향에 상관없이 내용물이 깨지거나 유출 시 내용물을 충분히 수용하여야 한다. 완충재, 흡수재 그리고 포장용기의 재질은 위험물과 위험한 반응이 없어야 하며 포장용기의 기능에 약화가 있어서는 안 된다.

(3) 중간용기는 견고한 외장용기(나무, 파이버보드, 또는 동등한 기타의 재질) 안에 담는다. 포장화물의 크기는 부착하여야하는 모든 표지를 부착할 수 있는 충분한 크기여야 한다.

(4) 덧포장(overpack) 이용이 가능하며, IMDG Code에 따르지 않는 위험물도 함께 포장할 수 있다. 결론적으로 극소량위험물은 내장용기 + 중간용기 + 외장용기의 3중 구조로 포장되며, 3중으로 포장 된 극소량 위험물은 운송 시 편리하도록 덧포장을 할 수 있다.

5.4 극소량위험물 포장의 시험

(1) 운송을 위하여 포장이 마무리 된 극소량 위험물은 다음 시험을 하였을 때 내장용기가 파손되거나 누출되는 일이 없어야 하며 유효성의 심각한 저하가 없어야 한다.

(가) 낙하시험 : 1.8m 높이에서 단단하고 탄성이 없는 평탄한 수평면으로 낙하시킨다.

(나) 적재시험 : 3m 높이로 적재 시 가해지는 총 하중에 상당하는 무게를 포장의 상부면에 24시간 가한다.

5.5 극소량위험물의 운송

(1) 화물운송장치 내에 적재할 수 있는 극소량위험물 포장의 수량은 1000개 이하여야 한다.

(2) 위험물 운송서류 상에는 일반적으로 기재되는 내용에 부가하여 “dangerous goods in excepted quantities”라는 문구와 포장 개수를 기재한다.

(3) 극소량으로 운송되는 위험물은 DGL 상의 규정과 상관없이 적재구분 A (stowage category A)로 적재한다.

(4) 극소량으로 운송되는 위험물은 다른 위험물과의 관계에서 일반적으로 따르는 격리규정을 따르지 않아도 된다. 그리고 서로 위험한 반응만 없다면 하나의 외장용기 안에 격리규정에 상관없이 서로 다른 위험물을

함께 포장할 수 있다.

6 GHS의 개념 및 GHS의 표지 규정

6.1 GHS의 도입 배경

(1) 기존 위험물정보 전달체계의 한계[7)]

화학물질로부터 직업병이나 산업재해 예방을 위해서, 또한 사용자의 건강이나 환경을 보호하기 위해서는, 일차적으로 사용하고 있는 화학물질이 얼마나 유해한가에 대한 정보를 수집하고 수집된 정보에 의해 화학물질의 유해위험성 분류가 이루어져야 한다. 분류된 유해위험성에 따라 근로자 또는 사용자에게 적절한 방법(위험, 경고표지 또는 물질안전보건자료 등)으로 정보전달을 하는 것이 중요하다. 따라서 각국에서는 경고표지나 물질안전보건자료(MSDS) 등을 통하여 화학물질의 유해 위험 정보를 전달하고자 하였고, 이를 실행하기 위한 수단으로 관련 법률이나 규정을 개발하여 왔다. 그런데 각 나라마다 '위험' 또는 '유해'하다고 하는 기준이 다르고, 심지어 같은 나라에서도 운송, 환경, 노동 등 분야에 따라서 유해 위험성 분류 기준과 유해하다는 것을 알리는 신호전달 방법이 상이하여 사용자들에게는 상당히 혼란스러운 일이 되었다. 이러한 각 국의 화학물질 분류, 표지에 관한 기존의 법률 또는 규정의 차이 때문에 결과적으로 동일 제품에 대해서 나라마다 다른 경고표지 또는 MSDS를 작성하게 된다. 나라마다 화학물질의 유해위험성 분류, 전달 체계의 차이는 국제적으로 화학물질의 교역 규모가 늘어남에 따라 상당한 혼란과 물류비용을 증가시켰다. 어떤 화학물질은 어떤 나라에서는 인화성 물질로 간주되지만, 다른 나라에서는 그렇지 않을 수 있으며, 어떤 나라에서는 발암 물질로 간주되지만 다른 나라에서는 그렇지 않을 수 있다. 또한 이러한 유해성 전달

7) 산업보건, 2008년 4월호 p.42, GHS에 대한 이해 1, 양정선, 대한산업보건협회, www.kiha21.or.kr.

방법 또한 세계적으로 다양하게 되므로 국제교역에 종사하고자 하는 기업은 각 국의 개별법률 및 규정에 적용될 수 있는 여러 형태의 경고표지와 MSDS를 작성할 수 있는 전문가기 필요하였다. 더구나 화학물질의 분류와 표지를 위한 포괄적인 시스템을 개발하고 유지하는데 어려움이 있기 때문에 이러한 시스템 자체가 아예 없는 나라도 많았다.

(2) GHS의 도입[8)]

동일 물질에 대하여 나라마다 다른 분류기준을 적용하고 다른 형태의 경고표지를 하게 되어 정보혼란에 따른 위험성을 초래하게 되는 것을 막기 위하여, UN에서는 1992년 유엔환경정상회의에서 MSDS를 포함한 화학물질의 분류 및 경고표지에 대한 통일화(GHS, Globally Harmonized System of Classification and Labelling of Chemicals)에 합의하였다. UN은 10여년의 작업을 거쳐 2002년 9월 지속가능개발세계정상회의에서 「화학물질의 분류・표지 등 세계조화시스템(GHS)」을 2008년까지 이행할 것을 결의하였고, 2003년 8월 통일된 GHS 지침을 발간하였다. GHS에 따라 각 나라가 수입 또는 자국에서 생산되는 화학물질에 대해 일관되고 적절한 정보를 얻을 수 있다면, 화학물질 노출 관리 및 사람과 환경 보호를 위한 인프라 구축은 쉽게 확립될 수 있다. 비록 시행 초기에는 기존 분류체계와 GHS 분류체계의 차이로 업계의 혼란이 예상되나 추후 생산 및 물류비용에 있어서 이득을 얻게 될 것으로 예상된다.

(3) GHS 시행의 예상효과[9)]

GHS의 목적은 화학물질 및 혼합물의 고유한 유해성을 확인하고, 그 유해성정보를 통일된 표현으로 전달하는 것이다. 범지구적인 GHS의 시행으로 얻을 수 있는 기대효과를 정리하면 다음과 같다.

(가) 유해성 정보 전달에 대해 국제적으로 이해하기 쉬운 시스템을 제공함으로써 사람의 건강과 환경 보호가 강화된다.

(나) 기존의 화학물질 관리시스템이 없는 국가들에게 화학물질관리 기본체

8) 전게서, p.44.
9) 전게서, p.45.

계를 제공한다.

(다) 화학물질에 대한 중복 시험, 평가의 필요성이 줄어든다.

(라) 유해성이 국제적으로 표준화 된 방법으로 적정하게 평가되고 확인됨에 따라 화학물질의 국제 교역이 용이하게 된다.

6.2 GHS의 개념

(1) GHS의 내용 구성[10)]

GHS의 적용범위는 화학물질 또는 혼합물을 건강, 환경 및 물리화학적 유해성에 따라 분류하기 위한 판정기준과 판정된 결과에 대한 유해위험성 정보전달에 관한 사항으로 경고표지와 MSDS 및 정보전달 교육에 관한 요건을 포함한다.

[GHS 개념표]

대상물질	대상분야	GHS의 목적	대상 영역
화학물질	분류(건강, 환경, 물리화학)	조화(통일)	고정 작업장
	경고표지		운송부문
	물질안전보건자료		소비부문

(2) GHS 적용 시 고려사항[11)]

GHS 적용 시 고려해야할 주요점은 다음과 같다.

(가) GHS는 모든 유해위험성 화학물질에 적용된다. GHS의 유해성 정보 전달 요소(예 :경고표지, MSDS)의 적용 방법은 제품의 구분이나 제품주기의 단계에 따라 다를 수 있다. GHS의 표적 대상자에는 소비자, 근로자, 운송 근로자, 긴급대응자가 포함된다. 유통되는 모든 화학물질 및 화학제품은 작업장에서 제조되고(소비자 제품을 포함하여), 선적 및 운송되는 동안 근로자에게 취급되고, 또한 근로자에 의해 자주 사용되기 때문에, 특정 화학물질이나 제품이 GHS 적용 범위로부터 완전히 제외

10) 전게서, p.46.
11) 전게서, pp.46~47.

될 수는 없다.

(나) GHS에서는 유해성 평가를 위한 표준시험방법을 권고하거나 시험법에 관한 내용을 다루고 있지 않다. 국제적으로 인정된 과학적 원칙에 따라 실시된 유해성 평가 결과는 GHS에 의한 건강 및 환경 유해성 판정에 이용될 수 있다. 즉, 과학적으로 타당하고 유효성이 확인되며, 상호인정 가능한 데이터를 얻을 수 있는 시험법을 통해 얻어진 데이터를 GHS 분류에 사용할 수 있다. 예를 들면 건강 유해성의 판정 기준에 관한 OECD가 테스트 가이드라인, 의약품에 대한 세계보건기구(WHO)의 가이드라인, 인화성 및 폭발성과 같은 위험성 분류에 관한 UNCETDG의 물리화학적 위험성 시험기준 등에 의해 작성된 데이터는 GHS에서도 인정된다. 또한 통일된 분류기준은 기존 데이터에 근거하여 개발되었기 때문에, GHS는 현시점에서 이용 가능한 데이터에 근거하며, 이미 인정된 시험 데이터가 있는 화학물질에 대해 재시험을 할 필요는 없다.

[GHS 도입 시 참고한 기존 화학물질관리체계]

화학물질 관리 분야	인용 시스템
작업장, 소비자 및 살충제 분야	미국과 캐나다의 시스템
화학물질 및 제재의 분류 및 표지 분야	유럽연합지침
위험물 운송부분	UN권고

(다) 동물시험데이터, 시험관내(in vitro) 시험, 사람의 경험, 역학적 데이터 및 임상시험 자료도 GHS 적용에 있어서 고려되어야할 중요한 정보로 이용될 수 있다. 그러나 GHS에서는 유해성 분류 외에 위해도(risk)평가 절차나 위해도(risk)관리에 관한 사항(예를 들어 근로자에 대한 노출기준 설정 등)을 다루고 있지 않으며, 또한 각국의 화학물질 목록에 관한 사항도 다루지 않고 있다.

(라) GHS에서는 이전의 경고표지와는 다른 형태의 그림문자 등이 사용되므로 유해성 정보의 사용자에 대한 교육이 정보 전달에 있어 매우 중

요하다. GHS에서 경고표지 또는 MSDS 정보 해석과 화학물질의 유해성에 대응하는 적절한 조치 등에 관해서 대상자에 대한 적절한 교육과 훈련을 실시하여야 한다. 교육의 주된 대상자는 근로자, 긴급대응자 및 위해도 관리시스템의 일환으로서 표지, MSDS 및 유해성 정보 전달과 관련한 정책 입안에 관여하는 사람들도 포함된다. 교육은 근로자의 작업 또는 노출 상황에 따라 적절해야 한다. 유해 화학물질의 운송과 공급에 관련된 사람들도 취급 형태에 따라 바뀌는 시스템에 대한 교육이 필요하게 된다.

6.3 GHS의 새로운 위험물 관리체계[12)]

(1) 새로운 분류기준

2008년 1월 개정된「화학물질의 분류 · 표지 및 물질안전보건자료에 관한 기준」에 의하면 기존 16가지로 분류되던 화학물질의 유해 · 위험성은 물리적 위험성 16(42 세부 구분), 건강유해성 10(20 세부 구분), 환경유해성 1(3 세부 구분)로 유해위험성에 따른 분류 기준이 세분화되었다. 특히 혼합물의 분류에 있어서도 1% 규칙(예를 들면 고독성물질이 1% 이상인 물질은 고독성물질로 분류한다. 발암성 물질은 0.1% 규칙을 적용한다)만 적용되던 방식을 화학물질의 본질적인 유해위험성을 반영할 수 있도록 개선하였다.

(2) 경고표지

GHS에서의 경고표지는 새로운 형태의 그림문자를 사용하고, 신호어와 표준화된 유해위험 문구, 공급자 정보 등이 추가되었다. 노동부고시(2008. 1. 10)에 의한 경고표지의 기재 항목별 작성기준은 다음과 같다.

(가) 명칭 : 화학물질 또는 제품명을 기재하도록 되어 있으며 기재하는 명칭은 MSDS상의 제품명과 일치하여야 한다.

(나) 그림문자(pictogram) : 고시에 규정된 우선순위에 의하여 유해 · 위험의

---

12) 산업보건, 2008년도 5월호 p.40, GHS에 대한 이해 2, 양정선, 대한산업보건협회, www.kiha21.or.kr

내용을 나타내는 그림문자를 표시하도록 되어있으며, 4가지 이상의 유해 · 위험성 분류에 해당되는 경우 유해 · 위험의 우선순위별로 4가지의 그림문자만을 표시할 수 있다. 이전의 노란색 바탕의 직사각형에서 적색테두리의 정마름모꼴로 바뀌었다. 심벌은 만성 유해성을 나타내는 "건강유해성"이 새롭게 만들어졌으며, 고압가스를 나타내는 "가스실린더"가 추가되었다. 그림문자의 크기는 경고표지 면적의 1/20 이상으로 변경되어 크기가 반으로 줄어든 것처럼 보이지만 이는 그림문자가 직사각형에서 정 마름모꼴로 바뀐 것을 보정하기 위한 것으로 실질적으로는 이전과 같은 면적을 차지한다. 다만, 그림문자가 최대 4개까지 허용됨에 따라 그림문자가 4개일 경우에는 특별히 경고표지 면적의 1/40 이상으로 할 수 있도록 하여, 경고표지의 배치에 있어 균형을 유지할 수 있도록 하였다.

[GHS 도입에 따른 그림문자의 변화]

폭발성	인화성	유해성	발암성

↓

폭발성	인화성	유해성	발암성

(다) 신호어(signal word) : 유해 · 위험의 심각성 정도에 따라 "위험" 또는 "경고"의 해당 문구를 기재한다.

(라) 유해 · 위험 문구(hazard statement) : 화학물질의 분류에 따라 유해 · 위

험의 내용을 나타내는 해당문구를 기재한다.

(마) 예방조치 문구 : 화학물질 노출 또는 부적절한 저장·취급 등으로 인한 유해·위험을 방지하기 위하여 예방, 대응, 저장 및 폐기에 관한 주요 유의사항을 알리는 해당 문구를 모두 기재한다. 단, 4가지 이상의 유해·위험성 분류에 해당되는 경우에는 유해·위험의 우선순위 별로 4가지분류의 예방조치 문구만을 기재한다.

(바) 공급자 정보 : 화학물질 또는 제품의 제조자 또는 공급자의 이름, 주소 및 전화번호 등을 기재한다.

(3) **물질안전보건자료(MSDS)** : 본서 제3부의 "제10장 물질안전보건자료(MSDS)의 이해" 부분을 참조한다.

(4) GHS 적용 시 해상운송부분의 특이사항

운송부문에서는 육상부문과 달리 만성건강영향을 배제하고 급성건강영향과 물리화학적 위험성에 중점을 두고 있다. 이는 화학물질에 대한 노출의 형태가 동일물질을 반복적으로 접하게 되는 육상종사자와는 달리 해상운송종사자의 경우 단기적인 영향에 그칠 것임으로 만성영향보다는 급성영향을 고려한 당연한 결과라고 할 수 있다. 따라서 운송부문의 GHS에서는 위험물용기에 급성 독성, 물리화학적 위험성, 환경 유해성을 나타내는 그림문자가 기재된다. 다른 부문의 근로자와 마찬가지로, 운송 부문의 근로자도 정보전달에 관한 교육이 매우 중요하다. 신호어나 유해·위험 문구 등은 운송 부문에는 채용되지 않을 것으로 생각된다.

6.4 GHS의 위험물 표지 규정[13)]

(1) 위험물 운송 분야와 작업장/소비자 분야의 차이

화학물질의 분류와 표지를 위한 포괄적인 통일된 시스템을 추구하는 GHS

13) 그림의 출처, UN유럽경제위원회, http://www.unece.org/trans/danger/publi/ghs/ghsrev02/02files_e.html

는 위험물의 표시분야에서는 통일을 이루지 못하고 2가지 시스템으로 나누어진다. 그림에서 보듯 작업장/소비자 분야와 위험물 운송분야의 표지가 상이하여 다소 혼란스럽다. 다음 그림 중 윗부분은 작업장/소비자 분야의 통일된 그림문자로 우리나라의 경우 노동부(산업안전보건법), 환경부(유해화학물질관리법), 행정자치부(위험물안전관리법-소방법) 등에서 별개로 관리되던 그림문자가 통일되는 효과를 가져오게 된 것이다. 따라서 화학물질이 국내 유통되는 경우 단일의 그림문자로 화학물질의 위험성을 나타내어 안전과 관리에 많은 도움이 될 것으로 생각된다.

(2) 수출 화학물질의 표지

수출되는 화학물질의 경우 IMDG Code에 따라 그림문자(Mark, label, placard)를 포장용기와 화물운송장치에 붙여야 한다. 이때, IMDG Code에 따라 위험물의 위험성이 표시되는 경우 동일한 위험성을 나타내는 GHS 그림문자는 붙이지 않는다. 즉, 위 그림에서 제3급의 인화성액체를 해상운송하는 경우 하부의 불꽃그림라벨 만 포장용기에 붙여 인화성을 나타낸다.

EXPLOSIVES						
Unstable explosives	Division 1.1	Division 1.2	Division 1.3	Division 1.4	Division 1.5	Division 1.6
					No pictogram 1.5 on orange background	*No pictogram* 1.6 on orange background
Danger Unstable explosive	Danger Explosive; mass explosion hazard	Danger Explosive; severe projection hazard	Danger Explosive; fire, blast or projection hazard	Warning Fire or projection hazard	Danger May mass explode in fire	*No signal word* *No hazard statement*
No pictogram assigned in the *UN Model Regulations* (Transport not allowed)	1.1	1.2	1.3	1.4	1.5	1.6

FLAMMABLE LIQUIDS				
Category 1	Category 2	Category 3	Category 4	Note
 Danger Extremely flammable liquid and vapour	 Danger Highly flammable liquid and vapour	 Warning Flammable liquid and vapour	*No pictogram* Warning Combustible liquid	Under the *UN Recommendations on the Transport of Dangerous Goods, Model Regulations*, the symbol, number and border line may be shown in black instead of white. The background colour stays red in both cases.
			Not required under the *UN Recommendations on the Transport of Dangerous Goods Model Regulations*	

7 미국의 위험물 표지 규정

7.1 미국 위험물 표지규정과 IMDG Code 표지규정과 차이

(1) **미국규정과 IMDG Code의 관계**

IMDG Code와 미국의 위험물 규정 중 표지에 관한 관계는 CFR Title 49, 172.519(f)를 보면 확인할 수 있다. 위험물을 운송할 때는 화물운송장치에 대형라벨(placard)를 붙이게 되는데, 대형라벨은 미국규정에 따르는 것 이외에 다음의 대형라벨을 동등한 것으로 인정하고 있다.

(가) 국제민간항공기구(ICAO)의 기술지침(TI, Technical instructions)에 따른 대형라벨

(나) IMDG Code에 따른 대형라벨

(다) 캐나다의 위험물운송규칙에 따른 대형라벨

단. 산적포장용기(bulk packaging), 자동차(transport vehicle) 및 사람이 흡입 시 유독한 화물을 적재한 화물컨테이너는 미국규정에 따른 대형라벨을 붙이도록 하고 있다. 단서조항을 제외한다면 미국으로 위험물을 수출하는 경우

에도 IMDG Code에 따라 대형라벨을 붙인다고 해도 법적으로는 문제가 없다고 할 수 있다.

(2) IMDG Code와 **상이한 미국의 대형라벨**(placard)[14]

(가) 강도와 내구성

① 재질: 플라스틱, 금속 및 30일 간 기상에 노출되어도 변형이나 라벨의 기능에 현저한 감소가 발생하지 않는 동등의 기타 재질

② Tag board도 사용가능하다: 크기 610mm X 910mm, 무게 80kgs, Mullen Test 결과 414kPa(60 psi) 이상이어야 한다. Mullen test는 종이나 판지의 파열강도를 측정하는 시험으로 일반적인 종이보다는 포장재로 사용되는 판지의 강도측정에 사용한다.[15]

③ 대형라벨의 색, 강도 및 내구성을 손상시키지 않는다면 반사물질을 대형라벨에 이용할 수 있다.

(나) 크기

 	1) 크기: 273mm X 273mm 2) 안쪽선과 외곽의 폭: 12.7mm 3) 안쪽선과 외곽의 폭 사이에 문자를 입력 시 문자의 크기: 10포인트 이하 4) 급, 등급번호, 문자의 크기: 41mm 5) UN번호 입력 칸의 크기: 100mm × 215mm 6) UN번호(1993)의 크기: 88mm
 	1) 크기: 400mm X 160mm 2) 글자(1075) 크기: 100mm 3) 외곽 윤곽선의 굵기: 15mm 4) 크기 및 윤곽선의 오차: ±5mm 5) 품명, 급의 표기 시: 18포인트 이하

14) On line으로 미국의 CFR 조회, http://www.access.gpo.gov/nara/cfr/cfr-table-search.html#page1

15) http://printwiki.org/Mullen_Test

(다) 특수한 대형라벨

	1) 적색의 위/아래 삼각형 2) 중심부근 및 외곽선은 흰색 3) 2종 이상의 위험물을 동일 CTU에 적재 시 CTU 외부에 각각의 위험물에 해당하는 대형라벨을 붙이는 대신에 이 대형라벨을 붙일 수 있다.
  	1) 기차의 화차에 대형라벨을 붙일 때 조합 사용 2) 고속도로를 이용하여 허용량 이내로 방사능 물질을 운송하는 자동차에 붙임 3) 내·외 사각형 크기: 362mm / 387mm
 	1) 화물운송서류에 HOT, ELEVATED TEMPERATURE, MOLTEN으로 표시되고 산적포장용기로 운송되는 경우 이용
	1) 운송서류에 POISON(TOXIC), INHALATION HAZARD 표시가 있는 경우 이용

7.2 미국 향 위험물운송시 위험물 표지 관련 문제

(1) IMDG Code가 해상위험물운송에 있어서 범세계적인 표준으로 자리잡아가고 있는 가운데 위 7.1에서 살펴본바와 같이 미국의 경우, 특히 대형라벨(placard)과 관련하여 IMDG Code와 다소 상이한 표지를 사용하고 있다. IMDG Code 준용 규정이 CFR(code of federal regulation, 미연방법규)에 있음에도 불구 미국 자국의 Placard 규정과 상이하다는 이

유로 운송을 거부하는 경우가 있다. 특히 위험물을 2단적으로 철도 운송하는 경우 대형라벨의 위치가 문제가 되어 운송이 지체되는 경우를 실무에서 자주 경험하게 된다.

(2) 미국의 위험물철도운송과 대형라벨

미국은 다수의 민영철도회사가 위험물을 철도를 이용하여 운송하고 있는데 그 화차의 모양이 아래 그림에서 보듯이 한국의 경우와 상이하다. 이러한 기차를 “Deep well rail car”라고하며 2단적 컨테이너 중 1단 컨테이너는 기차에 실을 경우 깊은 홈으로 내려감으로 우리나라의 기차와 같은 고박장치를 체결할 필요가 없게 된다. 1단과 2단의 컨테이너를 고박할 때만 ‘Twist lock”과 같은 장비를 삽입하여 고박을 하면 된다. 따라서 1단적 컨테이너의 외면에 대형라벨을 붙일 때 밑에 붙이는 경우 위험물표시가 Deep Well 때문에 차단되어 보이지 않게 된다. Deep Well의 깊이는 대략 150cm 정도임으로 미국 향 컨테이너가 철도운송이 예상되는 경우 위험물 표지를 높이 할 필요가 있다.

[미국의 철도운송 – "Deep well Rail car"의 이용]

(3) 아래 그림은 한국의 한 회사의 미국대리점에서 한국의 본사에 요청한 내용으로 위험물 대형라벨을 붙여야하는 위치를 구체적으로 표시하고

있다. 즉 컨테이너 하단에서 189cm 높이에, 컨테이너의 양 끝단으로부터 158cm 떨어진 지점에 대형라벨(placard), UN번호 및 적정선적명(PSN)을 붙여줄 것을 요구하고 있다. 적정선적명 표기 시 글자의 크기를 두께 6mm, 높이 50mm로 해줄것을 요구하고 있다. IMDG Code에서는 적적선적명의 글자 크기에 대한 규정은 따로 없음으로 미국의 규정은 대비되는 내용이다.

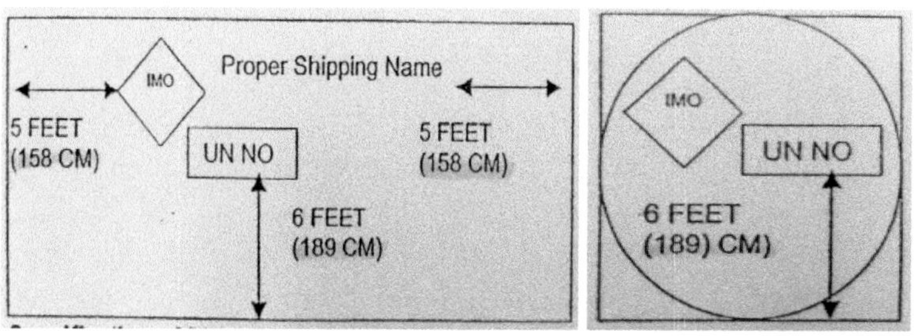

[미국 향 컨테이너에 요구되는 위험물표지의 부착위치]

제 8 장

위험물의 적재와 격리

1 위험물의 적재(Stowage)

1.1 컨테이너 전용선박의 구조와 위치 표시

(1) 선박의 구조

표준형 컨테이너 전용 선박의 선창(hatch) 구조는 선수에서 선미 방향으로 컨테이너를 길이 방향으로 적재하도록 격자형(cellularized)으로 구획되어 있는 BAY로 이루어져 있다. 선창 내를 HOLD라하며, 선창 덮개(hatch cover)위의 갑판에도 컨테이너를 적재하는데 이 곳을 DECK라 한다. HOLD 내에는 수직으로 지주대(cell guide)가 설치되어 컨테이너가 움직이지 않도록 옆모서리를 받쳐두게 되어 있으며, DECK에는 컨테이너를 수직으로 단단히 묶어 움직이지 않도록 하기 위해 특수 고박장치(stacking cone)가 있다.

(2) 컨테이너 위치의 표시(bay, row, tier)

HOLD 또는 DECK 상에 적재되는 컨테이너의 위치는 3차원적으로 표시된다. 이를 위해 BAY, SLOT(ROW), TIER라는 용어를 사용한다. 우선 선수에서 선미방향의 컨테이너 위치는 BAY로 나타낸다.

표준 방식으로 부여하는 BAY 순서는 선수부터 40′ 컨테이너를 적재하는 BAY에는 02, 06, 10, 14, 18, 22, 26, 30, 34, 38 순으로 하고, 20′ 컨테이너를 적재하는 곳은 01, 03, 05, 07, 09, 11, 13, 15, 17, 19, 21, 23, 25, 27, 29, 31, 33, 35, 37, 39로 한다. 따라서 번호순은 01, 02, 03, 05, 06, 07, 09, 10....이 된다. 01번 40′ 용 BAY가 20′ 컨테이너 2개를 적재할 수 있을 때는 01, 03으로 나누어서 번호를 부여한다.

HOLD와 DECK의 단면의 열을 ROW 혹은 SLOT라 하며, ROW 수가 홀수개일 때는 배의 중간을 00으로 하고, 우현(starboard)은 홀수 숫자로 나타내고 좌현(port side) 방향은 짝수 숫자로 나타낸다. ROW 수가 짝수개이면 중앙에서 우현으로 01, 03... 등의 홀수 번호를 부여하고, 좌현쪽으로는 02, 04···· 등의 짝수숫자로 표시한다.

HOLD내에 컨테이너가 쌓이는 각 층은 바닥에서부터 02, 04, 06, 08, 10, 12, 14...의 번호를 부여하고, DECK의 각 층은 바닥에서부터 82, 84, 86, 88... 순으로 번호를 부여하여 구분한다.

따라서 선내의 컨테이너 적재 위치는 BAY/ROW/TIER로 표시한다.

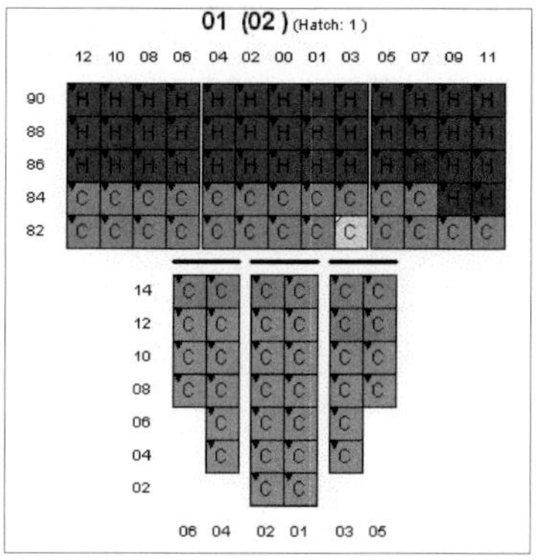

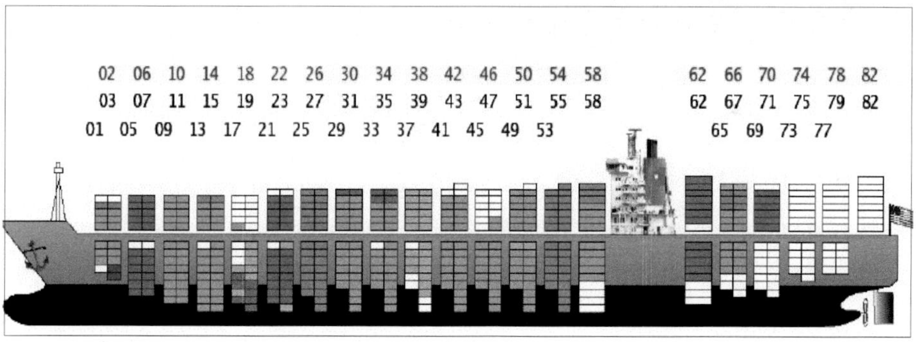

1.2 위험물의 적재관련 정의

(1) 선박의 구분

제1급을 제외한, 위험물의 적재규정 적용을 위하여 선박을 다음과 같이 화물선과 소형 여객선(cargo ship or passenger ship) 그리고 대형여객선(other passenger ship) 2그룹으로 나눈다.

선박의 종류	구분 (위험물 제2급~제9급에 적용)
화물선과 소형 여객선	여객선의 경우, 25명 이하 또는 전장 3m 당 1명으로 환산한 여객 수 중 많은 쪽의 수로 제한된 여객을 운송하는 여객선
대형여객선	상기 여객선의 제한 수보다 많은 여객을 운송하는 여객선

제1급 위험물의 적재규정 적용을 위하여 SOLAS 1974의 Chapter 1, Part A, Reg. 2의 정의에 따라 다음과 같이 선박을 2그룹으로 나눈다.

선박의 종류	구분 (위험물 제1급에 적용)
여객선	13인 이상의 여객을 운송하는 선박
화물선	여객선 이외의 선박

(2) **적재방법**(stowage category)**의 구분**

제1급을 제외한 위험물은 다음의 적재방법 중 IMDG Code의 위험물 목록(DGL) "16a"열에 명시된 방법에 따라 적재하여야 한다.

선박 \ 적재방법	A	B	C	D	E
화물선과 소형 여객선	갑판상부 또는 갑판하부	갑판상부 또는 갑판하부	갑판상부	갑판상부	갑판상부 또는 갑판하부
대형 여객선	갑판상부 또는 갑판하부	갑판상부	갑판상부	금지	금지

제1급 화물은 아래에 명시된 적재방법(stowage category) 중 하나에 따라 적재 한다.

적재방법	화물선 (승객 12인 이하)	여객선 (승객 13인 이상)
01	갑판상부 또는 갑판하부	갑판상부 또는 갑판하부
02	갑판상부 또는 갑판하부	갑판상부의 밀폐형 CTUs 또는 갑판하부의 밀폐형 CTUs
03	갑판상부 또는 갑판하부	갑판상부만의 밀폐형 CTUs
04	갑판상부 또는 갑판하부	금지
05	갑판상부의 밀폐형 CTUs 또는 갑판하부	갑판상부의 밀폐형 CTUs 또는 갑판하부

적재 방법	화물선 (승객 12인 이하)	여객선 (승객 13인 이상)
06	갑판상부의 밀폐형 CTUs 또는 갑판하부	갑판상부의 밀폐형 CTUs 또는 갑판하부의 밀폐형 CTUs
07	갑판상부의 밀폐형 CTUs 또는 갑판하부	갑판상부만의 밀폐형 CTUs
08	갑판상부의 밀폐형 CTUs 또는 갑판하부	금지
09	갑판상부의 밀폐형 CTUs또는 갑판하부의 밀폐형 CTUs	갑판상부의 밀폐형 CTUs또는 갑판하부의 밀폐형 CTUs
10	갑판상부의 밀폐형 CTUs또는 갑판하부의 밀폐형 CTUs	갑판상부만의 밀폐형 CTUs
11	갑판상부의 밀폐형 CTUs또는 갑판하부의 “C”형 화약고	갑판상부만의 밀폐형 CTUs
12	갑판상부의 밀폐형 CTUs또는 갑판하부의 “C”형 화약고	금지
13	갑판상부의 밀폐형 CTUs또는 갑판하부의 “A”형 화약고	갑판상부만의 밀폐형 CTU’s
14	갑판상부만의 밀폐형 CTUs	금지
15	갑판상부의 밀폐형 CTUs또는 갑판하부의 밀폐형 CTUs	금지

(3) 갑판상부 적재만 허용되는 경우

다음과 같은 경우 갑판상부 적재(on deck only) 만 허용된다.

(가) 위험물에 대한 계속적인 감시가 필요한 경우

(나) 접근 용이성이 특별히 요구되는 경우

(다) 폭발성 가스혼합물의 형성, 독성이 강한 증기의 발생, 눈에 보이지 않는 선박의 부식 등 중대한 위험이 초래되는 경우

(4) 갑판에 적재되는 화물의 보호정도의 구분

갑판 상 화물의 보호정도는 아래와 같이 3가지 경우로 구분된다.

(가) 비보호(on weather deck) : 노천갑판 상에 화물을 적재

(나) 차단(shaded from) : 화물이 천막(awning)으로 보호되는 정도

(다) 보호(protected from) : 화물이 비말하는 해수를 차단할 정도의 폐위된 차단막 정도

이를 그림을 통해 화물의 보호정도를 살펴보면 아래와 같다. 보호정도를 나타내고 있는 그림의 의미는 다음과 같다.

__________ : 수밀 기능의 보호, Watertight

-------- : 비말(飛沫) 차단 정도의 보호, Spray-proof

× : 적재 불허, No permitted

[비보호, on deck (on weather deck)]

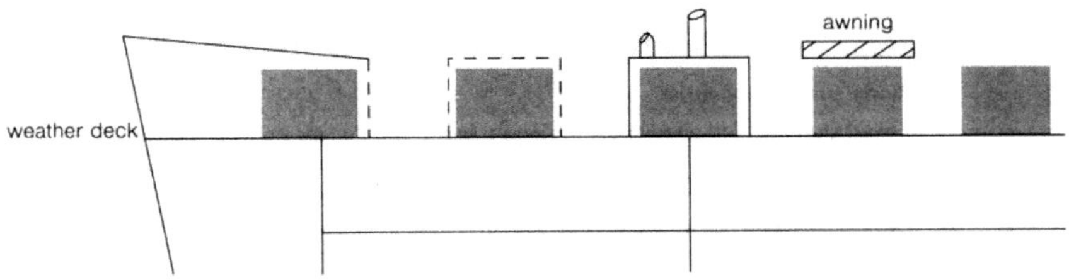

화물에 대한 어떠한 보호설비도 갖추어지지 않은 노천갑판에 적재하는 경우로 직사일광이나 파도가 일으키는 비말(飛沫)에 영향을 직접적으로 받는다. DGL “(16열a)”에 Stowage code 가 "SW11"에 해당하여 직사광선에서 보호될 수 있다는 내용에 따라서 갑판상부 적재에 적용되며, 대부분의 위험물이 담긴 화물운송장치가 이 경우에 해당한다.

[차단, on deck (shaded)]

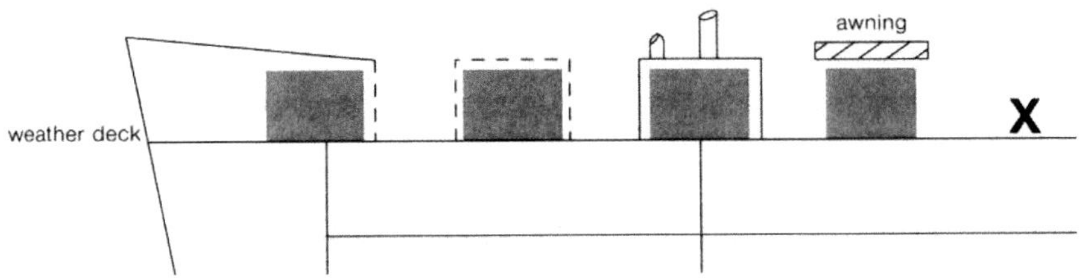

UN 2015, HYDROGEN PEROXIDE, STABILIZED와 UN 2218, ACRYLIC ACID, STABILIZED와 같이 열에 민감한 화물이 이 경우에 해당하며, 천막 등으로 화물의 일면이 보호되는 경우이다. ACRYLIC ACID, STABILIZED의 적재 및 격리규정을 보면, “Category C. Shaded from radiant heat. Clear of living quarters"로 되어 있다. 즉, ACRYLIC ACID, STABILIZED는 "Category C" 임으로 갑판 상부에만 적재하여야 하며, "Shaded from radiant heat" 임으로 갑판 상부 적재 시 수밀이나 비말(飛沫)이 차단되는 곳이나 최소한 천막을 설치하여 햇빛이나 인공적인 복사열을 차단하여야 한다.

[보호, on deck (protected)]

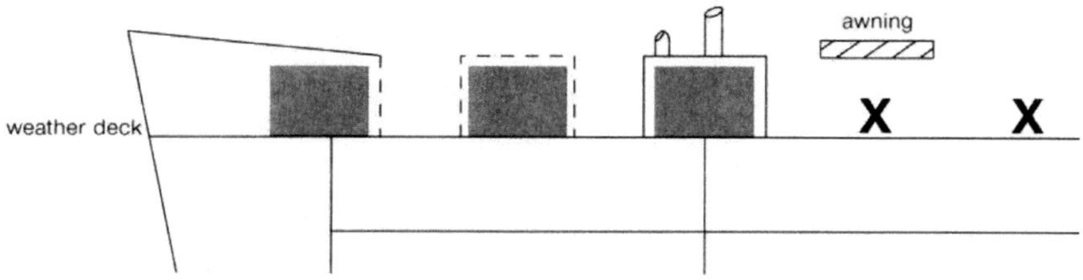

DGL의 "(16a)"열에 Stowage code "SW1"로 표시되어 있는 경우, 제1권 7.1.5 장의 규정에 따라서 열의 근원으로 부터 보호될 수 있는 위치에 컨테이너가 적재되어야만 한다.

(5) 화약고(magazine)

제1급 위험물에 대한 적·양하 과정 중 다른 화물의 영향에 의한 손상 그리고 운송 중 악천후에 기인 한 손상을 막아주고 비허가자의 접근을 막을 수 있는 밀폐형 화물운송장치를 말한다. 선박의 고정구획도 화약고가 될 수 있으며, 화약고는 제1급화물에 대한 일반적인 적재요건과 일치하는 선박의 어느 위치에도 위치할 수 있으나 접근성이 좋아야 한다.

(6) 화약고("A"형, "C형" 및 특별적재)

제1급 물질이나 제품을 갑판 하부에 적재 시 다양한 격납수준에 따르게 된다("혼적구분(compatability group) S" 물질은 제외). 격납수준은 해당 위험물 고유의 특성에 따라 달라진다. 격납수준은 "A", "C" 및 "special"로 구분되며, 의미는 다음과 같다.

(가) "A"형 화약고 적재 : 철강재(steelwork)와 격리하여야 하는 화약류에

적용된다. 화물운송장치와 선박 구획 내부의 벽면과 바닥을 목재로 마무리 하였다.

(나) "C"형 화약고 적재 : 혼적구분 G, L의 "SUBSTANCES, EXPLOSIVE, N.O.S. 물질 이외의 모든 물질과 혼적구분 A 물질로 밀폐형 화물운송장치(closed cargo transport unit)가 지정된 물질의 적재에 적용한다.

(다) "special" 적재 : 혼적구분 G 및 L에 해당하는 "SUBSTANCES, EXPLOSIVE, N.O.S." 물질과 혼적구분 G, H, L 및 특별한 위험성이 있는 혼적구분 K 제품의 적재에 적용한다.

(7) **밀폐형 화물운송장치**(closed cargo transport unit)

정형의 구조물로서 내용물을 충분히 보호할 수 있고 선박의 구조물에 고박할 수 있는 장치가 달린 운송장치를 말한다. 이것에는 밀폐형 화물컨테이너, 밀폐형 차량, 밀폐형 철도차량 또는 화약고(magazine)가 포함된다. 이 적재가 명시된 경우에는 갑판실(deck-house) 및 마스트 로커(mast locker)와 같은 작은 구획 내에 적재하는 것이 그 대안으로 허용 될 수 있다.

1.3 위험물의 적재규정 찾기

(1) 위험물목록표(DGL)의 16a항을 보면 위험물을 선박에 어떻게 적재하여야 할 것인가에 대한 지침이 아래 표와 같이 표기되어 있다. 16a항에 대한 구체적인 규정은 IMDG Code 제1권 7장에서 찾을 수 있다.

(2) 아래 표에서 UN 2015에 대한 "(16a)"열의 기재 내용(Category D. Shade from radiant heat. "Separated from" permanganates and class 4.1)을 적재 및 격리요건으로 구분해보면 다음과 같다.

(가) 적재요건(stowage): Category D. Shade from radiant heat.

(나) 격리요건(segregation): "Separated from" permanganates and class 4.1

UN No.	Proper Shipping Name (PSN)	Class or division	Subsidiary risk(s)	Packing group	Stowage and segregation
(1)	(2)	(3)	(4)	(5)	(16a)
2015	HYDROGEN PEROXIDE, STABILIZED or HYDROGEN PEROXIDE, AQUEOUS SOLUTION, STABILIZED with more than 60% hydrogen peroxide	5.1	8	I	Category D. Shaded from radiant heat. Separated from" permanganates and class 4.1.

1.4 일반적인 적재방법

(1) 갑판하부에 적재된 위험물이 유출되었을 때, 이를 제거하기 위하여 부주의하게 기관실로 통하는 펌프와 배관을 이용하지 않도록 주의한다.

(2) Drum은 항상 직립상태(upright position)로 적재한다.

(3) 주 위험성이 연기(smoke)와 독성 흄(toxic fumes)을 발생시켜 갑판상부 적재를 하여야 하는 일부 1급 제품의 경우를 제외하고, 갑판 상·하부 적재 모두 허용되는 위험물의 경우 갑판하부에 적재하는 것을 우선순위로 한다.

(4) 종이박스와 같이 습기에 약한 용기에 담긴 화물은 갑판하부에 적재한다. 만약, 갑판상부에 적재하는 경우 해수나 외부환경으로부터 항상 보호(protected from)되도록 조치를 한다.

(5) 위험물을 갑판상부에 적재 할 때는 소화전(hydrant), 측심관(sounding pipe) 등과 같은 부속물로부터 일정한 거리를 유지한다.

(6) 선박의 안전한 운항에 필요한 설비로 통하는 통로를 확보해야하는 점과 특수한 위험성으로 DGL이나 7장 적재규정에 특별히 언급되어 있는 위

험물은 적재 전에 항상 숙고하여야 한다.

(7) 세정되지 아니한 빈 용기(empty uncleaned receptacles)는 그 용기에 위험물이 채워진 상태에서 갑판상부에만 적재하도록 위험물목록에 적재 규정이 정해져 있다 하더라도, 갑판상부 또는 기계적으로 통풍이 되는 갑판하부에 적재할 수 있다. 단, "2.3급"의 독성가스가 들어있던 빈 실린더의 경우 갑판상부에만 적재한다.

(8) 제한된 양(limited quantity)의 위험물 적재는 적재구분 A(stowage category A)로 한다.

(9) 압력의 증가를 막고 분해 및 중합 방지가 필요한 화물의 경우, 복사열을 차단하고(shaded from radiant heat) 강한 햇빛으로부터 보호할(protection from) 수 있는 곳에 용기를 적재한다.

(10) DGL에서 복사열을 차단하고(shaded from radiant heat), 갑판하부 적재(under deck)를 하도록 되어있는 경우 열원으로부터 "away from (3m의 수평거리 유지)"을 적용하여 적재한다.

(11) 열원으로부터 보호가 요구되는 위험물이 있는 경우, 이때의 열원에는 스파크, 불꽃, Steam pipe, 가열된 coil, 가열된 연료와 화물탱크의 측벽 상부 및 기관구역의 격벽(bulkhead)이 포함된다. 기관구역의 격벽의 경우 "A-60 기준(SOLAS Chap. II-2, Reg. 3.2.3)" 또는 동등한 기준으로 단열되는 경우 열원으로 간주되지 않는다. 단, 1급 화약류의 경우, "A-60기준"에 따라 단열된다고 하여도 "away from(최소 3m의 수평거리 유지)"에 따라 적재하여야 한다.

(12) 이동식 탱크(portable tank)의 상부에 다른 화물운송장치(CTU)를 겹침 적재하여서는 안 된다. 단, 탱크가 겹침 적재용으로 특별히 설계되고,

특수하게 설계된 선박으로 운송되거나 주 관청의 승인이 있는 경우 허용된다.

1.5 거주구역과 화물의 적재

(1) DGL의 16a항에 "SW2(clear of living quarters)"로 표시되어 있는 물질은 용기에서 누출된 물질의 증기가 격벽을 관통하고 있는 출입구나 개구 또는 환기용 덕트(duct)를 통하여 거주구역, 기관실 및 기타 작업장에 유입될 수 있는 물질이다.
이러한 물질을 구체적으로 들어보면 아래와 같다.
(가) 휘발성 독성물질
(나) 휘발성이 있는 부식성물질
(다) 습한 공기 중에서 독성 또는 부식성 증기를 발생시키는 물질
(라) 강한 마취성의 증기를 발생시키는 물질
(마) 2급의 인화성, 독성 및 부식성 가스

(2) 모든 6.2급의 전염성물질은 거주구역과 "separated by a complete compartment or hold from" 요건으로 격리하여 적재한다. 즉 구획 또는 1 화물창으로 격리 적재한다.

1.6 해양오염물질의 적재

(1) 해양오염물질과 관련한 사고가 발생 시 해양환경에 심각한 해를 끼칠 수 있음을 감안하여 선박과 승선 중인 인명의 안전을 저하시키지 않는 범위에서 해양오염물질의 위험성을 낮추기 위하여 적절하게 적재, 고박하여야 한다.

(2) 갑판 상·하부 적재가 허용된 경우 하부적재를 우선으로 한다. 갑판 상

부적재만 허용되는 경우 잘 보호되는 갑판위에 적재하거나 노천갑판의 보호구역 안에 적재한다.

1.7 위험물 적재 시 음식물에 대한 고려

(1) "제6.1급"의 독성물질 중 포장등급 I와 II에 해당하는 물질과 "제2.3급"의 독성가스를 적재 할 때는 "separated from"으로 격리한다. 서로 다른 CTU 안에 위험물과 음식물이 담겨있는 경우, CTU 간에는 격리를 하지 않아도 된다.

(2) 모든 6.2급의 전염성물질은 음식물과 "separated by a complete compartment or hold from" 요건으로 격리하여 적재한다.

(3) 제7급 방사성 물질과는 "separated from"으로 격리한다.

(4) 8급 부식성 물질과 포장등급 III(Packing group III)의 6.1급 독성물질은 음식물과 "away from"으로 격리하여 적재한다.

1.8 "제1급" 화물의 적재방법

(1) **"A형" 화약고 적재** (magazine stowage type "A")

화물운송장치(CTU)와 선박구획의 천정은 녹이 없어야 한다. 적재 시 적재된 화약류 상부와 CTU의 천정 그리고 구획의 천정과의 거리는 최소 300mm 이상을 유지하여 한다. 이는 포장화물에서 누출된 내용물과 화약고, CTU 및 구획의 벽면과의 마찰에 따른 위험을 예방하는 안전공간(stowage guard) 기능을 수행한다. "A"형 화약고적재로 지정되는 제1급 물질의 포장용기는 철 또는 알루미늄 합금으로 되어있는 부분과 접촉되는 것을 최소화하여야 한다.

(2) **"C형" 화약고 적재**(magazine stowage type "C")

선박의 중심선에 인접한 위치에 위치하고 있는 밀폐형 화물운송장치를 의미하며, 화물운송장치는 선박의 측면으로부터 선폭의 1/8에 해당하는 거리와 2.4m 중 더 짧은 거리보다 선박의 측면에 인접해서는 안 된다.

(3) **특별적재**("special" stowage)

(가) 특별적재에 해당하는 제1급 물질은 가능한 거주구역과 작업장으로부터 원거리에 적재되어야 하고, 겹침적재가 금지된다. 밀폐형 화물운송장치는 선박의 측면으로부터 선폭의 1/8에 해당하는 거리와 2.4m 중 더 짧은 거리보다 선박의 측면에 인접해서는 안 된다.

(나) 주 위험성이 화재 인 일부제품과 누출 시 짙은 연기, 최루작용(tear-producing) 또는 독성가스를 수반하는 제품(혼적구분 G, H 또는 K) 그리고 특별한 위험성을 나타내는 물질이나 제품(혼적구분 L) 등에 특별적재가 적용된다.

(다) 혼적구분 G 또는 H에 해당하는 위험물은 강제 화약고를 이용하여 운송할 수 있다. 누출방지형 강제 CTU가 이러한 화약고로 이용될 수 있다.

(라) 하나의 혼적구분이 정해진 위험물은 단일 구획에 적재한다. 한 구획을 이용할 수 없는 경우, 주무 관청은 별개의 강제 화약고를 이용한다는 조건으로 혼적구분 G와 H의 위험물을 최소 3m 이상의 거리를 두고 함께 적재할 수 있다.

(마) 혼적구분 K또는 L인 위험물은 강제 화약고에 적재 운송하여야 한다.

(4) 적재구분 "09"와 "10"에 속하는 제1급 위험물의 갑판하부 적재 시 다음을 고려한다.

(가) 동일 구획이나 화물창에 쉽게 인화되는 타 화물을 함께 적재하지 말 것

(나) 화물창으로 직통하는 통로가 확보되도록 제1급 이외의 위험물을 제1급 위험물 위에 겹침적재하지 말 것

(다) 제1급 위험물을 포함한 모든 위험물은 CTU, 구획 및 화물창에 적재 시 화물이 움직이지 않도록 한다. 하나의 갑판 전부가 화약고로 이용되는 경우, 이 갑판 상의 위험물이 같은 화물창의 위 또는 아래의 여타 갑판 상에 있는 화물보다 먼저 양하가 될 수 있도록 적재계획을 세운다.

(5) 등급 1.4의 화물을 제외한 제1급 화물은 가장 바깥쪽 열(the outermost row)에 적재하는 것을 피한다.

(6) **열원의 제거** : 제1급의 화물은 가능한 서늘한 곳에 적재하고, 모든 열원으로부터 분리적재("away from")가 되도록 적재한다. 구획은 깨끗하여야하고, 밀이나 석탄먼지와 같은 다른 화물에서 유래된 먼지를 제거하여 발화위험이 발생하지 않도록 주의한다.

(7) **습기** : 제1급 화물이 적재되는 갑판하부는 건조하여야 한다. 선적 중 포장화물 안의 내용물이 물에 젖은 경우, 즉시 화주에게 조언을 구하고, 조언을 얻기 전 해당화물의 취급을 중단하여야 한다.

1.9 "2급" 화물의 적재

(1) 열원으로부터 떨어지게(away from) 적재하여야 한다.

(2) 갑판상부 철판과 바로 접하게 적재하여서는 안 되며, 갑판상부 적재 시에는 태양열로부터 보호되어야 하고, 갑판 하부 적재 시에는 기계적인 환기장치가 있는 선창에 적재하여야 한다.

(3) 액화가스를 운반할 경우에는 압력배출장치에 액이 닿지 않도록 적재하여야 한다. 가스는 일반적으로 공기보다 무겁기 때문에 유출 시 선박의

다른 부분으로 흘러들어가서 누적될 수 있으므로 인화성, 독성 및 질식성 가스를 운송할 때는 각별한 주의가 필요하다

1.10 3급" 화물의 적재

(1) 3급 화물의 모든 증기는 마취 효과를 가지고 있으며 오랫동안 흡입 시 의식불명 또는 사망할 수 있다.

(2) 밀폐형 화물운송장치에 수납하지 않은 인화점이 23℃ 미만인 3급 화물이 충전된 플라스틱(plastics) 용기는 갑판상부에 적재하여야 한다.

(3) 운송 중 가능한 서늘하게 유지되어야 하고 열원으로부터 떨어지게 적재하여야 한다.

(4) 인화성 증기를 배출할 수 있는 환기구가 있어야 한다.

(5) 유출된 화물이 다른 곳으로 흘러들지 않도록 각별한 주의가 필요하다.

(6) IMDG Code에서 요구 시 거주구역으로부터 멀리 떨어져서 적재

1.11 4급" 화물의 적재

(1) 가능한 한 서늘한 상태를 유지하여 운송하여야 하며 열원으로부터 떨어지게 적재하여야 한다.

(2) 갑판하부에 적재한 화물이 화재에 휘말릴 위험성이 있다고 판단 시 화물을 바다에 버릴 필요성이 있다는 것을 고려하여 적재하여야 한다.

(3) 자기 반응성 물질이나 둔감화 된 화약류일 경우 복사열이나 직사광선으로부터 보호되어져야 한다.

(4) 증기나 먼지를 쉽게 방출하여 공기와 혼합 시 폭발성 혼합물을 형성할 수 있는 물질들은 환기가 잘 되는 곳에 적재하여야 한다.

1.12 "5급" 화물의 적재

(1) **"5.1급" 화물의 적재**

(가) 선적 전 화물창 내의 모든 가연성 물질을 제거하여야 한다.

(나) 실행 가능한 한 비가연성 고박자재와 최소한 청결하고 건조된 목재깔개(dunnage)를 사용해야 한다.

(다) 화물을 하역 후에는 선창이 오염되었는지를 점검하고 특히, 음식물을 선적하기 전에는 깨끗이 청소하여야 한다.

(2) **"5.2급" 화물의 적재**

(가) 화물선의 갑판상부에만 적재(적재구분 D)해야 한다.

(나) 거주구역 및 거주구역으로 통하는 통로와는 "분리적재"로 적재

(다) 열원으로부터 "분리적재"로 적재하고, 직사광선으로부터 보호되어져야하며 환기가 잘되는 서늘한 장소에 적재한다.

(라) 비상시 바다로 버릴 수 있는 장소를 고려하여 적재한다.

1.13 "7급" 화물의 적재

(1) **"6.1급" 화물의 적재**

(가) 화물 하역 후에는 오염여부를 점검하여 다른 화물을 선적하기 전에 깨끗이 청소하여야 하며, 특히 음식물 선적 시에 각별한 주의가 필요하다.

(나) 포장등급(Packing group)이 I 또는 II인 독물은 음식물로부터 "격리적재"(Separated from)로 적재하여야함

(다) 포장등급이 III인 독물은 음식물로부터 "분리적재"(away from)로 적재

(라) 음식물과 독성물질이 다른 밀폐형 화물운송장치에 따로 수납 시에는 격리규정 미적용

(2) "6.2급" **화물의 적재**

(가) 거주구역으로부터, 그리고

(나) 음식물로터 "1구획 또는 1화물창 분리적재"(Separated by a complete compartment or hold from)

1.14 8급" 화물의 적재

(1) 가능한 건조된 장소에 적재하여야 한다.

(2) 대부분의 플라스틱 용기는 높은 온도에서 강도(저항력)가 감소되므로 가능한 서늘하게 유지해 주어야 한다.

1.15 9급" 화물의 적재

(1) AMMONIUM NITRATE BASED FERTILIZER, UN 2071 적재 시 주의사항

(가) 예상치 못한 날씨로 인하여 분해가 일어나도 선체구조물에 즉각적인 위험은 없다.

(나) 하지만, 화물이 분해 후 절반가량으로 줄어 들 수 있으며, 이로 인하여 배의 안전성(복원력)을 위협할 수 있다는 것을 선적 전에 고려하여야 한다.

(다) 기관실 등 열을 가진 격벽(bulkhead)과 직접 접하는 곳에 선적을 피하거나 선적 시에는 나무판으로 막아 격벽과 화물사이의 공간에 공기가 통하도록 해 주어야 한다. 그러나 단거리 항해인 경우는 예외로 한다.

(라) 연기감지장치가 설치되어있지 않은 화물창에 적재 시에는 4시간을 초과하지 않는 시간간격으로 화물의 분해가 일어나는지 점검하여야 한다.

2 위험물의 격리(Segregation)

2.1 격리의 의미

두 가지 물질 또는 제품을 함께 적재하여 누출(leakage)이나 유출(spillage) 또는 기타 사고(any other accident) 발생 시 위험성을 증가시키는 경우, 이러한 물질(substance)이나 제품(article)을 "혼적불가(incompatible)화물"이라고 한다. 이러한 혼적불가화물 간에 일정한 거리(distance)를 유지하거나 한 개 이상의 강제 격벽(steel bulkhead)이나 갑판(deck)으로 차단하는 것 또는 이 두 가지 방법을 동시에 사용하여 혼적불가화물을 상호 차단하여 선적에 따른 위험성 증가를 막는 일이다.

2.2 격리의 일반적 원칙

(1) 품명이 다른 위험물은 서로 격리한다.

(2) 격리규정은 선종에 상관없이 모든 선박의 갑판상부 또는 갑판하부의 화물공간과 화물운송장치(CTU)에 적용된다.

(3) 격리요건을 결정할 때는 해당 위험물에 대한 가장 엄격한 격리요건을 기준으로 하고, 특별요건이 일반요건에 우선한다.

(4) 격리요건을 결정할 때는 IMDG Code에 서술되어 있는 3가지 요건을 고려하여 결정한다. 3가지 요건은 아래와 같으며, (가), (나), (다)의 순서로 결정한다. 즉 (가)가 최우선한다.
(가) DGL의 격리 및 적재에 관한 특별요건(DGL의 16b열)
(나) 각 급별 위험물의 격리에 대한 특별요건
(다) 격리에 관한 일반규정(격리표)

(5) 가연성 재료와 격리하도록 요구되는 경우, 포장재 또는 화물깔개(dunnage)는 가연성 재료에 포함되지 아니하는 것으로 이해하여야 한다.

(6) 한 가지의 부위험성을 갖는 위험물은 주위험성과 부위험성이 갖는 격리요건 중 더욱 엄격한 격리요건을 적용한다.

(7) 제1급 화약류를 제외하고 2가지 이상의 부위험성을 갖는 위험물은 반드시 DGL 16b열에 특별요건이 주어진다.

(8) 동일 물질로 구성되어 있으나 단지 물 함유량에 따라 다른 등급으로 분류된 위험물간에는 격리가 불필요하다. 예로서 'SODIUM SULPHIDE'가 있다. 이 물질, 황화나트륨은 물 함유량에 따라 IMDG Code에서 두 개의 UN번호가 급을 달리하며 부여되어 있다. 즉,
(가) UN 1385, Class 4.2, SODIUM SULPHIDE, ANHYDROUS or SODIUM SULPHIDE with less than 30% water of crystallization
(나) UN 1849, Class 8, SODIUM SULPHIDE, HYDRATED with not less than 30% water
단순히 격리표에 따르면 두 물질간의 격리는 4.2급과 8급에 해당하는

"1 - away from"이지만, 물 함유량에 따라 급과 UN번호가 달라진 경우임으로 격리할 필요 없이 혼적이 가능하다.

(9) 동일한 급의 물질들은 부 위험성에 의해 요구되는 격리요건 및 2가지 이상의 부 위험성을 갖는 물질에 대한 DGL의 특별요건에 관계없이 함께 적재할 수 있다. 단, 다음과 같은 위험한 반응이 없는 것을 전제조건으로 한다.

(가) 연소 또는 상당한 열의 발생

(나) 인화성, 독성 또는 질식성 가스의 방출

(다) 부식성 물질의 형성

(라) 불안정한 물질의 형성

(10) 부 위험성이 1급인 물질의 격리요건을 결정할 때는 "class 1, division 1.3"으로 간주하여 결정한다.

2.3 포장 위험물 상호간의 격리

(1) 포장 위험물 상호 격리표

다음의 표에는 각 급의 위험물 상호간의 격리에 대한 일반요건이 표시되어 있다. 그러나 각 급에 해당하는 물질 또는 제품의 성질은 크게 다를 수 있기 때문에, 격리에 대한 개별요건에 관하여는 항상 위험물 목록을 참조하여야 하며 이 개별요건은 일반요건에 우선한다. 격리는 하나의 부위험성 라벨에 대하여도 고려되어야 한다.

CLASS	1.1 1.2 1.5	1.3 1.6	1.4	2.1	2.2	2.3	3	4.1	4.2	4.3	5.1	5.2	6.1	6.2	7	8	9
Explosives 1.1, 1.2, 1.5	*	*	*	4	2	2	4	4	4	4	4	4	2	4	2	4	X
Explosives 1.3, 1.6	*	*	*	4	2	2	4	3	3	4	4	4	2	4	2	2	X
Explosives 1.4	*	*	*	2	1	1	2	2	2	2	2	2	X	4	2	2	X
Flammable gases 2.1	4	4	2	X	X	X	2	1	2	X	2	2	X	4	2	1	X
Non-toxic, non-flammable gases 2.2	2	2	1	X	X	X	1	X	1	X	X	1	X	2	1	X	X
Toxic gases 2.3	2	2	1	X	X	X	2	X	2	X	X	2	X	2	1	X	X
Flammable liquids 3	4	4	2	2	1	2	X	X	2	1	2	2	X	3	2	X	X
Flammable solids (including self-reactive and related substances and desensitized explosives) 4.1	4	3	2	1	X	X	X	X	1	X	1	2	X	3	2	1	X
Substances liable to spontaneous combustion 4.2	4	3	2	2	1	2	2	1	X	1	2	2	1	3	2	1	X
Substances which, in contact with water, emit flammable gases 4.3	4	4	2	X	X	X	1	X	1	X	2	2	X	2	2	1	X
Oxidizing substances (agents) 5.1	4	4	2	2	X	X	2	1	2	2	X	2	1	3	1	2	X
Organic peroxides 5.2	4	4	2	2	1	2	2	2	2	2	2	X	1	3	2	2	X
Toxic substances 6.1	2	2	X	X	X	X	X	X	1	X	1	1	X	1	X	X	X
Infectious substances 6.2	4	4	4	4	2	2	3	3	3	2	3	3	1	X	3	3	X
Radioactive materials 7	2	2	2	2	1	1	2	2	2	2	1	2	X	3	X	2	X
Corrosives 8	4	2	2	1	X	X	X	1	1	1	2	2	X	3	2	X	X
Miscellaneous dangerous substances and articles 9	X	X	X	X	X	X	X	X	X	X	X	X	X	X	X	X	X

1 – "Away from"
2 – "Separated from"
3 – "Separated by a complete compartment or hold from"
4 – "Separated longitudinally by an intervening complete compartment or hold from"
X – 격리 불필요. DGL의 (16b)열에 표시되는 경우만 격리.
* – IMDG Code, 7.2.7.1. 항 참조

(2) 격리표에서 1, 2, 3, 4의 의미

위치 격리	1	2	3	4
갑판 상부 적재	수평거리로 3m 이상 떨어지게 적재	수평거리로 6m 이상 떨어지게 적재	수평거리로 12m 이상 떨어지게 적재	수평거리로 24m 이상 떨어지게 적재
갑판 하부 적재	동일 화물창 또는 구획에 적재가능. 단, 수평거리로 3m 이상 떨어지게 적재	별도의 화물창 또는 구획에 적재	1화물창 이상 또는 1구획 이상 떨어지게 적재	선수미 방향으로 1화물창 이상 또는 1구획 이상 떨어지게 적재

2.4 컨테이너선에서의 화물운송장치 간 상호격리

(1) 위험물이 적재되는 선박의 종류에 따라 화물운송장치(CTU) 상호간의 격리표는 다음과 같이 구분된다.

(가) 무햇치 컨테이너선(hatchless container ship) 용 격리표

(나) Roll-on/roll-off ship 용 격리표

(다) Barge 선 내 위험물 간 / 위험물이 실린 Barge 선 간의 격리표

(라) 컨테이너 전용선이나 컨테이너 운송을 위한 상설장치가 설치되어 있는 기타 선박용 격리표

대부분의 컨테이너가 컨테이너전용선이나 SEMI-컨테이너선을 통하여 운송되는 점을 감안하여 본서에서는 컨테이너 운송을 위한 상설장치가 있는 기타 선박용 격리표에 대해서만 논하기로 한다.

(2) **Hatchless형 선박**(open top container ship) : 일반적인 컨테이너 선박은 Hold와 Deck가 구분이 되어 있으나 일부 선박의 경우 지주대(cell guide)가 선저에서 갑판까지 일체화된 구조를 가지고 있으며 이러한 선박을 Hatchless형 선박이라고 한다.[1][2]

『Break bulk ship』

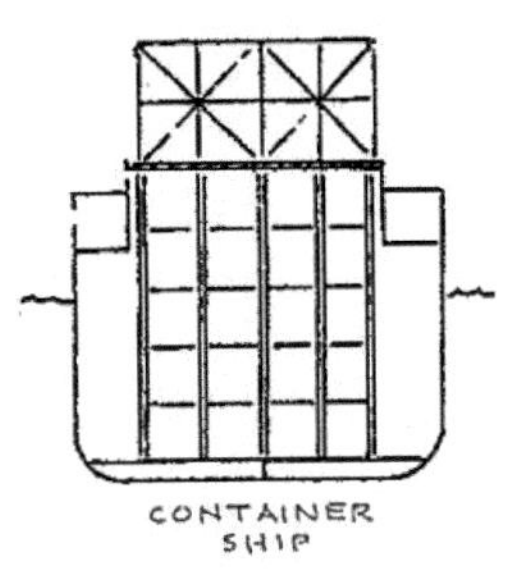

『Container ship』

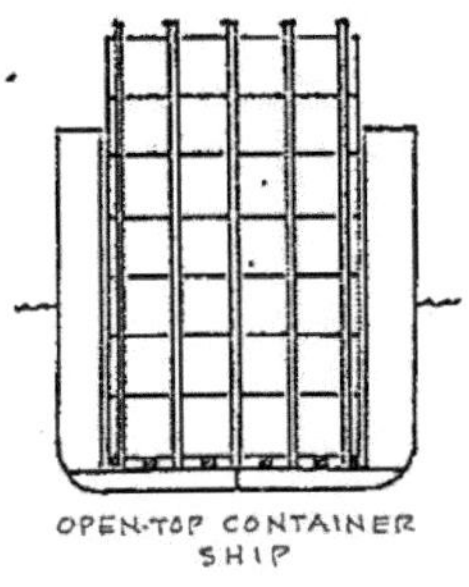

『Hatchless container ship』

1) 효율적인 컨테이너 터미널 계획 및 운영을 위한 모형개발, 건설교통부, 1997.10 www.kicttep.re.kr/ct/techusefile/01-2004-000018/html/OTMCRP500108.XML#body_014

2) 그림의 출처, 미국해상보험업협회, www.aimu.org/opentopcontainers.html

(3) 위험물의 성질에 따라 일반적인 격리표에 부가하여 달리 적용되는 격리표는 다음과 같다.

(가) 포장위험물과 화학적 유해성이 있는 산적화물 간의 격리표

(나) 1급 화약류 간의 격리표

(다) 4.1급 위험물과 5.2급 위험물의 격리요건

(라) 7.2.8에서 세부 규정하고 있는 화물의 특성에 따른 세부 격리코드 (SG1부터 SG78)

(4) 다음 표는 IMDG Code 제1권 7.4.3.3에 있는 격리표로서 컨테이너 전용선이나 컨테이너 운송을 위한 상설장치가 설치되어 있는 기타 선박의 갑판상부, 갑판하부 및 일정 구획에 적재되어 운송되는 화물운송장치(CTU) 상호간의 격리에 대하여 적용한다.

[컨테이너선의 화물컨테이너 간 격리표]

<table>
<tr><th rowspan="3">SEGREGATION REQUIREMENT</th><th colspan="3">VERTICAL</th><th colspan="7">HORIZONTAL</th></tr>
<tr><th rowspan="2">CLOSED VERSUS CLOSED</th><th rowspan="2">CLOSED VERSUS OPEN</th><th rowspan="2">OPEN VERSUS OPEN</th><th rowspan="2"></th><th colspan="2">CLOSED VERSUS CLOSED</th><th colspan="2">CLOSED VERSUS OPEN</th><th colspan="2">OPEN VERSUS OPEN</th></tr>
<tr><th>ON DECK</th><th>UNDER DECK</th><th>ON DECK</th><th>UNDER DECK</th><th>ON DECK</th><th>UNDER DECK</th></tr>
<tr><td rowspan="2">"AWAY FROM"
.1</td><td rowspan="2">ONE ON TOP OF THE OTHER PERMITTED</td><td rowspan="2">OPEN ON TOP OF CLOSED PERMITTED
OTHERWISE AS FOR "OPEN VERSUS OPEN"</td><td rowspan="6">NOT IN THE SAME VERTICAL LINE UNLESS SEGREGATED BY A DECK</td><td>FORE AND AFT</td><td>NO RESTRICTION</td><td>NO RESTRICTION</td><td>NO RESTRICTION</td><td>NO RESTRICTION</td><td>ONE CONTAINER SPACE</td><td>ONE CONTAINER SPACE OR ONE BULKHEAD</td></tr>
<tr><td>ATHWART-SHIPS</td><td>NO RESTRICTION</td><td>NO RESTRICTION</td><td>NO RESTRICTION</td><td>NO RESTRICTION</td><td>ONE CONTAINER SPACE</td><td>ONE CONTAINER SPACE</td></tr>
<tr><td rowspan="2">"SEPARATED FROM"
.2</td><td rowspan="4">NOT IN THE SAME VERTICAL LINE UNLESS SEGREGATED BY A DECK</td><td rowspan="4">AS FOR "OPEN VERSUS OPEN"</td><td>FORE AND AFT</td><td>ONE CONTAINER SPACE</td><td>ONE CONTAINER SPACE OR ONE BULKHEAD</td><td>ONE CONTAINER SPACE</td><td>ONE CONTAINER SPACE OR ONE BULKHEAD</td><td>ONE CONTAINER SPACE</td><td>ONE BULKHEAD</td></tr>
<tr><td>ATHWART-SHIPS</td><td>ONE CONTAINER SPACE</td><td>ONE CONTAINER SPACE</td><td>ONE CONTAINER SPACE</td><td>TWO CONTAINER SPACES</td><td>TWO CONTAINER SPACES</td><td>ONE BULKHEAD</td></tr>
<tr><td rowspan="2">"SEPARATED BY A COMPLETE COMPARTMENT OR HOLD FROM"
.3</td><td>FORE AND AFT</td><td>ONE CONTAINER SPACE</td><td>ONE BULKHEAD</td><td>ONE CONTAINER SPACE</td><td>ONE BULKHEAD</td><td>TWO CONTAINER SPACES</td><td>TWO BULKHEADS</td></tr>
<tr><td>ATHWART-SHIPS</td><td>TWO CONTAINER SPACES</td><td>ONE BULKHEAD</td><td>TWO CONTAINER SPACES</td><td>ONE BULKHEAD</td><td>THREE CONTAINER SPACES</td><td>TWO BULKHEADS</td></tr>
<tr><td rowspan="2">"SEPARATED LONGITUDINALLY BY AN INTERVENING COMPLETE COMPARTMENT OR HOLD FROM"
.4</td><td colspan="3" rowspan="2">PROHIBITED</td><td>FORE AND AFT</td><td>MINIMUM HORIZONTAL DISTANCE OF 24 M</td><td>ONE BULKHEAD AND MINIMUM HORIZONTAL DISTANCE OF 24 M*</td><td>MINIMUM HORIZONTAL DISTANCE OF 24 M</td><td>TWO BULKHEADS</td><td>MINIMUM HORIZONTAL DISTANCE OF 24 M</td><td>TWO BULKHEADS</td></tr>
<tr><td>ATHWART-SHIPS</td><td>PROHIBITED</td><td>PROHIBITED</td><td>PROHIBITED</td><td>PROHIBITED</td><td>PROHIBITED</td><td>PROHIBITED</td></tr>
</table>

* : 차단격벽으로부터 컨테이너를 6미터 이상 띄울 것

주1 : 모든 격벽 및 갑판은 방화·방수구조일 것

(5) 위 표에서는 화물운송장치(CTU)를 개방형과 밀폐형으로 구분하고 있으며, 밀폐형 CTU(Closed cargo transport unit)란 내용물을 상설구조물로 완전히 포위할 수 있는 장치를 말한다. 이에 반하여 개방형 CTU란 컨테이너 육면 중 측면이나 상부 등 어느 1면 이상이 직물로 되어있거나 개방되어 있는 화물운송장치를 의미한다.

(6) 도해에 사용된 격리용어의 정의

(가) 기준화물운송장치(CTU) --------------------

(나) 혼적불가화물이 수납된 CTU 비 허용구역 -----------

(다) 혼적불가화물이 수납된 CTU 허용구역--------------

(라) 정횡 방향 거리 (a) 1컨테이너 공간-------------

(b) 2컨테이너 공간--------

(c) 3컨테이너 공간-----

(마) 선수미 방향 거리 (a) 1컨테이너 공간------

(b) 2컨테이너 공간---

주: 모든 격벽 및 갑판은 방화·방수 구조여야 함

[선수미 방향과 정횡 방향이 1 컨테이너 공간인 상태]

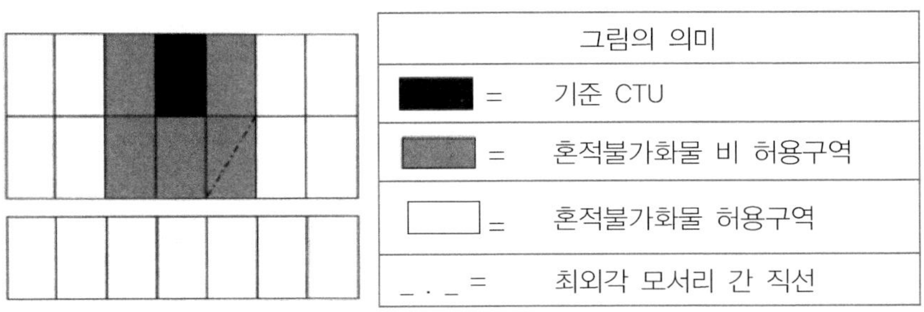

위 그림의 이해를 돕기 위하여 "혼적불가화물"이 적재 가능한 구역과 금지되는 구역이 설정되는 과정을 순차적으로 살펴보면 다음과 같다.

① 기준컨테이너를 정한다.(검은색의 공간)

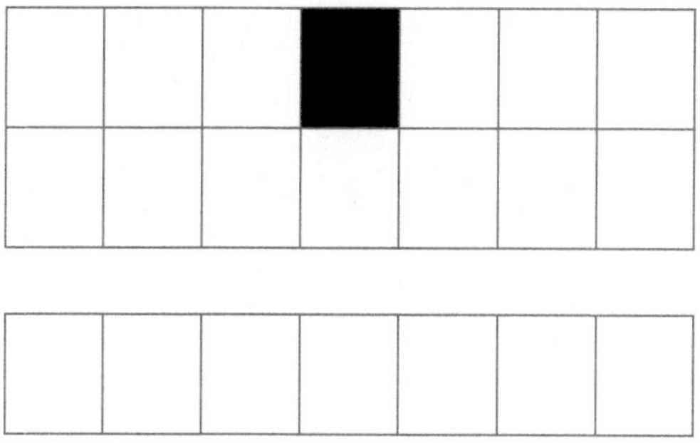

② 기준컨테이너를 중심으로 선수미 방향과 정횡 방향에 "혼적불가화물"의 적재가 금지 된 1컨테이너 공간을 정한다.(회색의 공간)

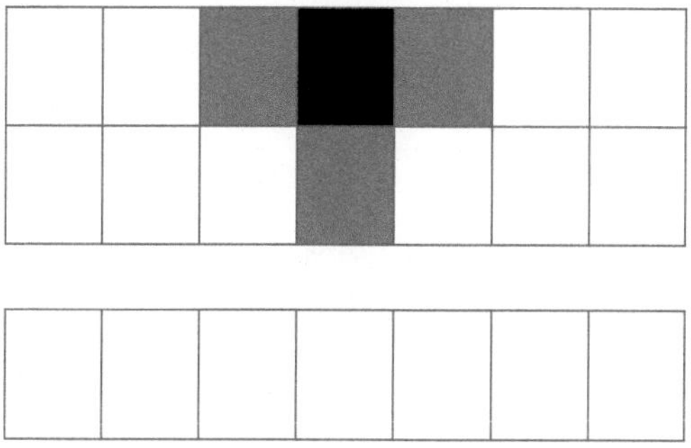

③ "혼적불가화물"의 적재가 금지 된 공간의 최외각 모서리와 최외각 모서리 사이에 직선을 긋는다.

(______ · _____ · _____)

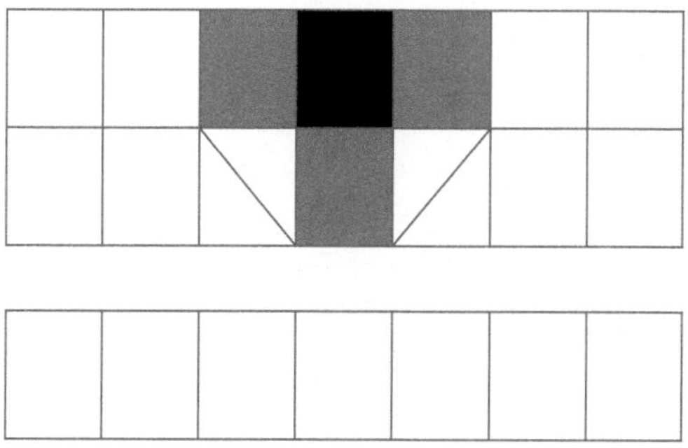

④ 직선(___ · ___ · ___)과 전체 또는 부분적으로 접촉되는 공간을 "혼적불가화물" 적재 금지구역으로 추가 설정한다.

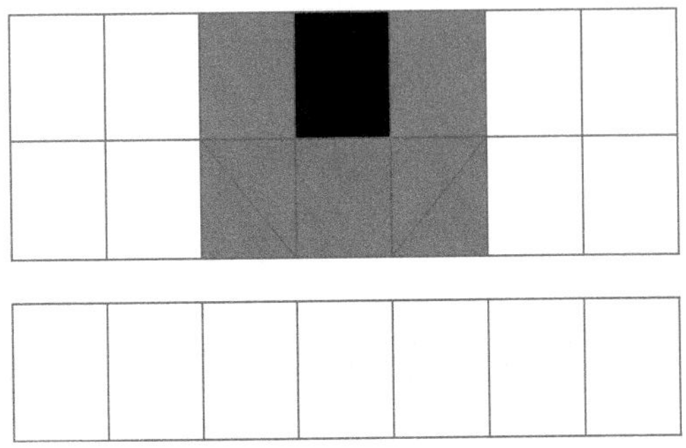

UN 2015의 DGL (16b)열에는 SG16 이 표기되어 있고 이는 Class 4.1 위험물과 격리되어야 함을 의미한다. 이 경우 UN 2015 주위의 회색부분의 평면공간에는 "과망간산염"과 "제4.1급"의 화물은 적재금지 되고, 흰색부분의 공간에 적재가 허용된다. 3차원 공간 중 회색부분의 수직공간은 갑판으로 격리되지 않는 한 적재금지된다.(이때, UN 2015, HYDROGEN PEROXIDE, STABILIZED와 "과망간산염" 또는 "제4.1급의 화물"의 관계는 "밀폐형 CTU 대 밀폐형 CTU", "밀폐형 CTU 대 개방형CTU" 그리고 "개방형 CTU 대 개방형 CTU" 3가지 경우 중 "밀폐형 CTU 대 밀폐형 CTU" 사례인 것으로 간주한다.)

[선수미 방향은 1 컨테이너 공간 그리고 정횡 방향은 2 컨테이너 공간인 상태]

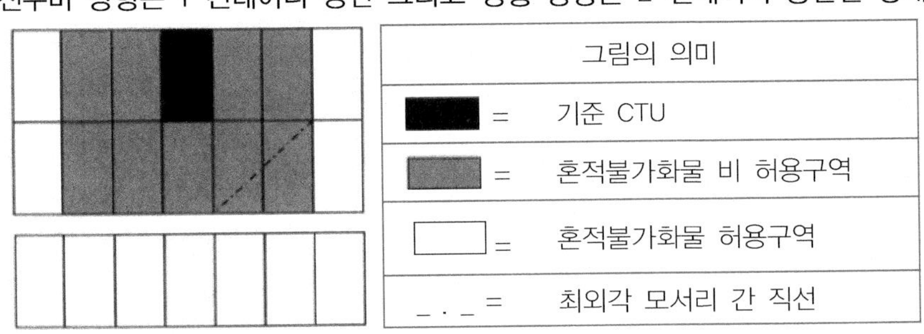

[선수미 방향은 2 컨테이너 공간 그리고 정횡 방향은 3 컨테이너 공간인 상태]

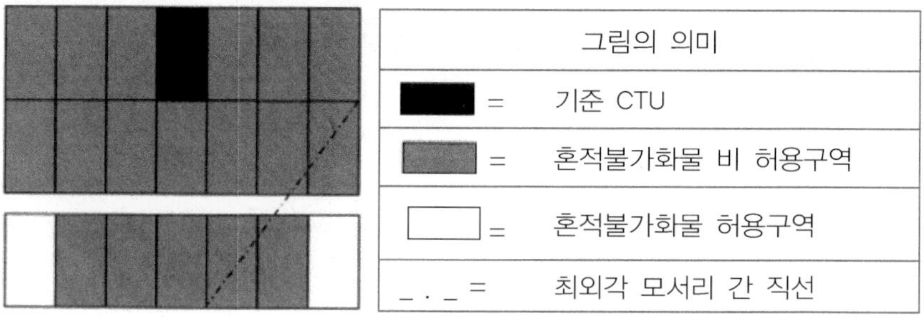

(7) 컨테이너 공간(container space): 선・수미 방향으로 6m 이상, 정횡 방향으로 2.4m 이상의 공간을 의미한다. 즉, 20피트 컨테이너가 차지하는 정도의 공간을 말한다.

(8) 도해에 사용된 컨테이너 공간은 40′컨테이너 공간에 2대의 20′컨테이너가 놓여 있는 것으로, 40′컨테이너 공간과 공간사이의 거리는 60cm 인 것으로 간주하여 도시되어 있다.

(9) 위험물이 적입된 컨테이너와 혼적 불가한 컨테이너 사이는 평면적으로는 즉, 선・수미 방향과 정횡 방향은 컨테이너 공간(container space) 단위로 표시되고, 3차원 중 마지막 차원인 수직방향에 대하여는 위험물 적입컨테이너를 포함한 혼적이 금지되는 평면적 공간의 수직방향이 모두 혼적불가 공간이 된다.
이러한 혼적불가공간에 컨테이너의 일부 또는 전부가 접촉되는 혼적불가컨테이너는 이러한 공간에 적재하여서는 안 된다.

(10) 그림에서 설명되는 격벽(bulkhead)과 갑판(deck)은 방화 및 방수 기능이 있는 것을 의미한다.

"AWAY FROM" .1			
CLOSED VERSUS CLOSED	HORIZONTAL		VERTICAL
	ON DECK	UNDER DECK	
FORE AND AFT	No Restriction	No Restriction	One on top of the other permitted
ATHWARTSHIPS	No Restriction	No Restriction	

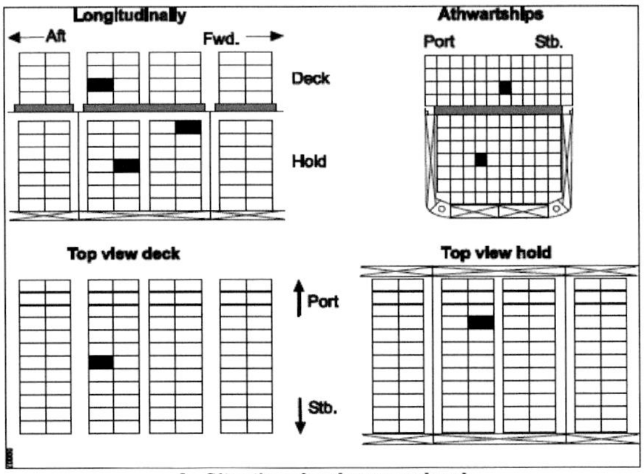

1 - Situation *closed* versus *closed*

"AWAY FROM" .1			
CLOSED VERSUS OPEN	HORIZONTAL		VERTICAL
	ON DECK	UNDER DECK	
FORE AND AFT	No Restriction	No Restriction	Open on top of closed permitted Otherwise NOT in the same vertical line unless segregated by a deck
ATHWARTSHIPS	No Restriction	No Restriction	

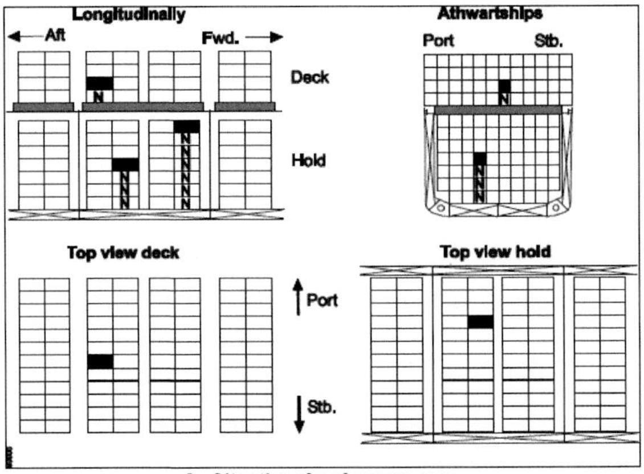

1 - Situation *closed* versus *open*

"AWAY FROM" .1			
OPEN VERSUS OPEN	HORIZONTAL		VERTICAL
	ON DECK	UNDER DECK	
FORE AND AFT	One container space	One container space or one bulkhead	NOT in the same vertical line unless segregated by a deck
ATHWARTSHIPS	One container space	One container space	

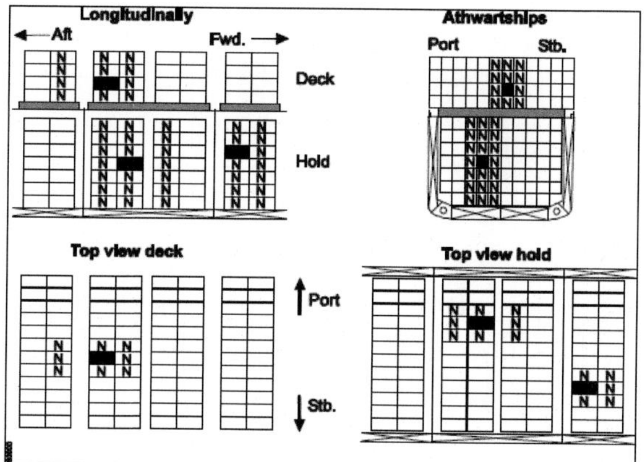

1 - Situation *open* versus *open*

"SEPARATED FROM" .2			
CLOSED VERSUS CLOSED	HORIZONTAL		VERTICAL
	ON DECK	UNDER DECK	
FORE AND AFT	One container space	One container space or one bulkhead	NOT in the same vertical line unless segregated by a deck
ATHWARTSHIPS	One container space	One container space	

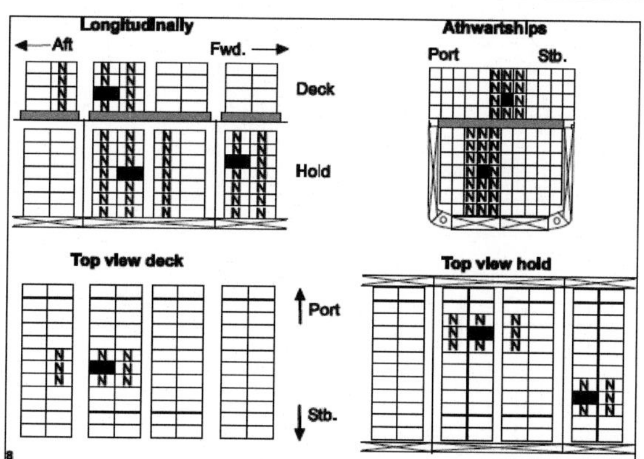

2 - Situation *closed* versus *closed*

"SEPARATED FROM" .2			
CLOSED VERSUS OPEN	HORIZONTAL		VERTICAL
	ON DECK	UNDER DECK	
FORE AND AFT	One container space	One container space or one bulkhead	NOT in the same vertical line unless segregated by a deck
ATHWARTSHIPS	One container space	Two container spaces	

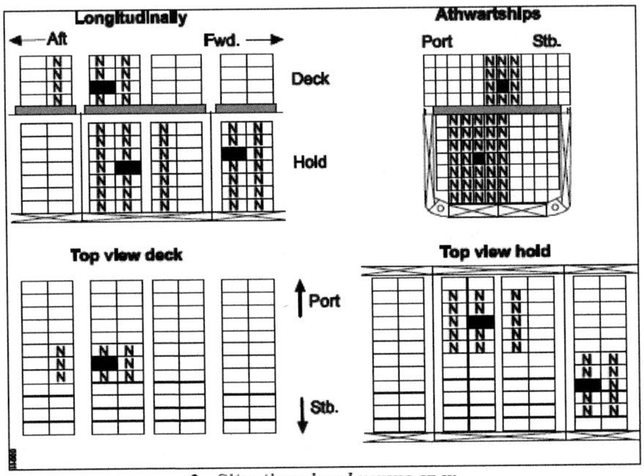

2 - Situation *closed* versus *open*

"SEPARATED FROM" .2			
OPEN VERSUS OPEN	HORIZONTAL		VERTICAL
	ON DECK	UNDER DECK	
FORE AND AFT	One container space	One bulkhead	NOT in the same vertical line unless segregated by a deck
ATHWARTSHIPS	Two container spaces	One bulkhead	

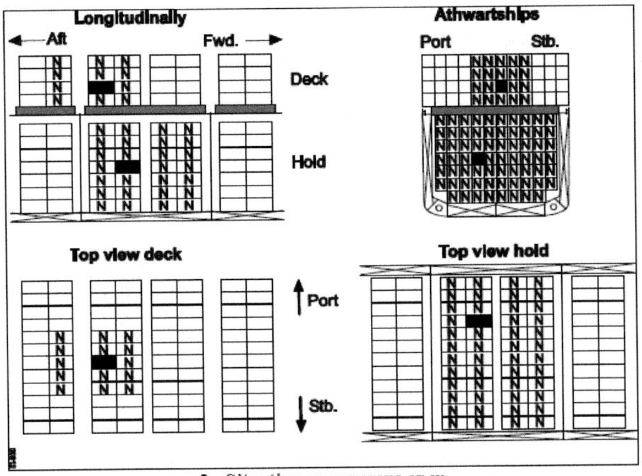

2 - Situation *open* versus *open*

"SEPARATED BY A COMPLETE COMPARTMENT OR HOLD FROM" .3			
CLOSED VERSUS CLOSED OR CLOSED VERSUS OPEN	HORIZONTAL		VERTICAL
	ON DECK	UNDER DECK	
FORE AND AFT	One container space	One bulkhead	NOT in the same vertical line unless segregated by a deck
ATHWARTSHIPS	Two container spaces	One bulkhead	

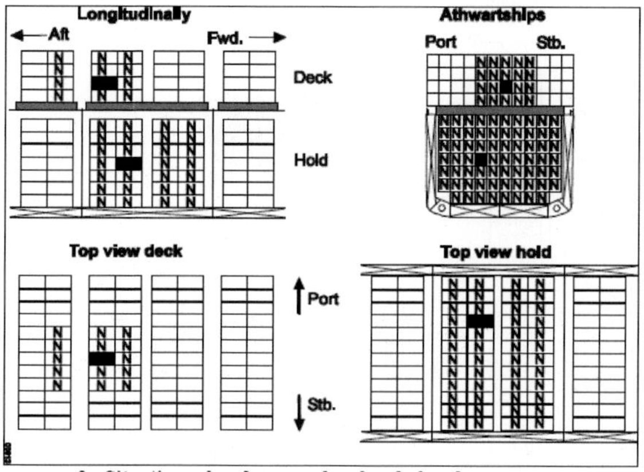

3 - Situations *closed* versus *closed* and *closed* versus *open*

"SEPARATED BY A COMPLETE COMPARTMENT OR HOLD FROM" .3			
OPEN VERSUS OPEN	HORIZONTAL		VERTICAL
	ON DECK	UNDER DECK	
FORE AND AFT	Two container spaces	Two bulkheads	NOT in the same vertical line unless segregated by a deck
ATHWARTSHIPS	Three container spaces	Two bulkheads	

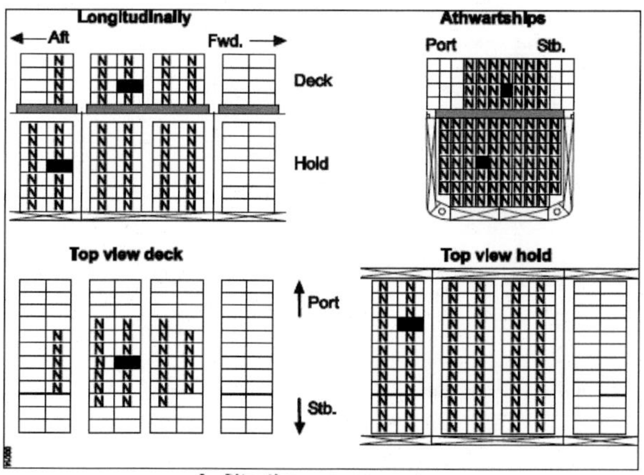

3 - Situation *open* versus *open*

"SEPARATED LONGITUDINALLY BY AN INTERVENING COMPLETE COMPARTMENT OR HOLD FROM" .4			
CLOSED VERSUS CLOSED	HORIZONTAL		VERTICAL
	ON DECK	UNDER DECK	
FORE AND AFT	Minimum Horizontal distance of 24 metres	One bulkhead and minimum horizontal distance of 24 metres*	Prohibited
ATHWARTSHIPS	Prohibited	Prohibited	

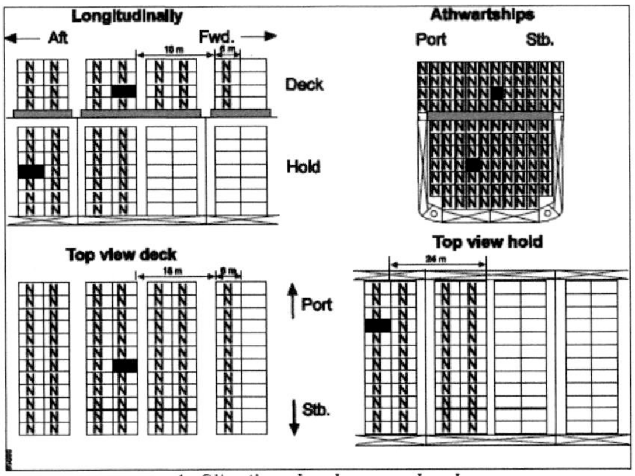

4 - Situation *closed* versus *closed*

"SEPARATED LONGITUDINALLY BY AN INTERVENING COMPLETE COMPARTMENT OR HOLD FROM" .4			
CLOSED VERSUS OPEN	HORIZONTAL		VERTICAL
	ON DECK	UNDER DECK	
FORE AND AFT	Minimum Horizontal distance of 24 m	Two bulkheads	Prohibited
ATHWARTSHIPS	Prohibited	Prohibited	

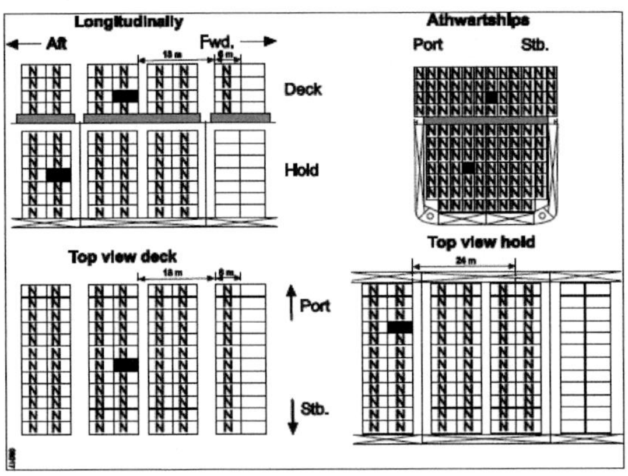

4 - Situation *closed* versus *open*

"SEPARATED LONGITUDINALLY BY AN INTERVENING COMPLETE COMPARTMENT OR HOLD FROM" .4			
OPEN VERSUS OPEN	HORIZONTAL		VERTICAL
	ON DECK	UNDER DECK	
FORE AND AFT	Minimum Horizontal distance of 24 m	Two bulkheads	Prohibited
ATHWARTSHIPS	Prohibited	Prohibited	

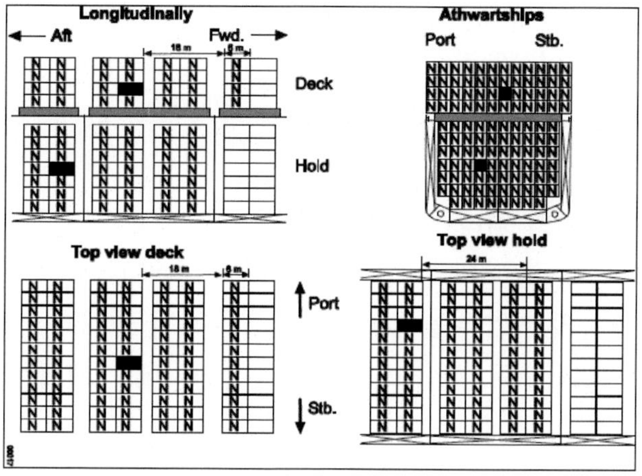

4 - Situation *open* versus *open*

2.5 제1급 화약류 격리

(1) 인화성이 매우 높은 위험물과의 격리

아래 표에 포함된 물질은 인화성이 매우 높아 제1급 화물을 운송하는 선박에 적재할 수 없다. 이러한 제한규정은 DGL의 "(16b)"에서 격리코드 SG63에 따라 적재할 것으로 규정하고 있다.

적정선적명(PSN)	UN No.	Class
CARBON DISULPHIDE	1131	3
NICKEL CARBONYL	1259	6.1
PYROPHORIC LIQUID, ORGANIC, N.O.S.	2845	4.2
PYROPHORIC LIQUID, INORGANIC, N.O.S.	3194	4.2
ORGANOMETALLIC SUBSTANCE, LIQUID, PYROPHORIC	3392	4.2
ORGANOMETALLIC SUBSTANCE, LIQUID, PYROPHORIC, WATER-REACTIVE	3394	4.2

단, 다음의 경우는 이를 적용하지 않는다.

- 화약류가 1.4S인 경우
- 선박 당 50kg 이하의 구명용 화약제품을 운송하고 있는 경우
- 선박 당 10kg 이하의 혼적그룹 C, D, E인 화약류를 운송하고 있는 경우
- 선박 당 순화약질량이 10kg 이하의 혼적그룹 G인 화약류로 특별적재가 요구되는 불꽃놀이 용품을 제외한 화약류를 운송하고 있는 경우

(2) 제1급 화약류 사이의 격리

다음 표에서 허용되는 경우가 아니면 동일한 구획, 화약고 및 화물운송장치에 서로 다른 혼적그룹의 화약류를 혼적할 수 없다. 혼적 불가한 물질이 표의 허용조건에 따라 동일한 구획, 화약고 및 화물운송장치에 적재되는 경우, 화물 중 가장 엄격한 적재규정에 따른다. 다른 등급의 화약류가 혼적되는 경우는 1.1, 1.5, 1.2, 1.3, 1.6 및 1.4의 순서로 위험성 순서를 정하고, 가장 엄격한 위험성에 따른 적재를 한다.

혼적이 불가 한 화약류가 적재된 CTU 간에는 "separated from"으로 상호 격리한다. 혼적이 불가 한 화약류가 적재된 CTU가 갑판 상에 적재되는 경우 서로 6m 이상 거리를 두고 적재한다.

[제1급 화약류 간 혼적 허용표]

혼적그룹	A	B	C	D	E	F	G	H	J	K	L	N	S
A	X												
B		X										X[4]	X
C			X	X[6]	X[6]		X[1]					X[4]	X
D			X[6]	X	X[6]		X[1]					X[4]	X
E			X[6]	X[6]	X		X[1]						X
F						X							X
G			X[1]	X[1]	X[1]		X						X
H								X					X
J									X				X
K										X			X
L											X[2]		
N			X[4]	X[4]	X[4]							X[3]	X[5]
S		X	X	X	X	X	X	X	X	X		X[5]	X

주(註)

X : 동일한 구획, 화약고 , CTU 및 차량에 혼적 가능

1 : 특별적재요건이 있는 불꽃놀이 용품을 제외한 혼적그룹 G의 폭발성제품은 폭발성물질을 동일한 구획, 화약고 , CTU 및 차량에 혼적하지 않는 조건으로 혼적그룹 C, D 및 E의 폭발성제품과 혼적이 가능하다.

2 : 혼적그룹 L에 속하는 일종의 화약류는 혼적그룹 L에 속하는 동일한 종류의 화약류와만 혼적 가능

3 : 1.6N에 속하는 다른 종류의 화약제품은 서로 다른 제품사이의 순폭[3)](sympathetic detonation, detonation by influence)에 의한 추가위험이 없음이 증명되기 전에는 혼적이 불가하다. 혼적이 불가 한 경우 1.1등급으로 취급한다.

4 : 혼적그룹 N 제품을 혼적그룹 C, D, E의 제품이나 물질과 혼적 시 혼적그룹 N 제품을 혼적그룹 D로 취급한다.

5 : 혼적그룹 N 제품을 혼적그룹 S의 제품이나 물질과 혼적 시 모든 제품을 혼적그룹 N으로 취급한다.

6 : 혼적그룹 C, D, E의 제품을 혼적하는 경우 혼적그룹 E로 취급한다. 혼적그룹 C, D의 물질을 혼적하는 경우 전체적인 물질의 주 특성을 고려하여 혼적그룹을 선정한다. 이렇게 전체화물을 고려하여 선정한 분류코드를 단위적재물의 라벨이나 CTU의 대형 라벨에 표시한다.

3) 순폭(sympathetic detonation, detonation by influence) -한 개의 폭약이 폭발했을 때 공기, 물, 기타의 매체를 통하여, 다른 폭약이 감응 폭발하는 현상. / 한국자원정보서비스, 자원용어, http://www.kores.net/dictionary

제 9 장

위험물 운송절차 및 운송서류

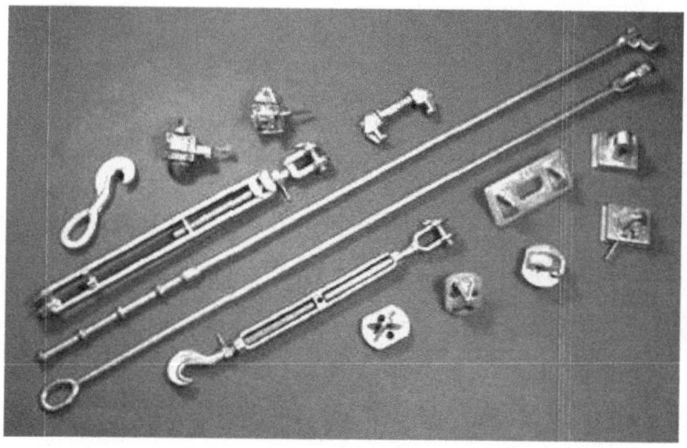

➡ 그림은 컨테이너의 고박장비이다. 컨테이너를 외부에서 지지하는 데 이용하는 Lashing bar, Turnbuckle, 컨테이너 상면과 상부컨테이너 하면을 연결해주는 Twist lock, Single cone, Double cone 등이 보인다.

1 위험물 운송절차 및 운송서류[1)]

위험물의 수출입 절차는 다른 일반화물의 그것과 기본적으로 차이가 없다. 그러나 위험물의 특수한 성질로 인하여 운송 또는 취급 중에 발생 될 수 있는 사고를 미연에 방지하고, 위험물의 운송 또는 취급에 관련된 종사자들의 안전을 도모하기 위하여 화물의 포장, 운송, 하역, 항내반입 또는 선적 시에 추가적인 조치가 필요하다.

1.1 위험물 수출절차 및 관련 서류

(1) 수출화물의 준비

위험물을 수출하기 위해서는 먼저 수출하고자 하는 화물을 포장하는 일부터 시작된다. 위험물의 포장은 일반화물과는 달리, 사용할 수 있는 포장용기의 종류, 용기의 재질, 포장 가능한 중량 또는 용적 등이 제한되어 있으므로 포장 전에 충분한 검토가 필요하며, 특히 위험물을 수납하는 포장용기는 일부 예외규정이 적용되는 경우를 제외하고는 용기의 안전성 검사를 받아 이에 합격하였다는 표시가 되어 있는 용기(일명, 유엔 표준용기)만을 사용하여 포장하도록 규정되어 있다.

위험물이 충전된 포장화물에는 해당 위험물의 품명(적정선적명)과 유엔번호를 표시하여야 하고 해당 라벨을 부착하여, 해당 화물의 위험성을 알 수 있도록 하여야 한다. 이것은 "한국해사위험물 검사원(www.komdic.or.kr)"에 의한 위험물 검사 시 검사의 합격판정 기준이므로 미리 "위험물 검사원"에 협조를 받는 것이 필요하다.

또한 송하인 또는 그 대리인은 선박회사(선사)가 해당 위험물의 선적 가능성 여부를 검토할 수 있도록 위험물 정보를 미리 통보하여야 한다.

---

1) IMDG Code, 제0603-5호, 한국해사위험물검사원, pp.294~302.

(2) 수출승인 및 허가

다음과 같은 법률(수출입 공고, 특별 공고 또는 특별법)에 의하여 수출이 제한되는 물품이 있으며, 그러한 경우에는 사전에 승인을 받아야 한다.

(가) 화약류－행정안전부(경찰청장, 지방경찰청장)의 허가(총포・도검・화약류 등 단속법 제9조 및 동 시행령 제82조)

(나) 주요 방산물자－국방부장관(방위산업진흥회장)의 허가(방위사업법 제53조 및 제57조)

(다) 유해 폐기물－산업자원부장관의 허가(폐기물의 국가 간 이동 및 그 처리에 관한 법률 제6조)

(라) 유독물－환경부(유독물관리협회)에 신고(유해화학물질관리법 제37조)

(3) 수출신고 및 수출면허

(가) 수출신고－위험물의 수출신고는 일반화물과 마찬가지로 수출하고자 하는 화물의 제조공장 또는 위험물 창고 등 세관검사를 받고자 하는 장소에 수출품을 장치하고, 관할 세관에 수출신고를 하여 신고필증을 교부받아야 한다. 수출 신고서는 자가 통관을 허가받은 경우를 제외하고는 관세사, 통관법인 또는 관세법인을 통하여 전자문서(EDI, Electronic Data Interchange)로 작성하여 세관의 통관시스템에 전송한다. 다만, 세관장의 확인대상물품, 전략물자 수출허가대상물품 등과 같은 특정 물품에 대하여는 신고자가 직접 수출 신고서를 세관장에게 제출하여야 한다. 위험물을 항계 안에 반입하기 전까지 관할 지방해양항만청장에게 위험물 반입신고 확인을 받기 위하여 전자문서(EDI, KL-Net)로 작성하여 Port-Mis에 전송한다.

(나) 검사－일반 수출신고 물품에 대한 검사는 세관장 확인대상물품, 전략물자, 수출허가 대상물품 등 현품을 확인할 필요가 있는 경우 외에는 원칙적으로 생략하지만, 국토해양부가 정한 위험물인 경우에는 반드시 검사기관이 검사한다.

(다) 수출면허－세관에 전송된 수출 신고서는 물품의 종류에 따라 접수와 동시에 수리되는 자동수리, 신고내용을 심사하여 수리하는 즉시수리

및 현품확인 후 수리하는 검사 후 수리 중 하나로 수리되며, 수출신고가 수리되면 수출신고필증(수출면장)을 교부하게 된다.

신고서류가 직접 제출 된 경우에는 수출신고 수리인과 신고서 처리 담당자의 인장을 날인한 수출신고필증을 신고인에게 교부되고, 관세사가 전자문서로 수출신고를 하여 세관장으로부터 신고수리의 사실을 전산통보 받아 수출 송하인에게 신고필증을 교부하는 경우에는 수출신고필증의 세관기재 란에 등록된 관세사의 사인이 날인되어 교부된다. 송하인 등이 직접 신고하는 때에는 "본 신고필증은 수출통관 사무처리에 관한 고시의 규정에 의하여 P/L신고를 하여 세관장으로부터 신고수리된 것을 확인하여 발행 · 교부됨"이라는 내용이 신고필증에 표시된다.

(4) **선적신청**

(가) 세관으로부터 수출면허가 수리되어 수출신고필증이 발급되면 송하인은 선적을 위하여 이 신고필증과 함께 송장, 포장 지침서 및 위험물명세서가 첨부된 선적 신청서를 선박회사에 제출하고 선적할 준비를 한다. 선적신청은 송하인을 대신하여 운송인이 하는 경우도 있다.

(나) 수출신고가 수리된 물품은 수출신고가 수리된 날부터 30일 이내에 운송수단에 적재하여야 한다. 30일 이내에 적재하지 않는 경우 수출 신고가 취소됨과 아울러 과태료가 부과될 수 있다. 다만, 기획재정부령이 정하는 바에 의하여 1년의 범위 내에서 적재기간연장승인을 얻은 것은 예외로 한다. (관세법 제251조 수출신고수리물품의 적재 및 제277조)

(5) **위험물 명세서 및 위험물관련서류(위험물 선박운송 및 저장규칙 제16조 관련)**

위험물 선박운송 및 저장규칙 제16조, 제27조 제6항 및 제34조 제1항의 규정을 보면 송하인이 위험물을 운송인에게 운송 위탁을 하기 전 위험물에 대한 위험물명세서와 관련 서류를 제출하도록 하고 있다.

"위험물명세서"의 주요 내용으로 송하인의 명칭과 주소, 수하인의 명칭과 주소, 위험물의 분류(class), 품명, 부위험성, 국제연합번호(UN No.), 용기등급

(packing group), 격리구분, 용기 및 포장의 명칭, 위험물의 수량 및 질량 또는 용적의 표기 그리고 당해 위험물의 용기, 포장, 라벨 및 표지가 관련규정에 적합하고 또한 운송함에 적합한 상태에 있음을 부기하거나 이것을 증명할 서류를 첨부하도록 하고 있다.

송하인은 운송인에게 "위험물명세서" 외에 위험물의 사고에 대비하기 위하여 필요한 다음 각호의 사항을 기재한 서류를 제공하도록 하고 있다.

(가) 위험물의 운송 및 취급에 필요한 정보

(나) 위험물의 유출 및 화재 등 비상시의 조치에 관한 사항

(다) 위험물 피해에 대한 의료응급조치에 관한 사항

(라) 당해 위험물이 해양오염물질, 폐기물 또는 소량의 위험물인 경우에는 관련서류에 각각 "해양오염물질(MARINE POLLUTANT)", "폐기물(WASTE)" 또는 "소량의 위험물(LIMITED QUANTITY)"로 기재하고, 당해 용기가 회수용기 또는 세정되지 아니한 빈 용기(비세정빈용기)인 경우에는 관련서류에 각각 "회수용기(SALVAGE PACKAGING)" 또는 "비세정빈용기(EMPTY UNCLEANED 또는 RESIDUE - LAST CONTAINED)"로 기재한다.

이는 운송하고자 하는 위험물에 관한 모든 필요한 정보를 송하인이 스스로 밝혀 그 위험물의 운송에 관련된 종사자들에게 정확한 정보를 제공함으로서 위험물로 인한 사고를 방지하는데 그 목적이 있다. 제16조 제5항을 보면 선장은 위에서 언급 한 "위험물명세서"가 제출되지 않거나 위험물의 안전 운송에 지장이 있다고 인정되는 경우에는 당해위험물의 선적을 거부할 수 있다.

(6) 선적허가 및 지시

(가) 송하인 또는 그 대리인의 선적요청에 따라 선박회사가 선적가능 여부를 검토한 후에 선적을 허가하게 되면, 선박회사는 해당 화물을 선적할 선박의 운항계획을 고려하여 일정한 날짜까지 지정된 장소(CFS, CY, 부두 등)로 화물 이송을 지시하게 된다.

(나) 이때, 컨테이너로 운송할 화물에 대하여는 송하인 또는 그 대리인이 직

접 컨테이너 수납작업을 실시한 후에 지정장소로 이송하거나(FCL인 경우), 지정된 장소로 화물을 이송한 후 선박회사에 의하여 수납작업을 실시하게 된다(LCL인 경우).

(다) 이렇게 화물을 컨테이너에 수납할 경우에는 수납 책임자는 컨테이너위험물명세서를 작성하여야 하며, 국토해양부장관이 정하는 위험물에 대하여는 컨테이너 수납검사를 받아야 한다.

(7) 컨테이너위험물명세서(위험물 선박운송 및 저장규칙 제34조 관련)

위험물을 컨테이너에 수납하여 운송할 경우, 수납 당사자는 매 컨테이너마다 컨테이너위험물명세서를 작성하여 선박회사(선박소유자 또는 선장)에 제출하여야 한다. 더욱이 이 위험물 명세서에는 위험물의 용기, 포장, 라벨, 표지 및 수납방법과 컨테이너의 표시가 관련규정에 적합하며 또한 운송에 적합한 상태에 있음을 부기하거나 이를 증명할 서류가 첨부되어야한다.

(8) 컨테이너수납검사(위험물 선박운송 및 저장규칙 제205조 관련)

해양수산부장관이 정하는 위험물을 컨테이너에 수납하여 운송하고자하는 경우, 송하인 또는 선박소유자는 컨테이너 수납방법, 당해 위험물에 적합한 용기·포장의 사용여부와 표지 및 라벨의 적합 여부에 관하여 관할지방해양수산청의 검사(한국해사위험물검사원에서 대행)를 받아야 한다.

(가) 수납검사의 신청－검사를 신청하고자 하는 자는 위험물검사원의 사용자 프로그램을 이용하여 전자문서(EDI)로 신청하며, 이때 위험물 검사에 필요한 사업자등록증, 물질안전보건자료(MSDS), 송장(invoice), 포장명세서(packing list), 위험물용기검사증(certificate of inspection for packaging containing dangerous goods) 등 필요한 서류를 첨부하여야 한다. 이후 동일 위험물을 검사 받는 경우 송장과 포장명세서만 첨부한다.

(나) 검사－전송된 신청서는 자동으로 접수되며, 지정된 담당검사관에 의해 신청서의 내용이 검토되고, 위험물이 컨테이너에 수납되는 현장에서 컨테이너 수납방법, 적합한 용기의 사용여부와 표지 및 라벨의 적합성 여부에 관한 검사가 이루어진다.

(다) 증서의 교부－현장검사 결과 모든 사항들이 관련규정에 적합하다고 인정되면 담당검사원은 컨테이너수납검사증(container packing certificate of dangerous goods)을 발급하게 되는데, 발급된 증서는 전자문서로 전송된다. 전송된 검사증은 항만운송전산망을 통하여 신청자는 물론 지방해양수산청, 선박회사, 하역회사 등에서 조회해볼 수 있다.

(9) 위험물 반입신고

(가) 선적준비가 완료된 위험물은 선박회사의 지시에 따라 지정된 장소로 이송하게 되고, 선적을 위하여 항만내로 반입되게 된다. 이때 반입하고자 하는 자(현실적으로는 선박회사)는 위험물을 항계 안으로 반입하기 전까지 반드시 지방해양수산청장에게 위험물반입신고서에 위험물 일람표를 첨부하여 제출하고 위험물반입신고확인서를 교부받아야 한다(개항질서법 제20조).

(나) 위험물 반입신고는 항만운영 전산망에 의하여 이루어지는데 운항선사인 경우, 위험물취합시스템으로 위험물 반입신고서 및 위험물 일람표를 작성하여 전송하고, 공동 배선사인 경우에는 위험물 일람표만 작성하여 위험물취합시스템으로 전송하게 된다.

(다) 위험물취합시스템으로 전송되어온 자료들은 자동으로 취합되며, 운항선사는 취합된 위험물 자료(반입신고서 및 일람표)를 선적항의 지방해양항만청으로 전송하여 반입신고를 하게 된다. 이때 반입신고 전에 위험물 장치장으로 반입되는 사전 반입분을 위하여 운항선사 및 공동 배선사 모두는 운항선사가 위험물 반입신고 확인서를 받기 전에 자신의 위험물 일람표를 하역회사로 전송한다.

(라) 지방해양수산청장은 전송되어온 위험물 반입신고서 및 위험물 일람표의 내용을 확인한 후 반입을 허가하게 되고, 선박회사는 지방해양항만청으로부터 수리서를 수신하면 지방해양수산청에서 수리한 일자가 자동으로 나타난다. 이렇게 반입이 허가된 최종 위험물의 일람표는 취합시스템을 통하여 운항선사로부터 하역회사로 전송된다.

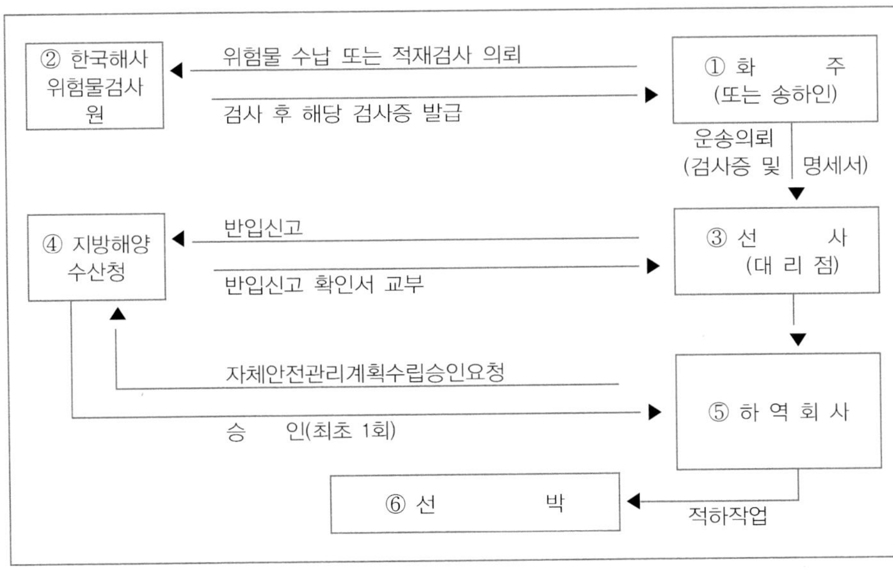

(10) **위험물의 하역**

위험물을 하역하기 위하여 특별히 허가를 받을 필요는 없으나 개항의 항계 안에서 위험물을 하역하고자 하는 자는 자체안전관리계획을 수립하여 지방해양수산청장의 승인을 얻어야 한다. 그러므로 하역회사는 선사에서 전송한 위험물 일람표를 수신 받아 승인된 자체안전관리계획에 따라 위험물을 하역하고 관리한다.

(11) **위험물의 선적**

(가) 수출이 면허된 위험물이 항내로 반입되면 지방해양항만청의 승인을 받은 자체안전관리계획에 따라 하역회사에 의하여 선박에 선적되는데, 이때에는 송하인이 작성한 위험물의 사고 대비를 위한 서류와 선사에서 작성한 위험물취급지침이 선장에게 전달되어야 한다.

(나) 위험물을 선박에 적재할 때에는 선장은 관련규정에 따라 적절한 적재장소를 선택하고 안전한 운송을 위하여 격리요건에 따라 적재하여야 한다. 특히 해양수산부장관이 정하는 위험물에 대하여는 관할지방해양

수산청의 적재검사를 받아야 하며, 선박에 적재된 모든 위험물에 대하여는 위험물적하일람표를 작성하여야 한다.

(다) 선적이 완료되면 세관에서 발급 한 수출신고필증과 선박에서 발급한 화물수령증(MATE'S RECEIPT) 등에 의하여 품명, 규격, 수량 등에 이상이 없음을 확인하고 선박회사는 선하증권(B/L : BILL OF LADING)을 발급함으로서 모든 선적 절차가 종료된다.

(12) 적재검사(위험물 선박운송 및 저장규칙 제204조 관련)

해양수산부장관이 정하는 위험물을 선박으로 운송하고자 할 경우에는 선장은 위험물의 적재방법, 적합한 용기·포장의 사용여부와 표지 및 라벨의 적합여부에 관하여 관할지방해양수산청의 검사(한국해사위험물검사원에서 대행)를 받아 위험물적재검사증을 선내에 비치하여야 한다.

(가) 적재검사의 신청－적재검사를 받고자 하는 자는 위험물검사원의 사용자 프로그램을 이용하여 전자문서(EDI)로 신청하며, 이때 위험물적재검사신청서에 송장, 포장지침서, 화물 적재도를 첨부하여야 한다.

(나) 검사－전송된 신청서는 자동으로 접수되며, 지정된 담당검사관에 의해 신청서의 내용이 검토되고, 위험물이 선박에 적재될 때에 현장에서 위험물의 적재방법, 적합한 용기·포장의 사용여부와 표지 및 라벨의 적합 여부에 관한 검사가 이루어진다.

(다) 증서의 교부－현장검사 결과 모든 사항들이 관련규정에 적합하다고 판단되면 담당검사원은 적재 검사증을 발급하게 되는데, 발급된 증서는 전자문서로 전송된다. 전송된 검사증은 항만운송전산망을 통하여 신청자는 물론 지방해양항만청, 선박회사, 하역회사 등에서 조회해볼 수 있다.

(13) 위험물 적하일람(위험물 선박운송 및 저장규칙 제21조 관련)

선장은 선박에 적재한 위험물에 대하여 다음사항을 기재한 위험물 적하일람표 2통을 작성하여 1통은 선박소유자에게 교부하고, 1통은 당해 운송이 끝날 때까지 선내에 보관하여야 한다. 단, 다음사항이 명시된 적부도로서 위험물 적하일람표를 대체할 수 있다.

(가) 선박의 명칭 · 국적 · 번호 및 용도
(나) 적재 · 환적 · 양하의 항명 및 년 월일
(다) 송하인의 성명 또는 명칭과 주소
(라) 수하인의 성명 또는 명칭과 주소(화약류, 고압가스, 인화성액체 또는 유기과산화물을 운송하는 경우에 한함)
(마) 위험물의 분류, 품명(적정선적명), 부위험성, 유엔번호 및 포장등급 또는 격리구분
(바) 개수 및 질량 또는 용적
(사) 적재장소 및 상태

선박소유자는 교부받은 위험물 적하일람표 또는 적부도를 육상의 사무소에 1년간 보관하여야 한다.

1.2 위험물 수입절차 및 관련 서류

(1) 수입신고 - 세관

수입신고는 선박이 입항한 후에 하는 것을 원칙이지만 입항 전에도 가능하다. 수입신고는 신고시점에 따라 다음의 4가지 유형이 있으며 수입하고자 하는 자는 필요에 따라 신고방법(시기)을 선택하여 신고할 수 있다.

(가) 출항전 신고－일본, 중국, 대만, 홍콩으로부터 선박으로 수입하는 물품을 선적한 선박이 출항하기 전에 수입신고 하는 것이다.
(나) 입항전 신고－수입물품을 선적한 선박이 출항한 후 하선신고 시점을 기준으로 한 입항전에 수입신고 하는 것이다.
(다) 보세구역 도착전 신고－수입물품을 선적한 선박이 입항하여 부두밖 컨테이너 보세장치장이나 컨테이너 내륙통관기지를 포함한 보세구역에 도착하기 전에 수입신고 하는 것이다.
(라) 보세구역 장치 후 신고－보세장치장이나 보세구역에 반입한 후에 수입신고 하는 것이다.

다만, 출항전 및 입항전 신고는 FCL화물에 한하여 가능하며, 이 경우에도 담보면제 및 포괄담보 운영에 관한 고시에 의거 담보면제한도액 또는 담보사

용한도액이 있거나, 신고 수리 전에 담보를 제공하거나 관세를 미리 납부하여야 한다.

(2) 반입신고 - 지방해양수산청

수출과 마찬가지로 수입시에도 위험물을 항내로 반입하고자 할 때에는 관할지방해양수산청에 반입신고를 하고, 신고 확인서를 교부 받아야 한다.

반입신고는 반입 24시간 전에 하여야 한다. 다만, 전 출항지로부터 당해항까지의 운항시간이 24시간을 초과하지 않는 경우에는 항만 내 반입 전에 반입신고를 할 수 있다. 이때 제출하는 서류 및 절차는 수출의 경우와 동일하다(개항질서법 제20조 제1항 및 동 시행규칙 제7조 관련).

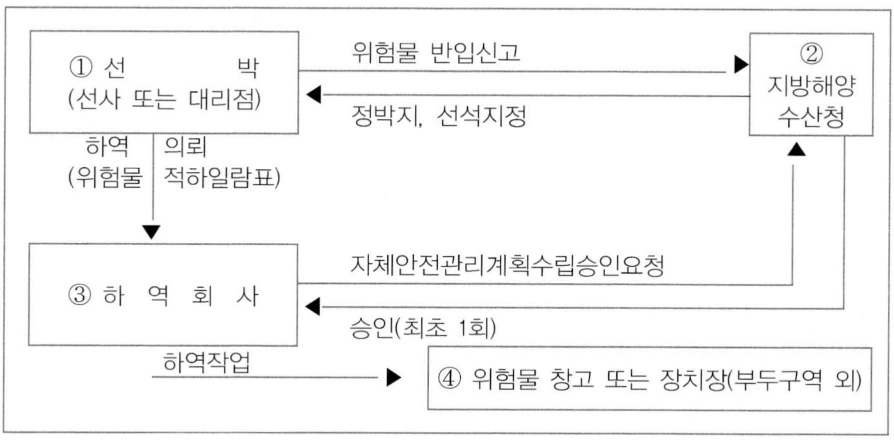

(3) 하역신고 및 하역작업

하역회사는 지방해양수산청에 위험물하역허가신청을 하지 않는 대신 선사에서 전송한 위험물일람표를 수신 받아 자체 안전관리계획에 따라 하역작업을 한다. 이는 1999년 2월 8일 개항질서법에 자체안전관리계획이 도입된 결과이다.

자체안전관리계획은 위험물하역업체에서 위험물 하역 시 마다 매번 지방해양수산청을 방문하여 형식적인 위험물하역·운반허가를 받고 위험물하역작업을 실시하던 것을 업체 스스로 자율적인 하역안전관리계획을 수립하여 시행하게 함으로서 종전 위험물하역허가에 따른 하역작업지연 등 업체의 불편을 해소하고 물류비를 절감하고자 도입되었다.

(4) 사전 반입 자료 전송

운항선사가 취합된 위험물을 지방해양항만청으로 신고하기 전 위험물 장치장으로 반입되는 사전반입분에 대하여 운항선사 및 공동 배선사는 자신의 위험물일람표를 하역회사로 신고한다.

(5) 최종반입자료 전송

운항선사는 해양수산청으로부터 반입승인을 받은 위험물 일람표를 하역회사로 전송하면 하역회사는 사전 반입분과 최종 반입분을 최종 관리한다.

(6) 복합위험물 신고서

선장은 적재항에서 발급받은 복합 위험물 신고서를 선상에 보관하여야 하며, 선사 또는 하역사에 이를 교부하여야 한다.

2 IMDG Code에 따른 위험물 운송서류

2.1 일반

위험물 운송을 요청할 때에는 다른 종류의 화물에서 요구되는 것과 유사한 서류를 준비하여야 한다. 위험물 운송서류의 기본요건은 화물의 위험성에 관한 기본정보를 제공하여야 하는 것이므로 IMDG Code에서 면제되거나 다른 규정이 없는 한 위험물 운송품에 대한 서류에는 일정한 기본정보가 포함되어야 한다.

2.2 위험물 운송서류

(1) 위험물 운송서류(dangerous goods transport document)는 IMDG Code에서 요구하고 있는 모든 정보가 수록된다면 임의의 형태로 할 수 있다. 만약 위험물과 비위험물을 하나의 서류에 수록하는 경우에는 위험물을 먼저 수록하거나 그렇지 않다면 위험물을 강조하여야 한다.

(2) 위험물 운송서류는 연속적으로 쪽번호가 부여된다면 1쪽을 초과하여 구성할 수 있다. 또한 위험물 운송서류의 정보는 확인하기 쉽고 내용을 명확히 판단할 수 있도록 기재 되어야만 한다.

(3) 위험물 운송서류에는 위험물의 송하인 및 하수인의 명칭과 주소가 포함되어야 한다. 최초 운송인에게 작성하였거나 발행하였던 위험물 운송서류 또는 전자문서 사본에는 발행 일자가 포함되어야 한다.

(4) 위험물 선적서류에는 "당해 운송품은 선적하기에 만족스럽고, 당해 화물은 적절하게 포장, 표지 및 라벨이 되어 있으며, 또한 적용가능한 규정에 따라 운송하기에 적합한 상태로 되어 있다"는 내용의 증명서 또는 신고서를 첨부하거나 동봉 하여야 한다. 이 증명서상의 팩스 서명은 적용가능한 법률 및 규정에서 팩시밀리 서명을 법률적으로 인정한다면 허용할 수 있다.

(5) 만약 위험물 선적서류를 운송인에게 전자정보처리(EDP, Electronic Data Processing) 또는 전자정보교환(EDI, Electronic Data Interchange) 기술 방법으로 전달하는 경우, 그 서명은 서명에 책임이 있는 사람의 성명(대문자)으로 대신할 수 있다.

2.3 위험물 운송서류에 필요한 정보

(1) 위험물 운송서류에는 운송이 요청된 각 위험물에 대한 정보(dangerous goods description)를 다음과 같이 (가)~(마) 순서로 수록하여야 한다.

(가) "UN"이라는 문자 뒤에 유엔번호(UN Number)

(나) 적정선적명(Proper Shipping Name)

(다) 위험물의 주위험성을 나타내는 급(class) 및 등급(division). 제1급인 경우에는 격리구분 포함한다. "Class" 또는 "Division"이라는 문자를 주위험성의 급 또는 등급 앞에 포함시킬 수 있다.

(라) 위험물의 부위험성을 나타내는 급 또는 등급. 주위험성을 나타내는 급 또는 등급의 바로 뒤에 표기하며 급 또는 등급의 숫자를 괄호안에 기입한다. "Class" 또는 "Division"이라는 문자를 부위험성의 급 또는 등급 앞에 포함시킬 수 있다.

(마) 포장등급(Packing Group)(지정된 경우). 포장등급의 앞에는 "PG"라는 문자가 올 수 있다(예를 들면, "PG II").

(2) 위험물정보 중의 적정선적명은 다음과 같이 보충되어야 한다 :

(가) "N.O.S." 및 기타의 총칭 등재명에 대한 전문명칭 ; 위험물 목록 (6)항에 특별규정 274가 부여된 적정선적명에는 전문명칭이나 화학명칭의 군으로 보충되어야 한다.

(나) "비세정빈용기" 및 탱크 ; 제7급 이외 등급의 위험물로 잔류물이 들어있는 빈 격납장치에는 적정선적명의 앞 또는 뒤에 "EMPTY UNCLEANED" 또는 "RESIDUE LAST CONTAINED"라는 문장을 기재하여야 한다.

(다) 폐기물 ; 폐기 위험물(방사성 폐기물은 제외)을 처분 또는 폐기할 목적으로 운송하는 경우에는 적정선적명 앞에 "WASTE"라는 문자를 기재하여야 한다. 단, 이 문자가 적정선적명의 일부로 이미 나타나 있는 경우에는 기재할 필요가 없다.

(라) 고온물질 ; 만약 100℃ 이상의 온도에서 액체상태로 운송되거나 또는 240℃ 이상의 온도에서 고체상태로 운송되는 물질의 적정선적명 앞에는 "HOT"라는 문자를 기재하여야 한다. 다만 해당 적정선적명이 고온상태(예를 들면, 적정선적명의 일부로서 "MOLTEN" 또는 "ELEVATED TEMPERATURE"라는 단어를 사용한 것)임을 전달하고 있는 경우에는 기재할 필요가 없다.

(마) 해양오염물질 ; 운송될 화물이 해양오염물질인 경우에는 해당 화물을 "MARINE POLLUTANT"라고 확인시켜야 한다.

(바) 인화점 : 운송될 화물의 인화점이 60℃ c.c.(밀폐용기시험에 의한 것) 이하인 경우에는 최저 인화점을 나타내어야 한다. 인화점은 불순물의 존재로 인하여 위험물 목록(DGL)의 해당물질에 명시된 참조 인화점보다 더 낮거나 더 높을 수 있다. 인화성도 있는 제5.2급의 유기과산화물에 대하여는 인화점을 표시할 필요가 없다.

(3) 위험물정보의 예

(가) UN 1098 ALLYL ALCOHOL 6.1 (3) I (21℃ c.c.)

(나) UN 1098, ALLYL ALCOHOL, class 6.1, (class 3), PG I, (21℃ c.c.)

(다) UN 1092, Acrolein, stabilized, class 6.1 (3), PG I, (-24℃ c.c.), MARINE POLLUTANT

(라) UN 1993, FLAMMABLE LIQUID, N.O.S. (Ethanol and dodecylphenol), Class 3, PG II, (18℃ c.c.), MARINE POLLUTANT

(마) UN 2761, Organochlorine pesticide, solid, toxic. (Aldrin 19%), class 6.1, PG III, MARINE POLLUTANT

2.4 기본 위험물정보에 추가하여 필요한 정보

기본적인 위험물정보에 추가하여 다음의 정보를 위험물 운송서류상의 위험물정보 뒤에 포함시켜야 한다.

(1) 각 위험물의 총량을 포함시켜야 한다. 제1급 위험물의 경우에는 정미질량이어야 한다. 회수용기로 운송되는 위험물인 경우에는 대략적인 위험물의 양을 명시하여야 한다. 포장화물의 개수와 종류도 나타내어야 한다.

(2) 제한된 량으로 포장된 위험물인 경우에는 “limited quantity” 또는 “LTD QTY”라는 문구를 포함시켜야 한다.

(3) 회수용기로 운송되는 위험물인 경우에는 “SALVAGE PACKAGE”라는 문구를 포함시켜야 한다.

(4) “STABILIZED”라는 문자가 적정선적명의 일부인 경우, 만약 그 안정화가 온도조절에 의한 경우라면 제어온도 및 비상온도를 다음과 같이 운송서류에 명시하여야 한다 :
제어온도(Control temperature) .... ℃
비상온도(Emergency temperature) .... ℃

(5) 운송 중 온도제어가 요구되는 제4.1급의 자체 반응성 물질과 유기과산화물의 경우에는 제어온도 및 비상온도를 다음과 같이 운송서류에 명시하여야 한다.
제어온도(Control temperature) .... ℃
비상온도(Emergency temperature) .... ℃
어떤 제4.1급의 자체 반응성 물질 및 제5.2급의 유기과산화물의 경우, 주관청이 특정 포장화물에 대하여 “폭발성(EXPLOSIVE)” 부위험성 라벨의 부착을 면제하도록 허가한 경우에는 그 취지에 대한 문구를 운송서류에 명시하여야 한다.

(6) 전염성 물질용의 운송서류에는 하수인의 완전한 주소와 책임자의 성명 및 전화번호를 나타내어야 한다.

(7) 제7급 물질의 각 운송품에는 다음의 순서에 따라 다음의 정보를 수록하

여야 한다 :

(가) 각 방사성 핵종의 명칭 또는 기호, 또는 방사성 핵종의 혼합물인 경우에는 가장 제한적인 방사성 핵종의 일반적인 지침 또는 목록 ;

(나) 물질의 물리적 및 화학적 형태의 기술, 또는 해당 물질이 특수형 방사성 물질인지 저분산성 방사성 물질인지의 표기. 일반적인 화학적 기술사항은 화학적 형태로 인정됨 ;

(다) 적절한 SI 접두사를 가진 베크렐(Bq) 단위로 표시된 운송중의 방사성 내용물의 최대 방사능. 핵분열성 물질인 경우에는 그램(g) 단위 또는 이의 배수 단위의 핵분열성 물질의 질량을 방사능 대신에 사용 할 수 있음 ;

(라) 포장화물의 유형, 즉, 제1종-백색(I-WHITE), 제2종-황색(II-YELLOW), 제3종-황색(III-YELLOW) ;

(마) 운송지수(제2종-황색 및 제3종-황색인 경우에 한함) ;

(바) 핵분열성 물질이 들어있는 운송품인 경우에는 핵임계 안전지수 ;

(사) 운송품에 적용가능한 각 주관청 승인 증명서(특수형 방사성 물질, 저분산성 방사성 물질, 특별조치, 포장화물 설계 또는 운송)에 대한 확인표시 ;

(아) 2개 이상의 포장화물 운송품의 경우에는 UN번호, 적정선적명, 급 및 등급(격리구분 포함) 및 상기의 (1)항에서 (7)항까지의 정보. 덧포장, 화물 컨테이너 또는 운반수단내의 포장화물인 경우에는 덧포장, 화물 컨테이너 또는 운반수단에 들어있는 각 포장화물 내용물에 대한 상세한 지침을 포함할 것

(자) 운송품이 전용 하에서 선적되어야 한다면 “전용(EXCLUSIVE USE SHIPMENT)”이라는 문구 ; 및

(차) LSA-II, LSA-III, SCO-I 및 SCO-II의 경우에는 A2 배수로 나타낸 운송품의 총방사능

(8) 에어로졸(aerosol)의 용량이 1,000㎖를 초과하는 경우에는 이것을 운송서류에 나타내어야 한다.

(9) **제1급의 화약류**(explosives)

(가) 제1급 화약류 중 특정 등재명이 없는 경우 N.O.S(not otherwise specified)명으로 위험물을 분류하게 되는데 크게 3가지 경우로 분류된다. 즉 "SUBSTANCE, EXPLOSIVE, N.O.S.", "ARTICLES, EXPLOSIVE, N.O.S." 및 "COMPONENTS, EXPLOSIVE TRAIN, N.O.S."로 분류된다. 각 N.O.S. 명 밑에는 아래의 예에서처럼 등급과 UN번호가 다른 여러 등재명이 포함되어 있다. 따라서 특정 등재명이 없는 어떤 화약류를 N.O.S.명으로 분류하는 것은 다른 급의 N.O.S.보다 까다로운 작업이며, 어떤 N.O.S.명으로 화약류를 분류한 경우 위험물운송서류에는 "---주관청의 승인하에 이 등재명으로 운송 함"이라는 문구가 들어가야 하며, 어느 국가의 주관청인지 구분하기 위한 코드는 "국제자동차교통식별부호"를 이용한다. ARTICLES, EXPLOSIVE, N.O.S.에는 아래의 일부 예에서 알 수 있듯이 19가지의 ARTICLES, EXPLOSIVE, N.O.S. 명이 있다.

(1) ARTICLES, EXPLOSIVE, N.O.S. - 1.1 E 0464

(2) ARTICLES, EXPLOSIVE, N.O.S. - 1.2 C 0466

(3) ARTICLES, EXPLOSIVE, N.O.S. - 1.1 F 0465

(4) ARTICLES, EXPLOSIVE, N.O.S. - 1.4 C 0351

(5) ARTICLES, EXPLOSIVE, N.O.S. - 1.1 C 0462

....

....

(19) ARTICLES, EXPLOSIVE, N.O.S. - 1.4 S 0349

(나) 어떤 제1급 화약류의 등재명에는 물(water) 또는 감감제(phlegmatizer)의 함량을 표시하고, 이 함량 이하는 운송을 금지하고 있다. 이러한 물질의 경우 주관청의 허가가 있어야 운송이 가능한데, 이 경우 위험물운송서류에는 "---주관청의 승인하에 이 등재명으로 운송 함"이라는 문구가 들어가야 하며, 어느 국가의 주관청인지 구분하기 위한 코드는 "국제자동차교통식별부호"를 이용한다.

(다) 어떤 제1급 화약류의 물질이나 제품이 주관청의 승인에 따라 포장

된 경우 위험물운송서류에는 "---주관청이 승인한 포장용기"라는 문구가 들어가야 하며, 어느 국가의 주관청인지 구분하기 위한 코드는 "국제자동차교통식별부호"를 이용한다.

(라) 제1급 위험물이 그 위험성을 위험물의 등급(division)이나 혼적그룹(compatability group)만으로 나타내는 것이 부족한 경우 위험물운송서류에 그러한 내용을 추가로 표기한다.

(10) 인화성 액체 중 점성물질의 표시

인화성 액체 중 점성물질로 IMDG Code의 2.3.2.5에 명시된 바와 같이 위험성이 낮고 점성이 높은 경우 위험물운송서류에는 "IMDG Code 2.3.2.5에 따라 운송"이라는 문구를 포함시킨다.

(11) 격리와 관련된 특별규정

(가) IMDG Code 3.1.4.4에 따른 격리그룹에 포함되지 않으면서 N.O.S. 명으로 분류되는 물질, 혼합물 및 제제(preparations)는 송하인이 IMDG Code 3.1.4.4의 18개 격리군 중 적절한 격리군에 포함시키고, 다음의 예처럼 위험물운송서류에 "IMDG Code 격리군 ~"이라는 문구를 포함시킨다. "UN 1760 CORROSIVE LIQUID, N.O.S. (Phosphoric acid) 8 III IMDG Code segregation group 1 - Acids"

(나) IMDG Code 7.2.6.1의 규정과 같이 두 물질이 서로 위험하게 반응하지 않는 것이 과학적으로 증명된 경우 위험물운송서류에는 "IMDG Code 7.2.6.1에 따라 운송"이라는 문구를 포함시킨다.

(다) 포장등급 II 또는 III의 부식성물질(제8급)로 DGL의 "(16b)"열에서 격리코드 "SG35" 또는 "SG3"에 해당하는 산류나 알카리류에 대한 격리 문구가 없고 다음의 조건을 만족하면 동일 용기에 담든 그렇지 않든 불문하고 동일 화물운송장치에 운송할 수 있다.

① 과도한 열의 발생이 없다.

② 인화성, 독성 및 질식성 가스의 방출이 없다.

③ 부식성 물질 및 불안정한 물질의 생성되지 않는다.

④ 용량을 액체의 경우 30LT 이하, 고체의 경우 30KG 이하로 포장하였다.

⑤ 주관청의 요청이 있는 경우 두 물질이 서로 과도하게 반응하지 않음을 증명한 시험보고서 사본이 있는 경우

이 경우 위험물운송서류에 “IMDG Code 7.2.6.1에 따라 운송”이라는 문구를 포함시킨다.

(12) 산적컨테이너에 고체위험물을 운송하는 경우

위험물운송서류에는 “Bulk container BK2 approved by the competent authority of ---”이라는 문구를 포함시킨다.

(13) 최종 시험일 또는 검사일이 경과한 IBCs 또는 이동식탱크의 위험물운송서류의 표기

최종 시험일 또는 검사일이 경과한 IBCs 또는 이동식탱크는 운송이 불가하나 위험물의 폐기 또는 재활용을 위한 경우는 예외로 하며(IMDG Code 4.1.2.2.2.2, 6.7.2.19.6.2, 6.7.3.15.6.2, 6.7.4.14.6.2), 각각의 해당규정을 포함하여 위험물운송서류에 “IMDG Code 4.1.2.2.2.2에 따라 운송”이라는 식으로 각각 문구를 포함시킨다.

(14) 극소량으로 운송되는 위험물

DGL의 “7b”열과 IMDG Code 3.5장에 따라 극소량(excepted quantities)규정으로 운송되는 위험물운송서류에 “dangerous goods in excepted quantities”라는 문구를 포함시킨다.

2.5 컨테이너/차량 수납 증명서

위험물을 임의의 컨테이너 또는 차량에 수납 또는 적재하는 경우, 해당 컨테이너 또는 차량의 수납 책임자는 컨테이너/차량의 식별번호를 상술하고 또한 그 작업을 다음의 상태에 따라 실행하였음을 증명하는 “컨테이너/차량 수납증

명서(CPC/VPC : Container/ Vehicle Packing Certificate)"를 작성하여야 한다 :

(1) 컨테이너/차량은 청소, 건조되었고 또한 외관상 화물을 수납하기에 적합함 ;
(2) 격리가 필요한 화물을 컨테이너/차량 내부 또는 상부에 함께 수납하지 않았음(관련 주관청이 승인한 경우에는 예외임) ;
(3) 모든 포장화물을 손상에 대한 외관검사를 실시하였으며, 정상적인 포장화물만을 적재하였음 ;
(4) 주관청의 승인이 없는 한, 드럼은 직립자세(upright position)로 적재되었으며, 필요한 경우 예상항로에 대한 운송형태에 적합하도록 고박재로 적절히 고박되었음 ;
(5) 산적으로 적재된 화물은 컨테이너/차량에 내부에 균형을 고려 분배되었음 ;
(6) 제1급의 화물(등급 1.4는 제외)이 포함된 운송품의 경우, 컨테이너/차량은 구조적으로 사용가능한 상태임 ;
(7) 컨테이너/차량 및 포장화물은 적절하게 표시되었고, 라벨 및 대형라벨이 부착되었음 ;
(8) 고체 이산화탄소(CO_2 - 드라이아이스)를 냉각목적용으로 사용하는 경우, 컨테이너/차량에는 다음과 같은 문구의 표지 또는 라벨을 눈에 잘 띄는 곳에(문짝 끝과 같은 곳) 부착하였음 : "(DANGEROUS CO_2(DRY ICE) INSIDE, VENTILATE THROUGHLY BEFORE ENTERING)" ;
(9) 컨테이너/차량에 수납된 각 위험물에 대한 운송서류를 수령하였음.

2.6 선박에 비치하여야 하는 서류

(1) 위험물 및 해양오염물질을 운송하는 각 선박에는 특별목록(special list) 또는 적하목록(manifest)이 비치되어 있어야 한다. 그러한 특별목록 또는 적하목록을 대신하여 적재 계획도(stowage plan)를 사용할 수 있다.

(2) 위험물 운송과 관련된 비상 사고 및 사건 대응 시 이용할 수 있는 적절한 비상대응정보(emergency response information)는 언제라도 즉시 활

용될 수 있도록 하여야 한다. 그 정보는 위험물이 들어있는 포장화물과 떨어져 있어도 활용할 수 있어야 하며, 사고가 발생한 경우에는 즉시 입수할 수 있어야 한다. 다음과 같은 예가 좋은 방법이라고 할 수 있다.

(가) 특별목록, 적하목록 또는 위험물 신고서 내에 적절히 비상대응정보를 표기 ;

(나) 안전자료(safety data sheet)와 같은 별도의 서류를 준비 ;

(다) "위험물운송선박의 비상조치법(EmS Guide)" 및 "위험물 관련사고시의 의료응급처치지침서(MFAG)"와 같은 별도의 도서를 준비

2.7 특수한 경우 추가되는 정보 및 서류

(1) 어떤 상황에서는 다음과 같은 특별 증명서(special certificate) 또는 기타의 서류가 요구된다 :

(가) 기상증명서(weathering certificate) ; 개별 등재명에서 요구되는 바에 따름 ;

(나) IMDG Code의 규정에서 면제되는 물질, 재료 또는 제품의 증명 (예 : charcoal, fishmeal, seedcake에 대한 개별 등재명을 참조할 것) ;

(다) 새로운 자체반응성물질 및 유기과산화물 또는 현재 분류 된 자체반응성물질 및 유기과산화물의 새로운 제제(formulation)에 대하여는 승인된 분류 및 운송조건에 대하여 원산지 주관청이 발행한 서류

(2) **훈증 소독된 운송장치**

훈증 소독된 운송장치(fumigated unit)의 운송과 관련된 선적서류에는 훈증소독을 실시한 날짜와 사용된 훈증 소독제의 종류 및 양(量)을 나타내어야 한다. 추가로 훈증소독장치(사용된 경우) 지침서를 포함한 훈증 소독제의 잔류물을 처리하기 위한 지침서를 구비하여야 한다.

2.8 표준 위험물정보 양식

다음과 같이 IMDG Code에서는 MULTIMODAL DANGEROUS GOODS FORM 이라는 위험물 신고서류 양식을 제공하고 있다.

MULTIMODAL DANGEROUS GOODS FORM

This form may be used as a dangerous goods declaration as it meets the requirements of SOLAS 74, chapter VII, regulation 4; MARPOL 73/78, Annex III, regulation 4.

1 Shipper/Consignor/Sender	2 Transport document number	
GLOBAL SAFETY INNOVATION LABORATORY LTD. (G SUITE 523, 686, CHEONGGYESAN-RO, SUJEONG-GU, SEONGNAM-SI, GYEONGGI-DO, KOREA	BS02-2023-11420	
	3 Page 1 of 1 page(s)	4 Shipper's reference
		5 Freight forwarder's reference
6 Consignee	7 Carrier (to be completed by the Carrier)	
SAMSUNG SAUDI ARABIA CO.,LTD. P.O.BOX 35816 JUBAIL INDUSTRIAL CITY 31961, KINGDOM OF SAUDI ARABIA	**SHIPPER'S DECLARATION** I herby declare that the contents of this consignement are fully and accurately described below by the Proper Shipping Name, and are classified, packaged, marked and labeled/placarded and are in all respects in proper condition for transport according to the applicable international and national government regulations.	

8 This shipment is within the limitations prescribed for : (Delete non-applicable)		9 Additional handling information
~~PASSENGER AND CARGO AIRCRAFT~~	~~CARGO AIRCRAFT ONLY~~	- 24 Hour Emergency Telephone Number : 82-2-6925-5785
10 Vessel/flignt No. and date	11 Port/place of loading BUSAN, KOREA, REPUBLIC OF	- Description & Q'ty other than Dangerous Goods : NON-DG, 3 P'kg(S), 1,140.00 kgs
12 Port/place of discharge AD DAMMAM, SAUDI	13 Destination	

14 Shipping marks	* Number and kind of package; description of goods	Gross mass (kg)	Net mass (kg)	Cube (㎥)
	UN 2800, BATTERIES, WET, NON-SPILLABLE, Class 8, F-A, S-B 4 P'kg(s), (4G) FIBREBOARD BOXES	208.00 kg	198.00 kg	

15 Container identification No. Vehicle registration No.	16 Seal number(s)	17 Container/vehicle size & type	18 Tare mass (kg)	19 Total gross mass (including tare)(kg)
FCIU 5003091		20' CLOSED DRY CONTAINER	2,180.00 kg	3,528.00 kg

CONTAINER/VEHICLE PACKING CERTIFICATE I hereby declare that the goods described above have been packed/loaded into the container/vehicle identified above in accordance with the applicable provisions.+ **MUST BE COMPLETED AND SIGNED FOR ALL COUNTAINER/VEHICLE LOADS BY PERSON RESPONSIBLE FOR PACKING/LOADING**	**21 RECEIVING ORGANIZATION RECEIPT** Received the above number of packages/containers/trailers in apparent good order and condition, unless stated hereon: RECEIVING ORGANIZATION REMARKS:	
20 Name of company DG CARGO	Haulier's name	22 Name of company (OF SHIPPER PREPARING THIS NOTE)
Name/status of declarant DH HAN, Manager	Vehicle registration no.	Name/status of declarant
Place and date KRPUS / 06.22.2023	Signature and date	Place and date
Signature of declarant	DRIVER'S SIGNATURE	Signature of declarant

*** DANGEROUS GOODS**

You must specify: UN No., Proper Shipping Name, hazard class, packing group (where assigned), marine pollutant and observe the mandatory requirements under applicable national and international government regulations. For the purposes of the IMDG Code, see 5.4.1.4

+For the purpose of the IMDG Code, see 5.4.2

2.9 위험물 컨테이너(차량) 수납 검사증

선박안전법 하위 위험물 선박운송 및 저장규칙에서는 위험물 컨테이너 수납검사증서를 통하여 국내에서 수출되는 위험물을 관리하고 있다.

증서번호
Certificate No. BS02-2023-12363

위험물컨테이너(자동차)수납검사증

Container (Vehicle) Packing Certificate of Dangerous Goods

(앞쪽)

접수번호	BS02-2023-12699	접수일자	2023-07-04	발급일	2023-07-06	처리기간	3일

송하인 Shipper	성명 또는 명칭 및 주소 Shipper's Name & Address 1 SK ON CO., LTD. 51, JONG-RO, JONGNO-GU, SEOUL, SOUTH KOREA	
수하인 Consignee	성명 또는 명칭 및 주소 Consignee's Name & Address 2 FORD MOTOR COMPANY PO BOX 1718 DEARBORN, MI 48121, USA	
컨테이너 (자동차) Container (Vehicle)	컨테이너번호 (자동차번호) Container(Vehicle) No. 3 HMMU 5489661	총중량 Total Weight of Container(Vehicle)(Including Tare) 4 5,351.00 kg
	크기 및 종류 Size & Type of Container(Vehicle) 5 40' REEFER CONTAINER	혼적화물의 품명 및 수량 Description & Q'ty other than Dangerous Goods (Gross Wt.) 6 NONE
선박 Ship	선박소유자의 성명 또는 명칭 및 주소 Shipowner's Name & Address 7	선박명 및 항차 Ship's Name and Voyage No. 8 HYUNDAI MARS 0040E
	적재항 및 출항예정일 Port of Loading & Sailing on/about 9 BUSAN, KOREA, REPUBLIC OF	양하항 및 도착예정일 Port of Discharge & Arrival on/about 10 CHICAGO, UNITED STATES(USA)

	화물표시 Marks & Nos. 11	포장의 수 및 종류와 위험물의 명세 Number and Kind of Packages and Description of Dangerous Goods 12	총중량 / 순중량 / 용적 Gross Wt / Net Wt / ㎥ 13
위험물 Dangerous Goods		UN 3480, LITHIUM ION BATTERIES, Class 9, F-A, S-I 15 PKG(S), (4G) FIBREBOARD BOXES	801.00 kg 648.00 kg
	비고 Additional Information 14		
	긴급 상황 발생 시 연락처 Emergency Communication 15	Jeremy Samborsky 1-248-515-4359	

검사받을	장 소	인천 서구 갑문로 20 (오류동) 디지카고 주식회사	일 시	2023년07월06일
	성명 또는 명칭	디지카고 해상 DG 팀 (02) 6925-5785		
신청인	주 소	인천 서구 갑문로 20 (오류동) 디지카고 주식회사		
	사업자등록번호	105-87-96966	대표자	안정민
	신청담당자	디지카고 해상 DG 팀 (02) 6925-5785	전화번호	02-6925-5785

위 위험물을 운송하고자 「위험물 선박운송 및 저장규칙」 제205조제1항(제27조제6항) 또는 같은 조 제9항에 따라 검사를 신청합니다.

한국해사위험물검사원장 귀하 2023 년 07 월 03 일

구비서류	1. 포장명세서 1부 2. 화물송장 1부

「위험물 선박운송 및 저장규칙」 제205조제1항(제27조제6항) 또는 같은 조 제9항에 따른 검사에 합격하였음을 증명합니다.

We hereby certify that the above Dangerous Goods in the said container(vehicle) have passed our inspection under the provision of the Paragraph 6, Article 27, Paragraph 1 Article 205, or Paragraph 9 Article 205 of the Regulation for the Carriage and Storage of Dangerous Goods by Ships and provisions of IMDG Code under the authority of the Government of Republic of Korea. 2023 Year 07 Month 06 Day

재단법인 한국해사위험물검사원장 (인)
KOREA MARITIME DANGEROUS GOODS INSPECTION & RESEARCH INSTITUTE

재단법인 한국해사위험물검사원장인

Authorized Inspector,
SU-WON YOON

3부 위험물운송에 따른 부가적인 업무

제10장

물질안전보건자료(MSDS)의 이해

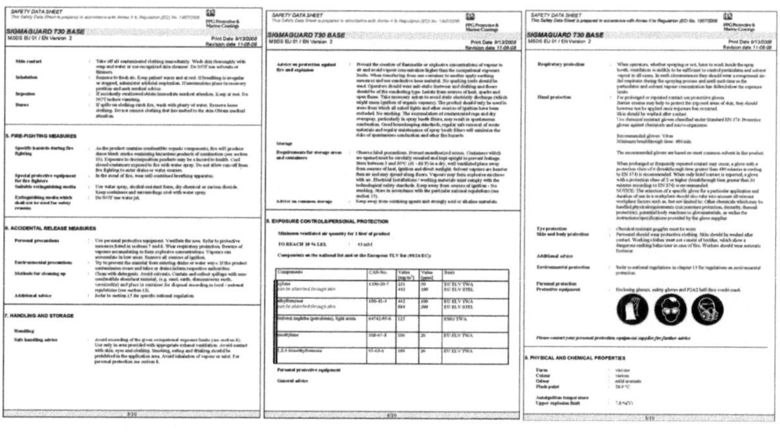

1 MSDS의 개요

1.1 우리나라 MSDS의 도입

물질안전보건자료(MSDS, Material Safety Data Sheet)제도는 산업안전보건법 제41조의 규정에 근거하여 화학물질을 제조, 수입, 사용, 운반, 저장 하고자하는 사업주가 MSDS를 작성, 비치하고, 화학물질이 담겨있는 용기 또는 포장에 경고표지를 부착하여 유해성을 알리며, 근로자에게 안전보건교육을 실시하는 제도로써, 화학물질로부터 근로자의 안전과 건강을 보호하기 위한 제도이다. 우리나라는 1996년 7월 1일부터 시행되었으며, 보다 자세한 법적인 내용은 산업안전보건법 제110조, 동법 시행령 제86조, 동법 시행규칙 제156조 및 노동부령 제363조에서 찾을 수 있다.

1.2 MSDS 제공의무

산업안전보건법에 따르면 화학물질을 사용하는 소비자는 제조자 또는 공급자에게 MSDS를 요구할 권리가 있으며, 제조자나 공급자는 이를 제공할 의무가 있다. 이는 그 물질에 대하여 가장 잘 아는 사람은 제조자이며, 따라서 화학물질의 생산, 유통 및 사용과정 중 발생할 수 있는 사고를 예방하기 위한 사전 조치로서 화학물질에 대한 정보를 제공하도록 하고 있다. 이러한 정보에는 어떤 물질이 위험물인지 아닌지, 위험물이라면 사고 발생 시 어떻게 대응을 하여야하는지에 대한 정보를 알 수 있다. 항공, 도로 및 해상을 통하여 어떤 물질을 운송을 하고자 할 때 적용되는 법률과 정보도 14번 항목에서 찾을 수 있다. 따라서 화학물질을 취급하기 전에 MSDS를 검색하고 검토를 하는 습관을 기르는 것은 매우 중요하다.

화학물질에 대한 MSDS는 제조자의 인터넷홈페이지에 들어가면 대부분 제공되고 있으나, MSDS 정보원으로서 다음의 사이트 등을 통해서 더욱 많은 자료를 얻을 수 있다.

- 산업안전보건연구원 : https://msds.kosha.or.kr
- 국제화학물질안전프로그램 : http://www.inchem.org/ 좌측 하단의 Chemical Safety Cards(ICSCs)

1.3 MSDS 작성과 관리[1)]

(1) 화학물질 제조공장의 MSDS 작성 및 제공

물질안전보건자료 즉 MSDS는 화학물질 안전보건자료이므로 화학물질이나 화학물질을 함유한 제제를 제조, 수입, 사용, 운반, 저장하는 사업주가 작성하여야 한다.

또한 화학물질이나 그 제제를 다른 사람이나 사업주에게 유・무상으로 양도할 때에는 그 MSDS를 제공하여야 한다. 따라서 MSDS는 화학물질 및 그 제제의 필수적 일부분으로 함께 유통되어야 한다.

MSDS는 화학제품을 제조하거나 생산하여 판매하는 사업주만이 제공하는 것이 아니라, 화학제품을 수입하는 사업주도 다시 팔거나 주거나 할 때는 제공하여야 하고, 화학제품을 사용하고자 하는 사업주도 MSDS를 취급근로자가 볼 수 있게 제공하여 주어야 하고, 화학제품을 운반하는 사업주나 저장하는 사업주도 그 취급근로자에게 제공하여 주어야 한다. 더욱이 쉽게 볼 수 있게 하여 주어야 할 뿐만이 아니라, 이에 대한 적절한 교육도 시켜야 한다.

(2) 화학물질 사용공장의 MSDS 제공

MSDS를 작성하지 않더라도 근로자에게 MSDS를 제공하고 게시하며 교육을 실시해야 하는 사업주들도 있다. 기계공장, 자동차공장, 목재공장, 가구공장, 문구 공장 등의 사업장처럼 화학제품을 제조하지 않고 그저 사다 쓰기만 하는 사업장의 사업주들은 화학제품의 구입 시 철저하게 MSDS를 받아두고서, 사용공정의 취급근로자들에게 이를 제공하고 사용공정별로 게시하며 교육시켜야 한다. 그러므로 화학제품을 사다 쓰는 사업장에서는 그 MSDS를 작성할 필요는 없으며 제공받기만 하면 된다.

---

1) 산업안전보건연구원 안전보건 공지사항 www. msds.kosha.or.kr

1.4 MSDS 작성대상 화학물질

산업안전보건법 제41조에 의하면 화학물질 또는 화학물질을 함유한 제제(Formulations)의 제조자, 수입자, 사용자, 운반자, 저장자는 MSDS 즉 물질안전보건자료를 작성하여 취급자가 용이하게 볼 수 있는 장소에 비치하도록 하고 있다.

유해화학물질이란 유해성이 있는 모든 화학물질을 의미한다. 이에 비하여 유해성이 없는 무해화학물질이란 사람들이 음식물용으로 이용하는 것들이나 가축사료용으로 이용되는 것들에 지나지 않는다. 인간이나 동물이 먹어서 이로운 화학물질을 제외하고서는 모두 유해화학물질로 보면 된다. 또한 제제라고 하는 것은 생약 제제라는 말처럼 어떠한 목적으로 조합하거나 성형한 혼합화학물질을 뜻한다.

화학물질은 순수하게 존재하는 경우가 별로 없고, 거의 모두가 섞이어 있는 형태로 존재한다. 99%이상으로 순수하게 존재하는 화학물질은 순수 화학물질(Pure Chemicals)이라고 한다.

1.5 MSDS 작성 제외 화학물질

MSDS를 작성하지 아니하고 MSDS를 비치하거나 게시하지 아니하여도 되는 유해화학물질은 산업안전보건법 시행령 제86조에서 규정한 제제이며 18가지이다.

① 「건강기능식품에 관한 법률」 제3조제1호에 따른 건강기능식품

② 「농약관리법」 제2조제1호에 따른 농약

③ 「마약류 관리에 관한 법률」 제2조제2호 및 제3호에 따른 마약 및 향정신성의약품

④ 「비료관리법」 제2조제1호에 따른 비료

⑤ 「사료관리법」 제2조제1호에 따른 사료

⑥ 「생활주변방사선 안전관리법」 제2조제2호에 따른 원료물질

⑦ 「생활화학제품 및 살생물제의 안전관리에 관한 법률」 제3조제4호 및 제

8호에 따른 안전확인대상생활화학제품 및 살생물제품 중 일반소비자의 생활용으로 제공되는 제품

⑧「식품위생법」 제2조제1호 및 제2호에 따른 식품 및 식품첨가물

⑨「약사법」 제2조제4호 및 제7호에 따른 의약품 및 의약외품

⑩「원자력안전법」 제2조제5호에 따른 방사성물질

⑪「위생용품 관리법」 제2조제1호에 따른 위생용품

⑫「의료기기법」 제2조제1항에 따른 의료기기

⑫의 2.「첨단재생의료 및 첨단바이오의약품 안전 및 지원에 관한 법률」 제2조제5호에 따른 첨단바이오의약품

⑬「총포·도검·화약류 등의 안전관리에 관한 법률」 제2조제3항에 따른 화약류

⑭「폐기물관리법」 제2조제1호에 따른 폐기물

⑮「화장품법」 제2조제1호에 따른 화장품

⑯ 일반소비자의 생활용으로 제공되는 물질(일반소비자의 생활용으로 제공되는 화학물질 또는 혼합물이 사업장 내에서 취급되는 경우를 포함)

⑰ 고용노동부장관이 정하여 고시하는 연구·개발용 화학물질 또는 화학제품

⑱ 고용노동부장관이 독성·폭발성 등으로 인한 위해의 정도가 적다고 인정하여 고시하는 화학물질

1.6 MSDS의 표지 및 게시

화학물질과 그 제재에 대한 MSDS가 확보되었으면, 이들 물질들을 취급하는 그 회사 근로자들이 안전보건을 위하여 경고표지를 부착하고, 그들 근로자들에 대한 교육실시 등의 적정조치를 취하여야 한다.

경고표지를 위한 대상 화학물질은 물리적 위험물질과 건강장해물질 그리고 환경유해물질 등 크게 3가지로 분류한다.

첫째, 물리적 위험물질에는 폭발성물질, 산화성물질, 극인화성물질, 고인화성물질, 인화성물질, 금수성(禁水性)물질 등 6가지로 세분하고 있다.

둘째, 건강장해물질에는 고독성물질, 독성물질, 유해물질, 부식성물질, 자극

성물질, 과민성물질, 발암성물질, 변이원성물질, 생식독성물질 등 9가지로 세분하고 있다.

셋째, 환경유해물질이다.

이렇게 세분화된 16가지 대상 화학물질에 대한 각각의 정의와 그에 따른 유해그림(경고표지)은 노동부장관이 고시하는 "MSDS의 작성과 경고표지 부착 및 근로자교육 등에 관한 기준"을 참고하면 된다.

그러나 모든 화학물질이 앞의 기준에 의하여 경고표지를 하여야하는 것은 아니고, 이미 다른 법령에 의하여 이미 표시되어 있는 경우 앞의 기준에 의한 경고표지를 한 것으로 인정하고 있으며, 다음 5가지 경우이다.

(1) 산업안전보건법 제37조(안전보건표지의 설치 · 부착)에 의한 유해물질의 표지
(2) 화학물질관리법에 의한 유독물의 표지
(3) 고압가스 안전관리법에 의한 합격용기 등의 표지
(4) 위험물안전관리법(위험물관리법)에 의한 위험물의 표지
(5) 선박안전법과 위험물 선박운송 및 저장규칙에 의한 표지

또한, 화학물질 및 그 제제를 취급하는 공정별로 그 화학물질에 대한 관리요령을 게시하여야 하는 것이 사업주의 의무사항이다. 이는 작업공정별로 유해물질관리 요령을 게시하는 것으로, 공정별 관리요령에는 화재, 폭발 등의 공정별 유해인자에 대한 취급주의 사항을 포함하게 하고 있다. MSDS를 공정별로 비치하고 동시에 MSDS를 간략히 정리한 관리요령을 그 공정의 요소요소에 게시해 두어야 한다. MSDS의 비치장소는 그 공정 중에서도 시간적 여유를 가질 수 있는 곳이어야 한다. 그러나 취급작업이나 조작기기 앞에는 오히려 간략한 관리요령 카드가 필요하다. 이의 좋은 실례가 국제화학물질안전프로그램(IPCS: International Programme on Chemical Safety)이 작성하여 제시하는 국제화학물질안전카드(ICSC: International Chemical Safety Card)이다. IPCS가 이미 작성한 ICSC가 없는 경우에는 그 MSDS를 참고하여 직접 요약하여 만들어 게시한다.

1.7 MSDS의 구성

화학제품을 처음 개발하고 공급한 국가는 OECD 국가나 구라파 국가가 대부분이었다. 이들 국가들을 시발로 화학물질에 대한 MSDS 제도가 만들어 지고 MSDS를 이용하기 시작하였다. 따라서 MSDS의 구성 항목도 이들 국가의 MSDS모델을 기준으로 발달하였다. EU, 미국 및 캐나다가 채택하고 있는 MSDS의 구성항목은 아래와 같으며 우리나라도 이를 따르고 있다.

(1) **물질안전보건자료(MSDS)의 주요항목**

1) 화학제품과 회사에 관한 정보(Chemical Product and Company Identification)
2) 구성성분의 명칭 및 함유량(Composition, Information on Ingredients)
3) 유해위험성(Hazards Identification)
4) 응급조치요령(First Aid Measures)
5) 폭발, 화재 시 대처방법(Fire-fighting Measures)
6) 누출사고 시 대처 방법(Accidental Release Measures)
7) 취급 및 저장방법(Handling and Storage)
8) 노출방지 및 개인보호구(Exposure Controls and Personal Protection)
9) 물리 화학적 특성(Physical and Chemical Properties)
10) 안정성 및 반응성(Stability and Reactivity)
11) 독성에 관한 정보(Toxicological Information)
12) 환경에 미치는 영향(Ecological Information)
13) 폐기 시 주의사항(Disposal Considerations)
14) 운송에 필요한 정보(Transport Information)
15) 법적 규제 현황(Regulatory Information)
16) 기타 참고 사항(Other Information)

이와 같은 16개 항목의 기재순서는 ISO(국제표준화기구)의 안전보건정보자료(SDS:Safety Data Sheet), 즉 ISO 11014-1 : 1994(E)에서도 마찬가지이다.

1.8 자료의 갱신과 보완

화학물질안전보건자료 즉 MSDS는 화학물질이 최초 제조 시나 최초 양도 시 및 최초 수·출입 시에 작성하여야 한다. 그렇다고 하여 한번 작성하고 나서 영원히 그대로 놔두거나 그대로 이용해서는 아니 된다.

MSDS는 적어도 1~2년 단위로 그 내용을 교정하거나 수정하거나 갱신하여야 하고, 새로이 생겨나는 이론이나 내용을 보완하거나 보충하여야 한다.

1.9 MSDS의 예

MSDS에 대한 한 예를 부록에 예시하였다. 부록의 MSDS는 SIGMA COATINGS 회사의 페인트에 대한 MSDS이다. MSDS 16가지 항목에 대하여 자세하게 작성되어 있다. 화학물질을 생산, 취급, 저장하는 육상시설에서는 MSDS 제도에 대하여 홍보와 교육이 비교적 잘 되어 있어 근로자가 화학물질을 취급할 때 상당한 주의를 기울이고 보호장구를 갖추어 작업에 임하고 있다.

이에 비하여 해상에 근무하는 선원의 경우 화학물질에 대한 충분한 정보 없이 화학물질을 취급하고 있다. MSDS 제도의 인지정도도 낮아 MSDS를 화학물질의 제공자에게 요구하는 것이 당연한 권리임에도 모르고 있음을 인터뷰를 통해서 알게 된다. 선박 도장용으로 많이 사용되는 페인트를 비롯한 화학물질의 사용에 따른 위험으로부터 선원들의 건강을 지키기 위하여 MSDS를 검색하고 이를 출력하여 작업장이나 휴게실에 게시하여 선원의 건강과 사고를 예방할 수 있는 정보원으로 이용하여야 할 것이다.

선박에서, 특히 Tanker에서 이용되고 있는 화물관련 자료에는 Cargo Data Sheet, Chemical Safety Card 등이 있는데, 이들이 화물작업과 관련된 화학물질의 물리·화학적 성질과 안전에 관한 내용을 주안점으로 하고 있다면, MSDS는 여기에 부가하여 보건, 독성 및 환경에 대한 영향 등이 포함된 보다 광범위한 자료라고 할 수 있다.

2 GHS의 도입과 MSDS 변화

2.1 기존 MSDS의 문제점

물질안전보건자료(MSDS) 제도는 화학물질을 취급하는 근로자가 자신의 건강을 보호할 수 있도록 하는 가장 필수적인 안전보건 정보 전달 수단인 '화학물질의 자기소개서'라 할 수 있다. 다시 말하면 화학물질을 제조하거나 사용하고 수입하는데 있어 해당 물질의 취급과 관련된 잠재적인 유해성・위험성 관련 정보를 16개 항목으로 구분하여 작성한 자료로 효율적인 정보관리체계를 통하여 화학물질에 노출되거나 노출로 인한 잠재적인 위험요인을 갖고 있는 근로자나 관계자에게 '알 권리(Right to know)'를 충족시켜 주는 정보전달 수단이라 하겠다. 우리나라의 MSDS 제도 도입은 1980년대에 발생한 경기도 남양주 소재 원진레이온(주)의 이황화탄소 중독사고와 1995년 경상남도 양산에 소재하고 있던 전자부품제조업체의 솔벤트 #5200(2-Bromopropane)중독사고가 직접적인 계기가 되어 1996년 4월에 노동부고시 제1996-12호(물질안전보건자료의 작성・비치 등에 관한 기준)가 제정되었고 부칙에 따라 1996년 7월1일부터 시행해 오고 있다. 한편 국제적으로는 각 나라에서 유통되는 MSDS는 화학물질에 대한 분류, 표지가 국제적으로 일치하지 않아 유통과정에서 발생하는 혼란이 발생하는 등의 정보전달 체계의 문제점 때문에 이러한 혼란을 막기 위하여 2002년 9 월 UN은 지속가능개발세계정상회의(World Summit for Sustainable Development, WSSD)에서 화학물질의 분류 및 표지를 국제적으로 통일화하기 위한 제도인 GHS(Globally Harmonized System of Classification and Labelling of Chemicals, 세계조화체계)를 2008년까지 이행할 것을 결의하였고 8월 GHS 기준을 발간하였다. GHS에 따른 MSDS는 국제적으로 통일된 분류 기준에 따라 화학물질의 유해성・위험성을 분류하고 통일된 형태의 경고표지 및 MSDS를 사용함으로써 산업현장의 근로자, 일반 사용자, 소방 등 긴급 방재요원에게 화학물질에 대한 정보를 보다 효율적으로 전달하고자 하는 방법이다. 국내에서는 고용노동부에서 산업안전보건법 상의 MSDS 제도에 UN의 GHS 권장지침을 반영하여 개정하고, 단일 물질은 2010년 7월 1일부터, 2종 이상의 화학물질을 함유한 제제 즉, 혼합물에 대해서는 2013년 7월 1일부터 GHS 기준에 의한 MSDS를 작성하여 관리하도록 하고 있다. 또한, 현재는 MSDS는 제공되는 정보의 부족, 형식의 불일치, 정보내용의 신뢰성 등에 대한 문제점으로 이러한 기능을 충분히 발휘하지 못하고 있다.[2)]

특히 MSDS제도는 고정사업장 중심으로 화학물질의 생산, 관리, 유통 및 소비과정 중에 화학물질에 대한 정보를 제공하기 위하여 작성되었음으로 해상, 항공 및 철도 등을 중심으로 하는 이동사업장에는 MSDS 내용이 부적합한 부분이 많았다. 이런 이유로 해상운송에서는 운송 중 화물관리에 대한 내용이 풍부한 Cargo Data Sheet, Chemical Safety Card 및 Loading Manual 등을 주로 사용하는데 머물러 있었다. MSDS가 보건(health) 측면에 많은 비중을 두고 있다면 선박의 Cargo Data Sheet 등은 안전(safety) 측면에 많은 비중을 두고 있다. 선원들의 경우 화물에 대하여는 많은 지식과 노하우를 축적하고 있으나 정작 자신의 건강은 돌보지 못하는 경우가 많았다. 이런 이유로 화학물질의 안전과 보건에 대한 정보가 균형 있게 포함된 자료가 필요하다고 할 수 있으며, 최근의 GHS가 이러한 역할을 할 것으로 기대된다.

2.2 MSDS 외형의 변화[3)]

MSDS의 활용도를 증가시키기 위한 일환으로 GHS는 MSDS 형식의 통일화를 추구하고 있다. GHS에 의한 SDS(Safety data sheet)는 16항목으로 구성되어있으며 기존의 2번, 구성성분의 명칭 및 함유량과 3번, 위험·유해성 정보 항목의 순서가 바뀌었고 14번 운송에 필요한 정보에 해양오염자료의 유무를 기재하도록 하였다.

또한 "16. 기타 참고사항"에 MSDS 작성에 사용한 문헌자료와 자료출처를

2) 산업보건, 2007년 12월호, p.66, 연구보고서 소개, 대한산업보건협회, www.kiha21.or.kr
3) 산업보건, 2008년 5월호, GHS에 대한 이해, 양정선, 대한산업보건협회, www.kiha21.or.kr

명시하도록 하였다. 외적인 형식으로는 크게 변한 것이 없어 보인다.

2.3 MSDS 내용의 변화

내용적인 면에서는 2번 항목에 GHS에 의한 유해위험 분류 결과를 제시하도록 했기 때문에 사실상 큰 변화가 있게 된다.

MSDS 작성의 주체는 물리적 위험성, 건강유해성 및 환경유해성 물질 또는 이러한 물질을 함유한 제제를 제조, 수입, 사용, 운반 또는 저장하고자 하는 사업주이다. 따라서 화학물질을 사용, 운반 또는 저장하고자 하는 사업주가 제조업자 또는 수입업자로부터 물질안전보건자료를 입수한 경우에는 물질안전보건자료를 작성한 것으로 본다. 단, 수출하기 위하여 저장 또는 운반 중에 있는 화학물질 또는 제제는 예외로 한다.

2008년 산업안전보건법 관련 개정 고시에서는 MSDS의 전산비치를 허용하고 있다. 즉, 물질안전보건자료가 저장된 전용의 전산장비를 취급 근로자가 작업 중 쉽게 접근할 수 있는 장소에 설치 가동하고 취급 근로자에게 확인 방법(프로그램작동 방법, 제품명 입력 및 물질안전보건자료 확인 방법 등)을 교육한 경우에는 이를 게시 또는 비치한 것으로 인정한다는 조항이 포함되었다.

[기존 및 GHS에 의한 MSDS 구성요소 비교]

기존시스템	GHS
1. 화학제품과 회사에 관한 정보	1. 화학제품과 회사에 관한 정보 (UN PSN 등)
2. 구성성분의 명칭 및 함유량	2. 위험·유해성 정보 (경고표지 요소 제공)
3. 위험·유해성 정보	3. 구성성분의 명칭 및 함유량
14. 운송에 필요한 정보	14. 운송에 필요한 정보 (해양오염자료의 유무)
16. 기타 참고사항	16. 기타 참고사항 (문헌자료와 자료출처)

2.4 우리나라와 외국의 GHS 추진 현황[4)]

산업안전보건법 전부개정법률(법률 제16272호, 2019.01.15)에 따라 근로자의 안전 및 건강에 유해 · 위험한 화학물질을 국가가 직접 관리할 수 있도록 물질안전보건자료(MSDS) 관련 규정을 개정하여 2021년 01 월 16일부터 시행하고 있다.[5)]

(1) 산업안전보건법 제110조(물질안전보건자료의 작성 및 제출) 관련 국내 제조기업과 수입자와의 형평성 문제

(가) 현황 및 문제점 현행 산업안전보건법에서는 물질안전보건자료 대상물질을 수입하려는 자가 제104조에 따른 분류기준에 해당하는 화학물질이 없음을 확인하는 내용의 서류를 받아 제출한 경우만 허용하고 있다. 국내 제조사의 경우 타 제조사로부터 화학물질을 양도받아 혼합물을 제조할 경우 MSDS 자료 확보는 가능하나 분류되지 않은 물질에 대한 자료는 경우에 따라 확보할 수 없으며, 이 경우 법 제110조에 따라 해당 제조업체는 MSDS 작성은 가능하나 별도자료 제출을 할 수 없어 법을 이행하기 어렵다.

(나) 개선방안 분류되지 않는 물질에 대한 정보를 국내 화학물질 제조기업의 책임으로 전가하는 것은 문제의 소지가 있으므로 법 제110조에 '물질안전보건자료 대상물질을 제조하여 양도하는 경우 분류되지 않은 물질에 대한 정보를 제공해야 한다.'라고 명확히 하거나, 국내 제조기업의 경우도 수입자와 같이 제104조에 따른 분류기준에 해당하는 화학물질이 없음을 확인하는 내용의 서류를 받아 제출한 경우도 인정할 필요가 있다.

(2) 물질안전보건자료 비공개 신청 시 제품 내 모든 구성성분의 명칭, 함유량 및 신청여부 등에 대한 문제

---

4) 산업보건, 2008년 9월호, GHS에 대한 이해, 양정선, 대한산업보건협회, www.kiha21.or.kr

5) 안전보건공단, 2021년 연구보고서, p.4~5, MSDS 제출 및 비공개 승인심사제도 발전방안 연구, 조기홍 외 5명, 산업안전보건연구원,

(가) 현황 및 문제점 물질안전보건자료의 비공개 승인 대상은 법 제110조에 따른 물질안전보건자료의 작성 대상인 법 제104조에 따른 분류기준에 해당하는 물질이나, 시행규칙 제161조제2항 및 별지 제63호 서식에 따라 제품내 모든 구성성분의 명칭 및 함유량을 작성하도록 되어 있다. 이럴 경우, 분류기준에 해당하는 화학물질이 없음을 확인하는 내용의 서류(LOC)를 받은 수입자 또는 국내 화학물질 제조업체로부터 분류기준에 해당하지 않는 정보를 받지 못한 기업은 영업 비밀을 신청할 수 없는 상황이 발생한다.

(나) 개선방안 법 제110조 및 제112조에 따라 물질안전보건자료 비공개 신청은 법 제104조에 따른 분류기준에 해당하는 물질만 기재하여 신청하도록 시행규칙 및 별지 제63호 서식을 개정하여야 하며 법 제110조에 따른 분류기준에 해당하는 화학물질이 없음을 확인하는 내용의 서류(LOC)를 인정한다.

(3) 연구・개발(R&D)용 화학물질의 경우, 물질안전보건자료를 작성하고 사업장에 게시・비치하여 노동자에게 알리도록 하되, 정부 제출은 면제했으나 영업비밀 등을 이유로 대체자료로 기재하려면 사전심사를 받아야 하는 문제

(가) 현황 및 문제점 연구・개발(R&D)용 화학물질의 경우 현실적으로 영업비밀 승인 심사로 연구개발이 지연되거나 기업의 정보 유출 피해가 우려된다.

(나) 개선방안 연구・개발(R&D)용 화학물질의 경우, 영업비밀 승인 심사를 제외하는 방안이 필요하다.

환경부는 2008년 2월 유해화학물질관리법 시행규칙의 유독물에 대한 분류와 경고표지를 GHS 기준에 맞도록 개정하기 위하여 2008.2. 입법예고를 하였다. 환경부의 안에 의하면 신규화학물질인 유독물에 대해서는 2008년 7월부터 GHS의 적용을 받고 기존 화학물질 중 단일물질은 3년, 혼합물질은 5년의 유예기간을 두고 시행하는 것으로 되어있다.

행정안전부에서는 위험물안전관리법 시행규칙의 위험물에 대한 GHS 분류 적용을 위하여 개정을 준비 중이다.

지식경제부 산하 기술표준원에서는 2006년 12월 한국산업규격(KS)에 GHS를 적용하였다.

국가 간 상이한 화학물질 분류, 표지로 인한 무역장벽을 해소하고, 지구적으로 화학물질의 통일된 유해위험 정보전달 체계 확립으로 화학물질 취급 근로자를 포함한 인간의 안전과 건강 및 환경을 보호한다는 취지에서, 각국은 UN에서의 합의에 따라 관련법 개정을 통해 GHS의 2008년 이행을 약속한 바 있다. 대부분의 나라에서는 2008년까지 법안을 개정 완료하는 것을 목표로 추진 중에 있으며 현행 분류기준과 GHS에 의한 분류기준을 병용하여 사용할 수 있는 유예기간은 나라별로 짧게는 2008년부터 즉시 또는 2010~2015년을 목표로 하고 있다.

따라서 국가별 전면시행 시기는 차이가 있더라도 2009년부터는 GHS에 의한 분류표지 기준을 각국의 기존의 분류표지 기준과 함께 병용, 사용될 수 있을 것으로 보인다. 법 제정 이전에 이미 시장에서는 대기업, 다국적 기업들을 중심으로 GHS에 의한 분류 표지를 이미 이행하고 있는 경우도 있다.

제11장

위험물 컨테이너 점검제도

1 위험물 컨테이너 점검제도의 의미와 배경

1.1 CIP(Container Inspection Programme)

항만국통제(PSC, port state control)의 일환으로 자리잡아가고 있는 CIP (Container Inspection Programme, 컨테이너 점검제도)는 위험물을 적재한 해상운송 컨테이너에 대하여 국제해상위험물규칙(IMDG Code)의 준수여부를 점검하고 위반사항에 대하여는 시정조치토록 계도하여 선박과 항만의 안전을 도모하기 위한 제도이다.

1.2 법적 근거

CIP는 포장된 위험물의 해상운송과 관련된 점검활동으로서 국제해상인명안전협약(SOLAS 협약)등의 국제협약과 선박안전법 등의 국내법에 근거를 두고 있다.

국제협약	• 국제해상인명안전협약(SOLAS) 제7장 : 위험물의 운송 • 국제해양오염방지협약(MARPOL) 부속서 Ⅲ • 국제해상위험물규칙(IMDG Code)
국내법	• 선박안전법 제41조(위험물의 운송) • 위험물 선박운송 및 저장규칙 제213조(위험물컨테이너 등 점검) • 위험물컨테이너 등의 점검에 관한 요령(해양수산부 고시, '20. 09)

1.3 시행배경 및 기대효과

1970년대 이후 컨테이너의 해상운송이 급격히 증가하면서 위험물 컨테이너의 운송 또한 증가하여 위험물 컨테이너의 안전운송에 관한 국제적인 논의가 활발히 진행되었다. 이에 따라 국제해상인명안전협약 제7장 등 관련 협약이 제정, 시행되고 1998년 5월에는 국제해시기구(IMO)의 해사안전위원회(MSC)

제69차 회의에서 각 회원국에게 CIP 제도의 시행을 강력히 촉구하게 되었다.[1)]

우리나라의 경우 수출 위험물 컨테이너에 대하여는 1990년부터 선적 전 검사를 실시하고 있으나 수입 위험물 컨테이너에 대하여는 아무런 안전검사가 없어서 항만안전에 위협요소로 작용하여 왔다. 이에 따라 국토해양부에서는 2002년부터 수입 위험물 컨테이너에 대한 안전점검활동인 CIP를 부산항과 광양항에서 시행하게 되었다.

현재까지 아무런 규제가 없는 상태로 반입되던 수입 위험물 컨테이너에 대한 점검을 실시함으로써 외국의 송하인 및 국내의 수입업자들로 하여금 국제협약상의 안전기준을 준수하도록 하는 계기가 되고 있으며, 수입 위험물의 안전도가 높아지게 되어 하역 작업 시 또는 운송 시 안전사고 위험성도 현저히 감소될 것으로 전망된다. 또한 수출/수입 위험물의 안전에 대한 제도적 체계를 모두 갖춘 국가가 됨으로서 테러에 대한 우려가 고조되고 있는 최근의 국제사회에 있어서 우리나라 제품의 안전성과 우리 항만의 "Safety Port"로서의 위상제고에 크게 기여할 것으로 기대된다.

2 위험물 컨테이너 점검내용

2.1 주요 점검사항 및 결과

(1) IMO가 MSC.1/Circ.1202(14 June 2006) 4항에서 제시하고 있는 10항목의 CIP 주요 점검사항은 다음과 같다 :

- .1 대형라벨 및 표지(placarding and marking)
- .2 소형라벨(labelling (of packages))
- .3 위험물 운송관련 서류(documentation)
- .4 포장의 손상여부(packaging (inappropriate or damaged))

1) 해양수산부 고시, 제2015-99호, 2015.07. 14.

－.5 이동식탱크 또는 도로용 탱크차의 이상유/무(portable tank or road tank vehicles(inappropriate or damaged))

－.6 화물컨테이너, 차량 및 기타 화물운송장치 내부의 적재 및 고박 상태(stowage/securing inside the freight containers, vehicles and other CTUs)

－.7 위험물 상호간의 격리상태(segregation of cargo)

－.8 컨테이너 안전 승인판의 상태(Container Safety Convention (CSC) Safety Approval Plate)

－.9 컨테이너의 중대한 구조적 결함(serious structural deficiencies)

－.10 도로용 탱크차의 결합상태(tie down attachments of road tank vehicles.)

(2) IMO에서는 위 (1)항의 점검항목을 기준으로 다음 항목에 대하여 매년 CIP결과를 보고해 줄 것을 각국에 요청하고 그 결과를 통계로 발표하고 있다.

－.1 점검한 화물컨테이너, 자동차 및 기타 화물운송장치의 수

－.2 점검 후 결함이 발견 된 화물컨테이너, 자동차 및 기타 화물운송장치의 수

－.3 위 (1)항의 점검항목 당 발견 된 결함의 수

최근에 발표된 통계자료를 정리하면 표와 같으며, 이 표를 근거로 IMO는 2가지를 지적하고 있다. 첫째는 결함율이 감소하고 있으며 CIP의 결과가 긍정적으로 나오고 있다.

따라서 CIP를 시행하지 않고 있는 국가에서도 CIP 시행을 강력히 촉구한다. 두 번째는 결함율이 감소하고 있으나 아직도 높다. 따라서 정례적으로 CIP가 시행되어야 한다.

[국제해사기구(IMO)제공 컨테이너 점검 결과]

점검/보고 연도	점검 CTU 수량	결함 CTU 수량 / 결함율	파악 된 총결함건
2021/2022	64,283	3,797 / 5.91%	5,070
2019/2020	66,538	4,367 / 6.56%	5,325
2018/2019	72,408	5,653 / 16.4%	5,816

(3) 우리나라의 경우, 기준에 미달되는 컨테이너가 발견될 시 현재 국내법으로서는 벌금 등의 물리적 제재는 없고, 해당자(송하인, 운송인, 하수인)에 대하여 경고장을 발부하여 경각심을 주는 정도로 수위를 조절하고 있었다. 그러나 IMDG Code가 2004년 1월 1일부터 강제화 되어 짐에 따라 이를 국내법에 수용하여 법적제재의 근거가 마련되었다.

[해양수산부 제공 국내 컨테이너 점검 결과]

점검 연도	점검 컨테이너수량	결함발견 컨테이너수량	위반율
2021	8,537 TEU	394 TEU	5.1%
2020	8,769 TEU	436 TEU	5.0%
2019	8,631 TEU	516 TEU	6.0%

[해양수산부 제공 2022년 컨테이너 점검목표]

부처	수입건 외관검사	수입건 개방검사	수출건 외관검사	수출건 개방검사
부산청	5,100 TEU	255 TEU	165 TEU	24 TEU
인천청	560, TEU	90 TEU	48 TEU	4 TEU
여수청	560 TEU	90TEU	48 TEU	4 TEU
울산청	315 TEU	50 TEU	22 TEU	3 TEU
평택청	150 TEU	24 TEU	12 TEU	3 TEU
포항청	16 TEU	5 TEU	4 TEU	2 TEU
합 계	6,701 TEU	514 TEU	299 TEU	40 TEU

제12장

위험물관련 사고보고

1 선박보고제도 개요

1.1 선박보고제도의 다양성에 따른 문제와 IMO보고지침

선박을 운항하며 느끼게 되는 많은 어려움 중의 하나가 선박보고제도이다. 보고제도는 국가와 지역, 그 목적에 따라 다양하여 혼란스럽기까지 하다. 국가마다 보고하는 내용의 절차와 양식이 상이하고, 보고 내용은 수색구조용(Search and Rescue)으로, 해사안전교통시스템(Vessel Traffic Service)의 일환으로, 기상정보수집(Weather Forecasting)용으로, 때로는 해양오염의 예방과 통제(Prevention and Control of marine pollution)용으로 다양하다. 이러한 보고체계의 혼란을 줄이고자 IMO는 표준화된 보고체계를 Resolution A.851(20)을 통하여 제시하였다. 이 문서에는 위험물, 유해물질 및 해양오염물질과 관련된 사고보고지침을 포함하여 선박보고체계와 보고요건에 대한 일반적인 원칙을 제시하고 있다.[1)] IMDG Code 부록(supplement)에는 다른 여러 내용과 더불어 Resolution A.851(20)의 내용이 포함되어 있다. 따라서 선박운항에 따른 보고사항이 발생 시 이를 적극 활용할 필요가 있다.

1.2 위험물관련 사고보고 제도

SOLAS 1974, 7장, Part A, Reg.6에서는 위험물과 관련된 사고가 발생되어 해상에 유출되거나 유출될 개연성이 있는 경우 선장 또는 선박의 책임자가 선박의 최근접국에 보고하도록 규정하고 있으며, 이때도 Resolution A.851(20)에 따라 작성된 보고지침에 따라 작성하면 된다.

선장이나 선박의 책임자가 사고보고를 할 수 없는 경우에는 그 의무를 회사 즉, 선주, 용선자, 선박의 운항인 또는 관리자에게 부여하고 있다.

보고시스템의 구축은 해양오염의 1차 피해국이 될 수 있는 최근접국의 효

1) Manual on Chemical Pollution, section 2, p.10, 2007.

과적이고 신속한 방제작업이 가능하도록 하기위한 것으로, 이러한 최근접국의 연락처는 IMO에서 발행하는 "MSC/MEPC.6 circular(LIST OF NATIONAL OPERATIONAL CONTACT POINTS RESPONSIBLE FOR THE RECEIPT, TRANSMISSION AND PROCESSING OF URGENT REPORTS ON INCIDENTS INVOLVING HARMFUL SUBSTANCES, INCLUDING OIL FROM SHIPS TO COASTAL STATES)"를 통해서 확인할 수 있으며, IMO 홈페이지에서도 인터넷으로도 확인할 수 있다.

연락처는 MARPOL 73/78 Annex I과 Annex II의 이행을 위하여 만들어 졌으나 포장위험물의 유출 보고 시 연락처로 이용되며, Oil Tanker의 비상오염방제계획(SOPEP)과 Chemical Tanker의 비상오염방재계획(SMPEP)의 의무비

[안전 및 오염예방을 위한 긴급 연락처 일부 - IMO, MSC/MEPC.6 circulars]

REPUBLIC OF KOREA

South Regional Headquaters, Korea Coast Guard
Tel: +82 51 639 3503
+82 51 639 0112(24 hrs)
Fax: +82 51 639 5050
+82 51 639 3513(24hrs)
Telex:
Email:
Radio Call Sign: Language understood: English

Wando Coast Guard Station
Wando
Tel: +82 61 555 5050
+82 61 554 0112(24 hrs)
Fax: +82 61 555 5051
+82 61 555 5060(24hrs)
Telex:
Email:
Radio Call Sign: Language understood: English

West Regional Headquaters, Korea Coast Guard
Tel: +82 61 247 2191(24 hrs)
+82 61 247 2029(24 hrs)
Fax: +82 61 247 2191(24 hrs)
Telex:
Email:
Radio Call Sign: Language understood: English

치사항이기도 하다. 문서형태의 연락처는 연간 단위로, 인터넷 형태의 연락처는 1년에 4번 변화된 내용을 새롭게 수정하고 있다. 인터넷 확인은 www.imo.org → 홈페이지 왼편 “Circulars” 또는 “National contacts” 선택 → “Contact point” 선택의 순서로 들어간다. 참고용으로 인터넷의 일부 내용을 아래에 옮겨 놓았다.

2 위험물관련 사고보고

2.1 사고보고 양식과 이용

표준화된 선박보고체계는 통상적인 보고와 특별보고로 나누어진다.

통상적인 보고는

1) 항해계획(SP, Sailing Plan)
2) 위치보고(PR, Position Report)
3) 이로보고(DR, Deviation Report)
4) 최종보고(FR, Final Report)
5) 기타보고(Any other report)

특별보고는

1) 위험물보고(DG, Dangerous Goods report)
2) 유해물질보고(HS, Harmful substance)
3) 해양오염보고(MP, Marine Pollutants)

선박보고서는 다음 표의 구성내용을 상황에 맞게 선택하여 작성한다.

[표준 선박보고서 작성표]

전신	전화(대체신호)	의미	내용
보고시스템(AMBER/AUSREP/ECAREG/JASREP 등)	보고시스템(AMBER/AUSREP/ECAREG/JASREP 등)	시스템식별자	선박보고시스템 또는 근접육상무선국
SP,PR, DR, FR, DG, HS, MP,			보고종류
A	Ship(alpha)	선박	선명, call sign, 무선국 및 국적
B	Time(bravo)	날짜, 시간	6자리(일, 시, 분)
C	Position(charlie)	위도, 경도	4자리 + N or S / 5자리 + E or W
D	Position(delta)	위치	육표로부터의 진방위와 거리(해리)
E	Course(echo)	진코스	3자리
F	Speed(foxtrot)	속도(kts, 00.0)	3자리
G	Departed(golf)	출발항	
H	Entry(hotel)	보고시스템 진입 날짜, 시간 및 지점	B, C 방식으로 표시
I	Destination & ETA(india)	목적지와 예상도착시간	
J	Pilot(juliet)	도선사	도선사 승선 여부
K	Exit(kilo)	목적지도착 또는 보고시스템 이탈 날짜, 시간 및 지점.	B, C 또는 D로 표시
L	Route(lima)	항로정보	예정항로
M	Radiocommunications (mike)	무선국	무선국과 사용주파수 표시
N	Next report(november)	차회 보고시간	B 방식으로 표시
O	Draught(oscar)	최대흘수(m)	4자리, m & cm
P	Cargo(papa)	화물	

전신	전화(대체신호)	의미	내용
Q	Defect, Damage, Deficiency, Limitations(quebec)	결함, 손상, 미흡, 제한 사항	
R	Pollution/dangerous goods lost overboard(romeo)	오염 또는 위험물 누출사항	사고내용 + 위치(C, D 방식)
S	Weather(sierra)	기상상태	
T	Agent(tango)	선주	
U	Size & type(uniform)	선박의 크기, 종류	길, 폭, 톤수, 종류
V	Medic(victor)	의료인	의사, 간호사
W	Persons(whiskey)	총 승선원 수	
X	Remarks(x-ray)	기타	사고에 대한 추가 내용
Y	Relay(yankee)	타 보고시스템으로 중계 요청	
Z	End of report(zulu)	보고의 끝	

2.2 위험물 사고보고서 예문

위 표를 이용하여 Rainbow호(길이 150m, 폭 30m, 총톤수 35000톤)에서 발생한 선박 사고로 위험물(DG)이 누출되었다고 가정하고, 이에 대한 선박보고서를 만들어 보도록 한다.

무지개호가 2022년 8월 15일 14시 30분(UTC), 위도 북위 38도 30분, 동경 125도 30분의 위치에서 폭풍으로 30개의 컨테이너가 해상으로 추락하고, 그 중 7개의 컨테이너의 문이 열려 안에 있던 메탄올이 담긴 철재드럼이 컨테이너 밖으로 튀어나왔다. 이 과정에서 화물이 누출 되었다. 무선국 “GKA/9VG/INMARSAT B329061700”을 이용하여 일본해상보안청에 보고한다는 시나리오로 작성해 본다. 메탄올(methanol)은 인화성(class 3)과 독성(class 6.1)이 있는 UN번호 1230의 위험물이다.

DG보고서에는 위 표의 내용 중 A, B, C(or D), M, Q, R, S, T, U, X를

포함하도록 규정하고 있다. 이 기준에 맞추어 선박보고서를 작성해보면 아래와 같다.

```
JASREP /DG /A-MV RAINBOW / B-151430 / C-3830N, 12530E / M-GKA/9VG/
INMARSAT B329061700 / Q-CONTAINER DOOR BROKEN, CARGO FALL OVERBOARD /
R1- METHANOL
R2- UN 1230
R3- 3(6.1)
R4- KOREA ALCOHOL CO., LTD
R5- STEEL DRUM(1A1), FREIGHT CONTAINER-HDMU 6398697, CKLU 2014144 ETC
R6- 7 DRUMS, 1000 KGS LEAK
R7- FLOAT
R8- LOSS STOPPED
R9- CONTAINERS, DRUMS FELL N LEAK /
S-NEAR GALE / T-RAINBOW MARITIME CO.,/ U-150M, 30M, 35000GT,
CONTAINER SHIP / 30 CONTAINERS LOST OVERBOARD, 7 CONTAINERS-DOOR
OPENED / Z
```

제13장

위험물과 보안규정

1 HCDG의 정의와 EU의 규제

1.1 HCDG(High Consequence Dangerous Goods)의 정의

미국의 9.11 테러 이후에 새롭게 등장한 개념으로 테러에 전용되는 경우 대량의 사상자와 건물의 파괴를 일으킬 수 있는 위험물을 "테러 고위험 위험물(HCDG)"이라고 한다.

IMDG Code 1.4.3에는 HCDG에 해당되는 위험물의 범주를 기록하고 있는데, 이를 표로 정리하면 "HCDG 대상물질" 표와 같다.

1.2 HCDG와 EU의 규제

유럽에서는 유럽 역내 위험화물 운송에 관한 EU규칙(ADR, ADN, RID)에 High Consequence Dangerous Goods(HCDG) 개념을 도입, 2005년 7월 1일부터 강제적용하고 있다.

주요 내용으로는 유럽 역내에서 HCDG 화물을 운송하기 위해서는 다음의 조건이 충족되어야 하며, 요건 미 충족 HCDG 화물은 관련 정부기관에 의해 운송중단 등의 제재조치를 받게 된다.

(1) 운송인, 송・수하인 등 HCDG 운송에 관계되는 당사자들은 보안계획(security plan)을 작성하고 이를 준수하여야 한다.

(2) HCDG 화물운송차량의 절도예방을 위한 설비 혹은 장비를 장착하고 운영상의 절차를 확실히 수립한다.

(3) 운송 중 HCDG를 임시 보관할 터미널, 부지, 차량창고 및 Marshalling Yard 등의 적절한 보안을 유지한다.

[HCDG(High Consequence Dangerous Goods) 대상물질]

위험물등급	HCDG 대상물질
제1급	1.1등급 화약류
	1.2등급 화약류
	1.3등급 혼적그룹 C 화약류
	1.4등급 화약류 중 UN번호 0104, 0237, 0255, 0267, 0289, 0361, 0365, 0366, 0440, 0441,0455, 0456, 0500의 화약류
	1.5등급 화약류
제2급	3000 L 초과의 2.1급 인화성가스를 도로용 탱크차, 기차의 탱크형 화차 및 이동식 탱크로 운송 시
	2.3급 독성가스
제3급	3000 L 초과의 포장등급 I과 II의 인화성 액체로 도로용 탱크차, 기차의 탱크형 화차 및 이동식 탱크로 운송 시
	둔감화 된 액체 화약류
제4급	4.1급의 둔감화 된 액체 화약류
	3000 kg 또는 3000 L 초과의 포장등급 I의 4.2급 물질로 도로용 탱크차, 기차의 탱크형 화차, 이동식 탱크 및 산적컨테이너로 운송 시
	3000 kg 또는 3000 L 초과의 포장등급 I의 4.3급 물질로 도로용 탱크차, 기차의 탱크형 화차, 이동식 탱크 및 산적컨테이너로 운송 시
제5급	3000 L 초과 포장등급 I의 5.1급 산화성액체를 도로용 탱크차, 기차의 탱크형 화차 및 이동식 탱크로 운송 시
	3000 kg 또는 3000 L 초과되는 5.1급의 Perchlorates, ammonium nitrate, ammonium nitrate fertilizers 및 ammonium nitrate의 유상액(乳狀液), 부유물 또는 겔이 도로용 탱크차, 기차의 탱크형 화차, 이동식 탱크 및 산적컨테이너로 운송 시
제6급	포장등급 I의 6.1급 독성물질
	Category A의 6.2급 전염성물질(UN 2814, UN 2900)
제7급	Type B(U) 또는 Type B(M) 또는 Type C로 포장된 방사능물질로 그 양이 3000A1(특수한 모양) 또는 3000A2를 초과하는 경우
제8급	3000 kg 또는 3000 L 초과의 포장등급 I의 8급 부식성 물질로 도로용 탱크차, 기차의 탱크형 화차, 이동식 탱크 및 산적컨테이너로 운송 시

2 IMDG Code 중의 HCDG 규정

2.1 HCDG 적용범위

포장위험물이 테러 등에 이용되는 문제를 막기 위한 대책으로 IMDG Code 1.4에 보안에 대한 문제를 언급하고 있다. 내용의 핵심은 보안대상물체로는 부두, 선박(SOLAS 74에서 제외된 500톤 이하의 화물선도 적용 범위에 포함) 및 회사가 되며, 보안이행주체로는 보안대상물체를 관리하는 인적요원이 된다. 다만, SOLAS 74, XI-2장과 ISPS Code에 따라 보안을 유지하고 있는 회사, 선박 및 부두는 기존 방식을 유지하면 되며(강제사항), 그 외의 회사, 선박 및 부두는 IMDG Code 1.4장(권고사항)을 적용한다.

2.2 HCDG 보안내용

보안요원은 보안계획을 작성하고 이에 따라 훈련을 하고 보안상태를 유지하여야 한다. HCDG 위험물 취급 시 보안계획에 포함되어야 할 내용은 다음과 같다.

(1) 적절한 책임과 권한을 부여받은 보안요원의 배치에 관한 내용
(2) 위험물의 종류와 운송수단의 기록
(3) 현재 행하고 있는 위험물의 통합운송, 임시저장, 관리 및 배치 등에 관한 평가와 보안취약성의 평가
(4) 훈련, 고위험단계의 위협, 신입직원 및 기존직원의 확인절차 등의 방침, 임시 저장 위험물로의 접근방법, 보안취약구역의 접근방법 등의 명확한 이행절차
(5) 보안의 위협, 침입, 보안사고 등과 관련 된 효과적이고 최신화 된 보고 및 대응절차

(6) 보안계획에 대한 평가와 시험 그리고 주기적인 재검토와 최신화 절차,

(7) 보안계획에 포함 된 운송계획의 보안절차,

(8) 운송정보 확산을 가능한 제한하기 위한 절차.

2.3 비상대응을 위한 위험물 정보제공 필요성과 보안문제의 상충성

보안계획에 포함되어야하는 내용 중 "(8)"의 내용은 운송되는 위험물의 정보를 정확하고 신속하게 제공하기 위한 규정이 포함된 IMDG Code 5,4장(운송서류)을 비롯한, IMDG Code 5장의 내용과 배치된다. 신속한 위험물 정보를 제공하기 위한 위험물표지, 라벨, 대형라벨 및 UN번호 표시 등의 목적과도 배치되는 부분이다. 이는 사고대응 및 운송의 안전을 위하여 위험물에 대한 정보를 공개하여야 한다는 생각과 이러한 위험물의 정보가 불순한자의 손에 흘러 들어가 테러에 이용되어서는 안 된다는 두 생각 사이에 접점이 필요한 부분이다.

IMDG Code 5.3.2.1.1을 보면 운송되는 위험물에 대한 정보를 제공하는 "UN번호"를 화물운송장치(CTU)에 붙이도록 규정하고 있는데, 유독 Class 1은 예외로 하고 있다. 이는 보안을 염려한 부분으로 볼 수 있다.

EU의 HCDG규제에 이어 IMDG Code 1.4.3에 따른 공론화는 권고사항이라고는 하나 해운, 항만업계에 적지 않은 파장을 일으킬 것으로 보인다. 더구나 세계 각지에서 이어지는 테러 소식은 보안문제에 대한 관심을 촉발시킬 것이고 위험물 운송에 있어서 부담으로 다가설 것이다.

[9.11사건 이후 항공검색관련 기사 중 액체폭탄에 관한 기사]

중앙일보, 2006.8.12

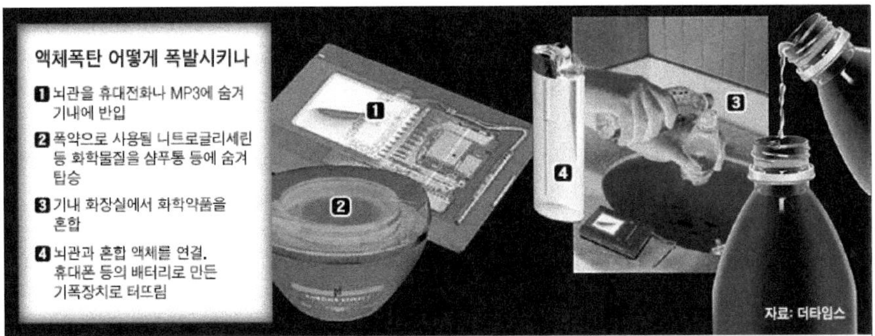

액체 폭탄 어떻게 니트로글리세린 등 혼합 … 작은 충격에도 폭발

액체 폭발물은 폭약이 액체라는 것 외에는 TNT와 같은 고체 폭발물과 다를 바 없다. 숙련된 화학 전문가라면 쉽게 액체 폭탄을 만들 수 있다. 고체와 액체를 혼합해 폭발물을 제조하기도 한다.

액체 폭발물 중 대표적인 것은 건설현장이나 채석장에서 많이 쓰이는 니트로글리세린. 기름기가 흐르는 노란색 액체로 폭발성이 강력해 2~3 *l* 정도만 기내에 반입해 터뜨려도 비행기의 한 부분을 날려버릴 수 있을 위력을 갖고 있다.

니트로글리세린은 작은 기폭장치를 설치한 뒤 건전지로 작동되는 이동용 전자장치로 작은 충격만 가해도 폭파시킬 수 있다.

메틸 나이트레이트라는 액체 화학물질은 다른 물질과 섞이는 즉시 폭발하기 때문에 기폭장치 없이도 폭파시킬 수 있다. 대인지뢰는 메틸 나이트레이트의 이런 특성을 이용해 지뢰를 밟을 경우 용기가 깨져 폭발이 일어나도록 만들어졌다.

황산이나 소독제로 쓰이는 과산화수소 등도 트리아세톤 트리페록사이드(TATP)라는 폭발물질과 혼합할 경우 강력한 폭발력을 가질 수 있다.

한경환 기자
helmut@joongang.co.kr

제14장

위험물 운반선을 위한 비상조치법

1 비상조치법(The EMS Guide) 개요

해상으로 포장위험물을 운송 시 IMDG Code가 매우 유익한 정보와 지침을 제공하는 것은 명백한 일이나 IMDG Code 만으로는 부족한 부분이 있다. 특히 사고대응부분이 그러한데, 이를 보완해주는 것이 IMDG Code의 부록(supplement)이다. 이 장에서는 부록의 내용 중 화물과 관련 된 화재와 누출 등 화물과 관련된 사고 발생 시 대응방법을 기술한 비상대응지침서(THE EMS GUIDE)에 대하여 살펴보고자 한다.

SOLAS 74와 ISM Code에는 비상상황이나 사고에 대비하여 비상대응계획을 작성하고 이에 따라 훈련을 하고 그 결과를 기록 유지하도록 하고 있다.

비상조치법(The EmS Guide : Emergency Response Procedures for Ships Carrying Dangerous Goods)은 국제해상위험물규칙(IMDG Code)에 규정되어 있는 위험물로 인한 화재 및 유출 시에 취해야 할 대응절차에 관한 지침을 제공하고 있다. The EmS Guide의 성격을 간단히 정리하면 아래와 같다.

➡ The EmS Guide의 성격

(1) The EmS Guide 관련 위험물 : IMDG Code에 기록되어 있는 위험물(포장위험물)

(2) The EmS Guide 적용 사고 : 화재(Fire)와 누출(Spillage)

(3) The EmS Guide 적용 장소 : 선박(on board ship)

The EmS Guide는 포장위험물과 관련된 화재와 누출에만 적용된다. 즉 컨테이너선과 포장위험물을 운송하고 있는 일반 잡화선(general cargo ship)에 적용되며, 외부의 도움을 받을 수 없는 상황의 선박에서 사고대응 시 이용가능한 정보를 제공하고 있다. 따라서 케미칼선이나 유탱커의 화재와 누출에는 직접 적용하기는 무리가 있다.

2 The EmS Guide의 이용

2.1 사전 발생 전 The EmS Guide 이용훈련

화재(Fire) 발생 시 이용할 수 있는 비상계획(Emergency schedule)은 10가지, 유출(Spillage) 시 이용할 수 있는 비상계획은 26가지를 제공하고 있다. 이러한 선박의 비상계획은 각 배의 특성과 비치된 장비를 고려하여 선박비상계획의 일환으로 연계시켜 활용하여야 한다.

The EmS Guide의 바른 이용순서를 크게 3부분으로 나누어 적으면 아래와 같다.

(1) 비상상황이 발생하기 전 화재와 누출에 대한 선박비상훈련시스템에 "INSTRUCTIONS to the emergency schedules" 부분으로 포함시켜 학습을 하도록 한다.

(2) 포장위험물과 관련하여 사고가 발생하면 우선 "일반지침(GENERAL GUIDELINES)를 참고한다.

(3) 사고가 난 화물에 대한 구체적인 "비상계획[EMERGENCY SCHEDULE(S)]"을 위험물목록표(DGL)에서 찾는다.

2.2 화재사고 시 대응지침

2.2.1 화재대응 일반지침

화재발생 대응 시 대응자가 화재발생의 처음에서 끝까지 전체적으로 고려해야 할 사항이 "일반지침(GENERAL GUIDELINES)"으로 제공되고 있는데, 내용은 아래와 같다.

(1) 안전을 우선 고려한다.

(2) 위험물과 접촉을 피한다.
(3) 화염, 연기, 흄(fume)과 증기를 멀리한다.
(4) 화재경보를 울리고 진화를 시작한다.
(5) 가능한 선교와 거주구역이 풍상 측에 위치하도록 노력한다.
(6) 연소 중이거나 연기를 발생시키는 화물의 위치를 파악한다.
(7) 화물을 식별한다.
(8) 문제가 된 위험물에 대한 UN번호와 비상소화절차를 찾는다.
(9) 찾은 비상소화절차의 내용 중 적용 가능한 항목을 찾아 이에 따른다.
(10) 화재가 옮겨갈 수 있는 다른 위험물의 존재여부를 점검하고 적합한 비상소화절차를 파악한다.
(11) 적절한 보호의와 자장식호흡구를 착용한다.
(12) 응급상황 시 MFAG를 사용할 수 있도록 준비한다.
(13) 본사의 운항책임자 또는 구조센타의 담당자와 연락을 취하여 위험물 비상대응조치에 대한 전문가의 자문을 구한다.
    * 주의 : 위험물이 피부에 묻었을 시에는 즉시 제거하고 물로 씻는다.

2.2.2 화재대응 세부지침

IMDG Code 위험물목록(DGL)에는 화재 발생 시 그 화물에 바로 적용할 수 있는 비상조치법이 지정되어 있으며, 아래 비상조치법(EmS) 목록 중의 하나가 지정되어있다.

(1) F-A : 일반화재 대응조치
(2) F-B : 폭발성 물질 및 제품
(3) F-C : 비인화성 가스
(4) F-D : 인화성 가스
(5) F-E : 물과 반응하지 않는 인화성 액체
(6) F-F : 온도제어가 필요한 자체반응성 물질 및 유기과산화물

(7) F-G : 물과 반응하는 물질

(8) F-H : 폭발할 수 있는 산화성 물질

(9) F- I : 방사성 물질

(10) F- J : 온도제어가 필요 없는 자체 반응성 물질 및 유기과산화물

2.3 유출사고 시 대응지침

2.3.1 유출대응 일반지침

(1) 안전을 최우선으로 생각한다.

(2) 위험물과의 접촉을 피한다. 유출된 먼지(고체)나 액체에 다가가지 말 것.

(3) 증기나 가스로부터 멀리 떨어진다.

(4) 경보를 울린다.

(5) 가능한 선교와 거주구역이 풍상 측에 위치하도록 노력한다.

(6) 화학작용에 견딜 수 있는 완전 보호복 및 자장식 호흡구를 착용한다.

(7) 유출 화물의 적재위치를 확인한다.

(8) 화물을 확인한다.

(9) 당해 위험물의 UN번호 및 해당 비상조치일람표(EmS)를 파악한다.

(10) 찾은 비상유출절차의 내용 중 적용 가능한 항목을 찾아 이에 따른다.

(11) 응급상황 시 MFAG를 사용할 수 있도록 준비한다.

(12) 본사의 운항책임자와 연락을 취하여 위험물 비상대응조치에 대한 전문가의 자문을 구한다.

* 주의 : 위험물이 피부에 묻었을 시에는 즉시 제거하고 물로 씻는다.

2.3.2 유출대응 세부지침

IMDG Code 위험물목록(DGL)에는 유출 발생 시 그 화물에 바로 적용할 수 있는 비상조치법이 지정되어 있으며, 아래 비상조치법(EmS) 목록 중의 하나가 지정되어있다.

(1) S-A : 독성물질
(2) S-B : 부식성물질
(3) S-C : 인화성, 부식성액체
(4) S-D : 인화성액체
(5) S-E : 물에 뜨는 인화성액체
(6) S-F : 물에 녹는 해양오염물질
(7) S-G : 인화성고체 및 자체반응성물질
(8) S-H : 인화성고체(용융상태)
(9) S- I : 인화성고체(재포장이 가능한 것)
(10) S-J : 습성 화약류 및 자기발열성 물질
(11) S-K : 온도제어가 필요한 자체반응성물질
(12) S-L : 자연발화성, 물과 반응하는 물질
(13) S-M : 자연발화의 위험성이 있는 물질
(14) S-N : 물과 격렬하게 반응하는 물질
(15) S-O : 젖었을 때 위험한 물질(수거 불가능한 제품)
(16) S-P : 젖었을 때 위험한 물질(수거 가능한 제품)
(17) S-Q : 산화성물질
(18) S-R : 유기과산화물
(19) S-S : 방사성물질
(20) S-T : 생물학적 위험성이 있는 물질
(21) S-U : 가스류(인화성, 독성 또는 부식성)
(22) S-V : 가스류(비인화성, 비독성)
(23) S-W : 산화성가스
(24) S-X : 폭발성 부품 및 제품
(25) S-Y : 폭발성 화학품
(26) S-Z : 독성 화약류

2.4 비상조치법 확인방법

비상조치법은 IMDG Code의 위험물 목록(DGL) (15)항에 수록되어 있다. IMDG Code에 수록된 위험물에 대한 EmS를 확인하기 위해서는 이 위험물 목록을 참조 한다. 예를 들어 "UN No. 1689, SODIUM CYANIDE, SOLID"의 화재 시 그리고 유출 시의 비상조치법을 찾아본다. 먼저, DGL에서 UN번호로 SODIUM CYANIDE을 찾고, (15)열에서 EmS 번호를 찾는다.

UN No.	Proper Shipping Name (PSN)	Class or division	Subsidiary risk(s)	Packing group	EmS
(1)	(2)	(3)	(4)	(5)	(15)
1689	SODIUM CYANIDE, SOLID	6.1	P	I	F-A, S-A

즉, "UN No. 1689, SODIUM CYANIDE, SOLID"에 화재(FIRE) 발생 시는 IMDG Code의 부록에 수록되어 있는 "FIRE SCHEDULE A"를 참조하여 대응하여야 하며, 유출(SPILLAGE) 발생 시에는 "SPILL SCHEDULE A"를 참조하여 대응하여야 한다. F-A와 S-A를 확인하면 각각 아래와 같다.

2.4.1 화재대응 비상조치법(EmS)의 예

[F-A 일반화재 대응조치법]

일반 요구사항		화재 발생 시 화재에 노출된 화물은 폭발하거나 격납장치가 파열될 수 있음. 가능한 한 멀리 떨어진 보호된 위치에서 화재를 진압할 것
갑판상부 화물 화재	포장화물	가능한 한 많은 호-스를 사용하여 물을 분사할 것
	화물운송장치	
갑판하부 화물 화재		환기를 중단하고 해치를 닫을 것 화물구역에 설치된 고정식 소화장치를 사용할 것. 만약 그것이 불가능하면 다량의 물을 사용하여 물이 분사되도록 할 것
화재에 노출된 화물		실행 가능하다면 화재가 옮겨갈 가능성이 있는 화물은 제거하거나 바다에 버릴 것. 그렇지 않으면 물을 사용하여 계속 냉각시킬 것
특별한 경우: UN 1381, UN 2447		화재를 진화한 후, 신속하게 누출에 대한 조치를 할 것(적절한 EmS 유출조치를 참조할 것)

2.4.2 유출대응 비상조치법(EmS)의 예

[S-A 독성물질]

<table>
<tr><td colspan="2">일반 요구사항</td><td>적절한 보호의 및 자장식 호흡구를 착용할 것
보호의를 착용하였다고 하더라도 접촉을 피할 것
실행 가능하다면 유출을 멈추게 할 것
오염된 의복은 물로 세척한 후 제거할 것</td></tr>
<tr><td rowspan="2">갑판상부 유출</td><td>포장화물 (소량유출)</td><td>다량의 물을 사용하여 선외로 씻어 낼 것
유출된 곳에 직접 물을 강하게 분사하지 말 것
유출되는 화물에는 접근을 금할 것
유출된 장소를 완전히 청소할 것</td></tr>
<tr><td>화물운송장치 (대량유출)</td><td>선교와 거주구역이 풍상 쪽으로 향하도록 할 것
다량의 물을 사용하여 선외로 씻어 낼 것
유출된 곳에 직접 물을 강하게 분사하지 말 것
유출되는 화물에는 접근을 금할 것
유출된 장소를 완전히 청소할 것</td></tr>
<tr><td rowspan="2">갑판하부 유출</td><td>포장화물 (소량유출)</td><td>자장식 호흡구를 착용하지 않고는 유출된 장소에 들어가지 말 것. 들어가기 전에 대기상태를 점검할 것(독성 및 폭발의 위험성). 만약 대기상태를 점검할 수 없을 시에는 들어가지 말 것. 증기가 증발하도록 둘 것. 깨끗이 청소할 것
액체 : 유출된 공간을 충분히 환기시킬 것. 유출물이 밀폐된 공간으로 흘러 들어가는 것을 막을 것(예, 불활성 물질 또는 시멘트로 막음)
고체 : 유출물을 수거할 것. 선외로 버릴 것. 그렇지 않으면 접근을 금할 것. 무선으로 전문가의 조언을 구할 것</td></tr>
<tr><td>화물운송장치 (대량유출)</td><td>접근 금지. 무선으로 전문가의 조언을 구할 것. 전문가에 의한 위험성 평가가 있은 후에 계속 진행할 것. 적절한 환기조치를 취할 것
자장식 호흡구를 착용하지 않고는 유출된 장소에 들어가지 말 것. 들어가기 전에 대기상태를 점검할 것(독성 및 폭발의 위험성). 만약 대기상태를 점검할 수 없을 시에는 들어가지 말 것. 증기가 증발하도록 둘 것. 접근 금지. 환기장치가 사용되는 곳에서는 선박의 다른 지역으로(예, 거주구역, 기관구역, 작업구역) 독성증기나 연기가 들어가는 것이 방지되도록 특별한 주의를 기울일 것
액체 : 유출된 공간을 충분히 환기시킬 것. 선창의 바닥으로 깨끗이 씻어 내릴 것. 펌프를 사용하여 선외로 배출시킬 것
고체 : 유출물을 수거할 것. 누출된 고체를 건조한 상태로 유지시키고 플라스틱판으로 덮을 것. 선외로 배출시킬 것. 그렇지 아니하다면 해치를 닫을 것. 선박이 부두에 도착할 때까지 기다릴 것</td></tr>
<tr><td colspan="2">특별한 경우 : 해양오염물질 표시</td><td>가능한 한 적게 선외로 배출시킬 것. 다량의 물로 희석시킬 것. 사고 내용을 MARPOL의 보고요건에 따라 보고할 것</td></tr>
</table>

부록

1. MSDS 예시
2. CLEANING CERTIFICATE
3. TANK CONTAINER INSPECTION CERTIFICATE
4. 위험물용기검사증
5. CARGO ANALYTICAL REPORT

1 MSDS 예시

Sigma-Aldrich. www.sigmaaldrich.com

SAFETY DATA SHEET

Version 6.8
Revision Date 2022.08.05
Print Date 2023.05.06
Date of first issue 2019.06.17
Product Number Sigma-Aldrich - S4972

SECTION 1: Identification of the substance/mixture and of the company/undertaking

a. Product name : Styrene, ReagentPlus®, contains 4-tert-butylcatechol as stabilizer, ≥99%

Product Number : S4972

Brand : Sigma-Aldrich

b. Recommended use of the chemical and restrictions on use : **Identified uses**
Laboratory chemicals, For research use only.

c. Company : 씨그마알드리치코리아(유)
서울특별시 강남구 테헤란로 508,
3층 (대치동, 해성2빌딩)

Sigma-Aldrich Korea
3F Haesung-2-building Teheran-ro 508 Gangnam-gu,
SEOUL 06178
SOUTH KOREA

Telephone : +82 -2-2185-1700
Fax :
Emergency Phone # : +82 2 2185 3800 영업시간 - 09:00~18:00, 월요일 – 금요일 (공휴일 제외)

SECTION 2: Hazards identification

a. GHS Classification
Flammable liquids (Category 3)
Acute toxicity, Inhalation (Category 4)
Skin corrosion/irritation (Category 2)
Serious eye damage/eye irritation (Category 2)
Carcinogenicity (Category 2)
Reproductive toxicity (Category 2)
Specific target organ toxicity - single exposure (Category 3), Respiratory system
Specific target organ toxicity - repeated exposure (Category 1)
Aspiration hazard (Category 1)

b. GHS-Labeling

Sigma-Aldrich- S4972 Page 1 of 11

The life science business of Merck operates as MilliporeSigma in the US and Canada

MERCK

Pictogram 

Signal Word Danger

Hazard statement(s)

H226	Flammable liquid and vapor.
H304	May be fatal if swallowed and enters airways.
H315	Causes skin irritation.
H319	Causes serious eye irritation.
H332	Harmful if inhaled.
H335	May cause respiratory irritation.
H351	Suspected of causing cancer.
H361	Suspected of damaging fertility or the unborn child.
H372	Causes damage to organs through prolonged or repeated exposure.

Precautionary statement(s)

Prevention

P201	Obtain special instructions before use.
P202	Do not handle until all safety precautions have been read and understood.
P210	Keep away from heat, hot surfaces, sparks, open flames and other ignition sources. No smoking.
P233	Keep container tightly closed.
P240	Ground and bond container and receiving equipment.
P241	Use explosion-proof electrical/ ventilating/ lighting/ equipment.
P242	Use non-sparking tools.
P243	Take action to prevent static discharges.
P260	Do not breathe mist or vapors.
P264	Wash the contact area thoroughly after handling.
P270	Do not eat, drink or smoke when using this product.
P271	Use only outdoors or in a well-ventilated area.
P280	Wear protective gloves/ protective clothing/ eye protection/ face protection.

Response

P301 + P310	IF SWALLOWED: Immediately call a POISON CENTER/ doctor.
P303 + P361 + P353	IF ON SKIN (or hair): Take off immediately all contaminated clothing. Rinse skin with water.
P304 + P340 + P312	IF INHALED: Remove person to fresh air and keep comfortable for breathing. Call a POISON CENTER/ doctor if you feel unwell.
P305 + P351 + P338	IF IN EYES: Rinse cautiously with water for several minutes. Remove contact lenses, if present and easy to do. Continue rinsing.
P308 + P313	IF exposed or concerned: Get medical advice/ attention.
P321	Specific treatment (see supplemental first aid instructions on this label).
P331	Do NOT induce vomiting.
P332 + P313	If skin irritation occurs: Get medical advice/ attention.
P337 + P313	If eye irritation persists: Get medical advice/ attention.
P362 + P364	Take off contaminated clothing and wash it before reuse.
P370 + P378	In case of fire: Use dry sand, dry chemical or alcohol-resistant foam to extinguish.

Storage

P403 + P233 Store in a well-ventilated place. Keep container tightly closed.

P403 + P235 Store in a well-ventilated place. Keep cool.

P405 Store locked up.

Disposal

P501 Dispose of contents and container according to wastes control act.

Reduced Labelling (<= 100 ml)

Pictogram

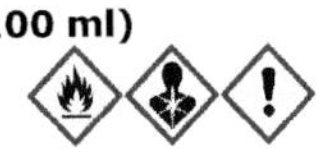

Signal Word Danger

Hazard statement(s) none

Precautionary statement(s) none

Please refer to the MSDS/SDS for further precautionary phrases

c. Other hazards which do not result in classification

Lachrymator.

SECTION 3: Composition/information on ingredients

3a Substances

Formula : C8H8

Molecular weight : 104.15 g/mol

CAS-No. : 100-42-5

EC-No. : 202-851-5

Index-No. : 601-026-00-0

Component	Classification	Concentration
styrene		
CAS-No. 100-42-5 EC-No. 202-851-5 Index-No. 601-026-00-0	Flam. Liq. 3; Acute Tox. 4; Skin Corr./Irrit. 2; Eye Dam./Irrit. 2; Carc. 2; Repr. 2; STOT SE 3; STOT RE 1; Asp. Tox. 1; Aquatic Chronic 3; H226, H332, H315, H319, H351, H361, H335, H372, H304, H412	>=95 - <= 100 %

For the full text of the H-Statements mentioned in this Section, see Section 16.

SECTION 4: First aid measures

a. In case of eye contact

After eye contact: rinse out with plenty of water. Call in ophthalmologist. Remove contact lenses.

b. In case of skin contact
In case of skin contact: Take off immediately all contaminated clothing. Rinse skin with water/ shower. Consult a physician.

c. If inhaled
After inhalation: fresh air. Call in physician.

d. If swallowed
After swallowing: caution if victim vomits. Risk of aspiration! Keep airways free. Pulmonary failure possible after aspiration of vomit. Call a physician immediately.

e. Most important acute symptoms/effects
No data available

Most important delayed symptoms/effects
No data available

f. Notes to physician
No data available

General advice
Show this material safety data sheet to the doctor in attendance.

SECTION 5: Firefighting measures

a. Suitable extinguishing media
Carbon dioxide (CO2) Foam Dry powder

Extinguishing media which shall not be used for safety reasons
For this substance/mixture no limitations of extinguishing agents are given.

b. Specific hazards arising from the chemical
Container explosion may occur under fire conditions. Vapors may form explosive mixture with air.Combustible materialCombustible.Vapors are heavier than air and may spread along floors.Forms explosive mixtures with air at elevated temperatures.Development of hazardous combustion gases or vapours possible in the event of fire.

c. Special protective actions for fire-fighters
Stay in danger area only with self-contained breathing apparatus. Prevent skin contact by keeping a safe distance or by wearing suitable protective clothing.

Further information
Remove container from danger zone and cool with water. Prevent fire extinguishing water from contaminating surface water or the ground water system.

SECTION 6: Accidental release measures

a. Personal precautions, protective equipment and emergency procedures
Advice for non-emergency personnel: Do not breathe vapors, aerosols. Avoid substance contact. Ensure adequate ventilation. Keep away from heat and sources of ignition. Evacuate the danger area, observe emergency procedures, consult an expert.

b. Environmental precautions
Do not let product enter drains. Risk of explosion.

c. Methods and materials for containment and cleaning up
Cover drains. Collect, bind, and pump off spills. Observe possible material restrictions (see sections 7 and 10). Take up carefully with liquid-absorbent material (e.g. Chemizorb®). Dispose of properly. Clean up affected area.

SECTION 7: Handling and storage

a. Precautions for safe handling
Work under hood. Do not inhale substance/mixture. Avoid generation of vapours/aerosols. Keep away from open flames, hot surfaces and sources of ignition. Take precautionary measures against static discharge.
b. Conditions for safe storage
Keep container tightly closed in a dry and well-ventilated place. Keep away from heat and sources of ignition. Keep locked up or in an area accessible only to qualified or authorized persons.
Recommended storage temperature 2 - 8 °C
Light sensitive.
c. Storage class
Storage class (TRGS 510): 3: Flammable liquids

SECTION 8: Exposure controls/personal protection

a. Control parameters

Components	CAS-No.	Value	Control parameters	Basis
styrene	100-42-5	TWA	20 ppm	KR OEL
Remarks	Limited evidence of carcinogenicity in humans or animals, which is not sufficiently convincing to place the substance in Category 1 Suspected human reproductive toxicant Substances designated by 'Skin' may be absorbed into the bloodstream through the skin, mucous membrane and eye and contribute to the overall effect. (Skin notation does not apply to the skin irritant)			
styrene	100-42-5	STEL	40 ppm	KR OEL
	Limited evidence of carcinogenicity in humans or animals, which is not sufficiently convincing to place the substance in Category 1 Suspected human reproductive toxicant Substances designated by 'Skin' may be absorbed into the bloodstream through the skin, mucous membrane and eye and contribute to the overall effect. (Skin notation does not apply to the skin irritant)			
styrene	100-42-5	TWA	20 ppm	KR PEL
styrene	100-42-5	STEL	40 ppm	KR PEL

b. Appropriate engineering controls
No data available

c. Personal protective equipment

Respiratory protection
required when vapours/aerosols are generated.Our recommendations on filtering respiratory protection are based on the following standards: DIN EN 143, DIN 14387 and other accompanying standards relating to the used respiratory protection system.

Hand protection
This recommendation applies only to the product stated in the safety data sheet, supplied by us and for the designated use. When dissolving in or mixing with other substances and under conditions deviating from those stated in EN374 please contact the supplier of CE-approved gloves (e.g. KCL GmbH, D-36124 Eichenzell, Internet: www.kcl.de).
Full contact
Material: Viton®
Minimum layer thickness: 0.7 mm
Break through time: 480 min
Material tested:Vitoject® (KCL 890 / Aldrich Z677698, Size M)

This recommendation applies only to the product stated in the safety data sheet, supplied by us and for the designated use. When dissolving in or mixing with other substances and under conditions deviating from those stated in EN374 please contact the supplier of CE-approved gloves (e.g. KCL GmbH, D-36124 Eichenzell, Internet: www.kcl.de).
Splash contact
Material: Nitrile rubber
Minimum layer thickness: 0.4 mm
Break through time: 30 min
Material tested:Camatril® (KCL 730 / Aldrich Z677442, Size M)

Eye protection
Use equipment for eye protection tested and approved under appropriate government standards such as NIOSH (US) or EN 166(EU). Safety glasses

Skin and body protection
Flame retardant antistatic protective clothing.

Hygiene measures
Immediately change contaminated clothing. Apply preventive skin protection. Wash hands and face after working with substance.

SECTION 9: Physical and chemical properties

a. Appearance

Form	liquid, clear
Color	colorless, to, yellow
b. Odor	sweet
c. Odor Threshold	No data available
d. pH	No data available
e. Melting point	-31.0 °C
f. Initial boiling point	145.0 - 146.0 °C at 1,013 hPa
g. Flash point	32.0 °C - closed cup
h. Evaporation rate	No data available
i. Flammability	No data available

(solid, gas)	
j. Lower explosion limit	1.1 %(V)
Upper explosion limit	8.9 %(V)
k. Vapor pressure	6.67 hPa at 20 °C
l. Water solubility	0.32 g/l at 25 °C
m. Relative vapor density	3.6
n. Density	0.906 g/cm3 at 20 °C
o. Partition coefficient: n-octanol/water	No data available
p. Autoignition temperature	490 °C at 1,013 hPa
q. Decomposition temperature	No data available
r. Viscosity, dynamic	No data available
Viscosity, kinematic	No data available
s. Molecular weight	104.15 g/mol

SECTION 10: Stability and reactivity

a. Chemical stability
No data available

b. Possibility of hazardous reactions
Exothermic reaction with:
chlorosulfonic acid
Oxidizing agents
Chlorine
with
Iron
Violent polymerization may be caused by:
aluminium chloride
sodium
Risk of explosion with:
Strong acids
polymerisation initiators
Peroxides
Oxygen
with

Heat.

c. Conditions to avoid
Heating.

d. Incompatible products
Strong oxidizing agents

e. Hazardous decomposition products
Hazardous decomposition products formed under fire conditions. - Carbon oxides
Other decomposition products - No data available

Thermal decomposition
No data available

Contains the following stabilizer(s):
4-tert-butylpyrocatechol (>=30 - <=500.01 %)

SECTION 11: Toxicological information

a. Information on likely routes of exposure
No data available

b. Delayed and immediate effects and also chronic effects from short and long term exposure

Acute toxicity
Oral: No data available
LD50 Oral - Rat - 2,650 mg/kg
Remarks: Behavioral:Somnolence (general depressed activity).
Liver:Other changes.
Inhalation: No data available
LC50 Inhalation - Rat - 4 h - 12 mg/l - vapor

Remarks: (RTECS)
LD50 Dermal - Rat - male and female - > 2,000 mg/kg

Skin corrosion/irritation
Skin - Rabbit - irritating - Draize Test
Remarks: (RTECS)

Serious eye damage/eye irritation
Eyes - Rabbit - Eye irritation - Draize Test
Remarks: (RTECS)

Respiratory or skin sensitization
Maximization Test - Guinea pig - OECD Test Guideline 406 - Does not cause skin sensitization.

Carcinogenicity
No data available

Germ cell mutagenicity
Laboratory experiments have shown mutagenic effects.

Reproductive toxicity
Suspected of damaging the unborn child. Suspected human reproductive toxicant

Specific target organ toxicity - single exposure
May cause respiratory irritation.

Specific target organ toxicity - repeated exposure
Causes damage to organs through prolonged or repeated exposure. - hearing organs

Aspiration hazard
Aspiration may cause pulmonary edema and pneumonitis.

Signs and Symptoms of Exposure
To the best of our knowledge, the chemical, physical, and toxicological properties have not been thoroughly investigated.

c. Numerical measures of toxicity
No data available

Additional Information
No data available

SECTION 12: Ecological information

a. Ecotoxicity effects

Toxicity to fish	flow-through test LC50 - Pimephales promelas (fathead minnow) - 10 mg/l - 96 h (OECD Test Guideline 203)
Toxicity to daphnia and other aquatic invertebrates	flow-through test EC50 - Daphnia magna (Water flea) - 4.7 mg/l - 48 h (OECD Test Guideline 202)
	semi-static test NOEC - Daphnia magna (Water flea) - 1.01 mg/l - 21 d
Toxicity to algae	static test ErC50 - Pseudokirchneriella subcapitata (green algae) - 4.9 mg/l - 72 h
Toxicity to bacteria	static test EC50 - activated sludge - 500 mg/l - 30 min (OECD Test Guideline 209)

b. Elimination information (persistence and degradability)

Biodegradability	aerobic - Exposure time 28 d Result: 70.9 % - Readily biodegradable. (OECD Test Guideline 301F) Remarks: (ECHA)

c. Bioaccumulative potential
No data available

d. Mobility in soil
No data available

e. Other adverse effects
No data available

SECTION 13: Disposal considerations

a. Disposal methods
Waste material must be disposed of in accordance with the national and local regulations. Leave chemicals in original containers. No mixing with other waste. Handle uncleaned containers like the product itself.

SECTION 14: Transport information

IMDG
UN number: 2055 Class: 3 Packing group: III EMS-No: F-E, S-D
Proper shipping name: STYRENE MONOMER, STABILIZED

IATA
UN number: 2055 Class: 3 Packing group: III
Proper shipping name: Styrene monomer, stabilized

SECTION 15: Regulatory information

a. Regulation under the Occupational Safety and Health Act
Harmful Substances Required Permission for Manufacture - Not applicable

Harmful Substances Prohibited from Manufacturing - Not applicable
Harmful Agents to be kept below Occupational Exposure Limits - styrene,CAS 100-42-5
Controlled Substances Subject to Environment Monitoring - styrene,CAS 100-42-5
Controlled Substances Subject to Health Examination - styrene,CAS 100-42-5
Hazardous substances requiring management - styrene,CAS 100-42-5
Special Management Materials - Not applicable
Occupational exposure limit substances - Please refer to chapter 8

b. Act on the Registration and Evaluation, etc. of Chemical Substances, Chemicals Control Act
Toxic Chemicals - styrene,CAS 100-42-5
Restricted Chemicals - Not applicable
Prohibited Chemicals - Not applicable
Accident Precaution Chemicals - Not applicable

c. Dangerous Substances Safety Management Act
Flammable liquids, Type 2 petroleums -Water insoluble liquid

d. Waste Control Act
Follow article 13 of the act to dispose the product waste

e. Other regulations

KECI Number
On the inventory, or in compliance with the inventory

SECTION 16: Other information

a. List of references

b. Issuing date: 2019.06.17

c. Version: 6.8 Revision Date 2022.08.05

e. Further information
Text of H-code(s) and R-phrase(s) mentioned in Section 3

H226	Flammable liquid and vapor.
H304	May be fatal if swallowed and enters airways.

H315	Causes skin irritation.
H319	Causes serious eye irritation.
H332	Harmful if inhaled.
H335	May cause respiratory irritation.
H351	Suspected of causing cancer.
H361	Suspected of damaging fertility or the unborn child.
H372	Causes damage to organs through prolonged or repeated exposure.
H412	Harmful to aquatic life with long lasting effects.

The above information is believed to be correct but does not purport to be all inclusive and shall be used only as a guide. The information in this document is based on the present state of our knowledge and is applicable to the product with regard to appropriate safety precautions. It does not represent any guarantee of the properties of the product. Sigma-Aldrich Corporation and its Affiliates shall not be held liable for any damage resulting from handling or from contact with the above product. See www.sigma-aldrich.com and/or the reverse side of invoice or packing slip for additional terms and conditions of sale.

The branding on the header and/or footer of this document may temporarily not visually match the product purchased as we transition our branding. However, all of the information in the document regarding the product remains unchanged and matches the product ordered. For further information please contact mlsbranding@sial.com.

2 CLEANLINESS CERTIFICATE

TANK NO: **IFLU5110446**

PLACE OF ISSUE: BUSAN		MANUFACTURE DATE :		**MAR. 1999**
CLEANING COMPANY OR DEPOT: JS COMPANY		LOCATION:	YANGSAN City	KOREA Country
CLEANING PROCESS: HIGH PRESSURE STEAM		DATE OF ISSUE: 4TH MAR. 2009		
DATE OF LAST DUE TEST	**OCT. 2008**	TARE WEIGHT:		**3,855** Kgs
CAPACITY:	**24,019** Litters	GROSS WEIGHT:		**30,480** Kgs
CUSTOMER :	**INTERFLOW**			
LAST CARGO:	ISO OCTYL ACEYLATE	UN NO:	N/A	
NEXT CARGO:	UNKNOWN	UN NO:	N/A	

EXTERIOR free from all cargo and contamination	
Exterior frame, tank and walkways	YES [x]
Manlid and valve compartments	YES [x]
Serial numbers and statutory markings	YES [x]
Cargo labels removed	YES [x]

INTERIOR	
Entry made into tank by surveyor	YES [x]
Free from odor	YES [x]
Free from all cargo and contamination	YES [x]
Free from corrosion or pitting (if NO, report detail below)	YES [x]
Dry	YES [x]

VALVES/FITTINGS free from all cargo and contamination	
Valves	YES [x]
Manlid Seal	YES [x]
Dip-Pipe	YES [x]

TANK ENTRY/GAS FREE PERMIT ISSUED	YES [ ]	O2:	20.9%	LEL:	0%

A thorough visual examination has been carried out and the interior of the tank, valves and fittings are free of contamination, corrosion, previous cargo, odor and pitting. The tank is clean and dry and fit for purpose.* The carriage of food or certain industrial cargoes may require special cleaning and or treatment.

REMARKS :
SEAL NO. : TFE007446, 007485, 007487

NAME: Y. U. HWANG (PRINT)   SIGNED: ______ (SIGNATURE)

3 TANK CONTAINER INSPECTION CERTIFICATE

RAPPORT DE VISITE PERIODIQUE
PERIODIC INSPECTION REPORT

BUREAU VERITAS 1828

CONTENEURS /CAISSE MOBILE
TANK CONTAINER/SWAP BODY

IMMATRICULATION :
UNIT : **BLKU2549861**

Nature / *Scope* :
☐ 5 ans / 5 years ☑ 2,5 ans / 2,5 years

PROPRIETAIRE / *OWNER* : **BULK HAUL LTD** — **Rapport n°** / *Report Nbr* :

EXPLOITANT / *OPERATOR* : **BULK HAUL LTD** — **Lieu d'intervention** / *Place of Insp* : **World Marine,Yangsan**

MATIERES AUTORISEES AU TRANSPORT :
SUBSTANCES SUITABLE FOR TRANSPORT :

☐
☑ **Conformément aux recommandations des réglementations applicables, la note de calculs du réservoir, ses équipements et le mode de transport considéré**
In conformity with the requirements of applicable regulations and taking into account the design of the tank, its equipment and the considered transport operation

• **CARACTERISTIQUES** / *CHARACTERISTICS:*

Constructeur / *Manufacturer* : **Welfit Oddy** — Pays / *Country* : **S.Africa**
Dimensions / *ISO type* : **20'x 8'x8'6"** — UN Approval country :
Code citerne/ *Tank code* : **UN Portable** — Disp. Spec./ *Spc. Requ* :
N°de série / *Manuf. Serial no* : **B29880**
Masse brute maxi / *Max. gross weight* : **36000 kg**
Tare : **3550 kg**
Charge utile / *Payload* : **32450 kg**
Capacité / *Capacity* : **24920 l**

• **CITERNE** / *TANK*

Matériau / *Material* : **DIN17441-TYPE1.4436**
Nb de compartiments / *Nb of compartments* : **One**
Pression maxi de service / *Max. work pressure* : **4 bar**
Pression d'épreuve / *Hydr. test pressure* : **6 bar**
Pression ext de calcul / *Ext design pressure* : **bar**
Temp de calcul / *Range design temp* : **°C**
Ep. de const./ Construc. *Thickness* : V/S : **4.8 mm**
Ep. équiv d'acier doux/ *Eq. thickn. Mild steel* : **6.00 mm**

• **EQUIPEMENTS** / *EQUIPMENT*

Vidange basse : ☑ *Bottom discharge* — Nb de fermetures en série : *Nb of closures in series:* **3**
Vidange haute/ *Top discharge* : ☐
Réchauffeur : ☑ *Heater* — Vap/ *Steam* (P) : *Steam* **4.0 bar** — Electrique : ☐ *Electric*
Soupapes (Nb) : *Relief valves* **1** — Tarage : *Setting* : **4.4 bar** — En série : ☐ *In series*
Disques (Nb) : *Rupture discs* — Tarage : *Setting* : **bar** — En paralléle : ☐ *In parallel*
Fusibles (Nb) : *Fusible elem* — Température : *Temperature*

PROTECTION/REVETEMENT / *PROTECTION/LINING* :
Interne / *Internal* ☐ — Calorifuge / *Insulation* ☑

REGLEMENTATIONS APPLIC / *APPLIC. REGULATIONS* :
(Suivant marquage sur l'unité) *(acc. marks found on unit)*

☑	CSC F/BV/7900/02	☑	TC IMPACT APPROVED
☑	IMO UN	☑	US-DOT
☑	ADR/RID	☑	AAR 600
☑	UIC	☐	BAM
☑	UK-DOT	☑	TIR GB/C 6380 BV/2005

DATES D'INSPECTIONS / *INSPECTIONS DATES*

Epreuve initiale : *Initial pressure test* **Nov-06** — supervisée par : *performed by* **BV**
Dernière inspection : *Last inspection* **Nov-06** — effectuée par : *performed by* **BV**
Date(s) de l'inspection : *Date(s) of inspection* **21-May-09**
Proch. Visite regl. Avant : *Next reg. Insp. Before* **Nov-11**

CONTROLES EFFECTUES *INSPECTIONS PERFORMED:*	N/A * N/A *	SO * WR *	VO * SR *
Visite intérieure *Internal inspection*	☐	☑	☐
Visite extérieure cit. calorifugée *External inspection insulated tank (As far as can be seen)*	☐	☑	☐
Visite extérieure cit. non calorifugée *External inspection not insulated tank*	☑	☐	☐
Mesure des épaisseurs *Thickness measurements*	☑	☐	☐
Vérification du tarage de(s) soupape(s) *Checking of valve(s) setting*	☐	☑	☐
Vérification des équipements *Checking of equipments*	☐	☑	☐
Vérification de l'étanchéité *Checking of tightness*	☐	☑	☐
Epreuve hydraulique réglementaire *Reg.hydraulic test pressur* bar Date :	☑	☐	☐
Epreuve du réchauffeur *Pressure test of heater*	☐	☑	☐
Examen de la structure *Examination of frame*	☐	☑	☐
Examen du marquage *Examination of marking*	☐	☑	☐

NA : Non applicable *NA : Not applicable* — **SO : Sans observation** *WR : Without remark* — **VO : Voir observation** *SR : See remark*

OBSERVATIONS / *REMARKS*
SRV VALVE : FORTVALE SUPERMAXI 2.5", SERIAL NO :0661488
T11 AT THE TIME OF INSPECTION

MARQUAGE ET POINÇONNAGE :
MARKING & STAMPING

05/BSN/09

NEXT SUBSEQUENT CSC: **ACEP**

Etabli à / *Issued at* : **Busan, Korea** — **Le** / *on* **21-May-09**

Inspecté par :
Inspected by: **Y C Kang**

Visa :
Cachet / *Stamp*

BUREAU VERITAS DISTRICT OF KOREA PARIS 1828 INTERNATIONAL REGISTER

☐

TR/15 — 1/1 —

4 위험물용기 검사증

제 호
Certificate No. SU06-2022-03802

위험물 용기 검사증

CERTIFICATE OF INSPECTION FOR PACKAGING CONTAINING DANGEROUS GOODS

위험물용기 Packaging	종 류(기 호) KIND	BOXES (4G)
	재 질 MATERIAL	FIBREBOARD (inner packaging : 5L plastic bottle * 4ea)
	형 식 TYPE	A-TYPE(370*370*350)
	제 조 번 호 Mfg. No.	LRE 2022 035
	검 사 수 량 Quantity Inspected	5500
	표 시 MARKING	(u/n) 4G/Y25/S/22/ROK/KOMDI
제 조 자 Manufacturer	성명 또는 법인명 NAME	주식회사이레수출포장 IRE EXPORT PACKING CO.,LTD
	주 소 ADDRESS	경기 용인시 처인구 백암면 청계로 38 (백봉리, 태림포장(주)) 38, Cheonggye-ro, Baegam-myeon, Cheoin-gu, Yongin-si, Gyeonggi-do, Korea
비 고 Remark	이 증서는 해당용기의 1회 사용에만 유효합니다. This certificate is valid for one use of the packaging	

위 용기는 「위험물 선박운송 및 저장규칙」 제205조의2에 따른 검사에 합격하였음을 증명합니다.

We hereby certify that the above mentioned packagings have passed our inspection under the provision of the Article 205-2 of the Regulation for the Carriage and Storage of Dangerous Goods by Ships and the provisions of IMDG Code under the authority of the Government of Republic of Korea.

2022 년 12 월 21 일
Y M D

KOMDI 재단법인 한 국 해 사 위 험 물 검 사 원 장(인)
Korea Maritime Dangerous Goods Inspection and Research Institute

재단법인 한국해사 위험물검 사원장인

검사성적서 Inspection Report

중형산적용기 검정 검사
for Examination inspection of IBCs

증서번호 Certificate No.		SELKO - 0879 - 09		페이지 Page	(1)/(Total 2)
검사기관 / 주소 Inspection Body / address		Korean Register of Shipping 54 Sinseongro, 23-7 Jang-dong, Yuseong-gu, Daejeon, Republic of Korea			
의뢰자 Customer	회 사 명 Name	(주) 진흥 Jin Heung Co., Ltd.			
	주 소 Address	서울시 강남구 삼성동 170-04 성림빌딩 2층 2nd Fl. Sungrim Bldg, 170-4, Samseong-dong, Gangnam-gu, Seoul, Korea			
	의뢰일자 Date	2009. 07. 27			
위험물용기의 종류 Product Name		FLEXIBLE(13H4)	합격수량 Quantity	1980 EA	
검사일자 Date of Inspection		2009. 07. 31			
검사기준 Rules, Codes or Standards to be applied		IMDG CODE / The Standard for Inspection of Packagings and Containers for Transportation of Dangerous Goods.(MOMAF, Safety 91610-943, 2003. 12.26)			
환경조건 Environment Conditions 온 도 Temperature : 27 ℃ 상대습도 Relative Humidity : 60 % R.H.					

1. 제품의 명세(Description of the IBCs)

설계승인 번호 (No. of Design type Approval)	SELKS-0001-05	재질(Material)	WOOVEN PLASTIC
형 식(Type)	EPS 800KG	용기 코우드(Code)	13H4
최대용량 (Maximum Capacity)	810 Kg	용기식별(Identification)	1 ~ 1980
표시(UN Marking) : (un) 13H4/Y/07 09/ROK/KR/1458/810			

2. 샘플링(Sampling) : 랜덤 샘플링 방법(Random Sampling Methods, KS A 3151:1963)

3. 외관/구조검사(Surface/Construction inspection)

시료 수(Total No. of samples)	판 정 기 준 (Standard)	판 정(Result)
25 개(pcs)	시방서(도면) Confirming for Specification and Drawing)	Accepted(적합)

4. 시험 내용물의 특성(Characteristics of test contents)

시험용 액체의 종류 (Kind of liquid)	-	액체의 비중/점도 (Viscocity/density)	-
시험용 고체의 종류 (Kind of solid)	P.P RESIN	고체 입자의 크기 (Particle size)	3mm

검사성적서 Inspection Report

중형산적용기 검정
for Examination inspection of IBCs

증서 번호(Certificate No.) : **SELKO - 0879 - 09** 페이지(Page) : (2)/(Total 2)

5. 시험 상세 및 결과(Test description and results)

시험의 종류 Kinds of tests	시료 수 No. of samples	시험압력 Test press.	낙하높이 Drop height	시험 하중 Test load	직립속도 Righting Velocity	균열 증가 Propagatation	흡수도 Water absorption	판 정 기 준 Standard	판 정 Results
하부달아올리기시험 Bottom lift test	N/A			kg				No loss of contents, No defomation	-
상부들어올리기시험 Top lift test	1			4892 kg				No loss of contents, No defomation	Accepted (적 합)
겹침적재시험 Stacking test	N/A			kg				No loss of contents, No defomation	-
균열전파시험 Tear test	1					2 mm		Not propagate more than 25% of cut length	Accepted (적 합)
기밀시험 Leakproofness test	N/A	kPa						No leakage of air	-
수압시험 Hydraulic test	N/A	kPa						No leakage	-
끌어당겨떨어뜨리기시험 Topple test	1		1.2 m					No loss of contents,	Accepted (적 합)
직립시험 Righting test	1				0.1 m/s			No damage	Accepted (적 합)
낙하시험 Drop test	1		1.2 m					No loss of contents,	Accepted (적 합)
흡수도시험 Water absorption test	N/A						g/m²	155 g/m² and below	-

Remark : Water absorption test is carried out by KEMTI accredited by KOLAS
Minimum puncture resistance : ( )J, This test is carried out by KEMTI accredited by KOLAS

위 성적서는 한국교정시험기관인정기구(KOLAS)로부터 공인받은 분야에 대한 검사결과임을 증명합니다.
This is to certify that the result of inspection that items are accredited by Korea Laboratory Accreditation Scheme.

2009. 07. 31

한 국 선 급
KOREAN REGISTER OF SHIPPING

(KR Endorse Stamp)

서명(Signature)
검사원 (Park Byung-Ok)
Surveyor

서명(Signature)
기술책임자(Kim Chan-Jong)
Person in charge of verification

1. 이 성적서는 신청된 검사품목에 대해 관련규정에 따라 채취된 시료가 관련규격에 적합하게 검사되었음을 의미하며, 본 선급의 고객과 기타조직 또는 개인의 명시적 또는 묵시적인 보증책임을 면제하는 것은 아님.
2. 이 성적서는 (사)한국선급의 사전 서면동의 없이 광고, 선전 등 홍보 및 소송용으로 사용될 수 없으며, 용도 이외의 사용을 금함.

5 CARGO ANALYTICAL REPORT

ANALYTICAL REPORT

SHIPPER	:	MITSUI & CO., LTD TKCPF SECT.
COMMODITY	:	METHYLAMETHACRYLATE (MMA)
VESSEL	:	OSG ACME 917W
PORT OF LOADING	:	ULSAN, KOREA
PORT OF DISCHARGING	:	SHANGHAI, CHINA
DATE OF SHIPMENT	:	12TH MAY 2009
REPORT NO.	:	UL-30/2009-1808

The followings are the results of analysis performed by SGS laboratory with the samples of ISO container sample after loading drawn by SGS inspector

Test Items	Test Method	Results				
		NRSU 3216644	NRSU 3218230	NRSU 4213001	NRSU 4213634	TMLU 1240257
Appearance	Visual	CFSM	CFSM	CFSM	CFSM	CFSM
Purity, wt %	G.C.	99.94	99.94	99.94	99.94	99.94
Colour, APHA	ASTM D1209	3	3	3	3	3
Water Content, mg/kg	ASTM D1364	104	106	114	113	118
Acidity (as Methacrylic acid), mg/kg	ASTM D1613	6	7	7	7	6
Polymer Content	ASTM D2121	Passes	Passes	Passes	Passes	Passes
Specific Gravity @ 20/4℃	ASTM D4052	0.9435	0.9435	0.9435	0.9435	0.9435
Topanol A content, mg/kg	G.C.	10	10	10	10	10

Test Items	Test Method	Results				
		NASU 3213199				
Appearance	Visual	CFSM				
Purity, wt %	G.C.	99.94				
Colour, APHA	ASTM D1209	3				
Water Content, mg/kg	ASTM D1364	117				
Acidity (as Methacrylic acid), mg/kg	ASTM D1613	7				
Polymer Content	ASTM D2121	Passes				
Specific Gravity @ 20/4℃	ASTM D4052	0.9435				
Topanol A content, mg/kg	G.C.	10				

Remark) C.F.S.M. = Clear, Free of Suspended Matter.

Note: Precision Parameters apply in the determination of above test results, also refer to ASTM D-3244 /97(2002), IP 367 and appendix E of IP standard methods for analysis and testing for utilization of test data to determine specifications conformance.

ULSAN, KOREA 12TH MAY 2009
SGS KOREA CO., LTD.

BGC/hmk

W.M. BAIK / TECH. MANAGER
OIL, GAS & CHEMICALS SERVICES

참 고 문 헌

노창균 · 홍순경(2007), 위험물 해상운송 관리론(강의 교재용)
양정선(2008), 산업보건, 2008년 4~9월호, GHS에 대한 이해, 대한산업보건협회
크로바프라스틱(2008), 제품카탈로그
한국해사위험물검사원(2006), IMDG Code, 제0603-5호
IMO(1999), Model course 1.10 Dangerous, hazardous and harmful cargoes
IMO(2005), BC Code
IMO(2007), Manual on Chemical Pollution, section 2
IMO(2008), IMDG Code, Volume 1, 2 & Supplement
NATO(2005), MANUAL OF NATO SAFETY PRINCIPLES FOR THE TRANSPORT OF MILITARY AMMUNITION AND EXPLOSIVES, Chapter 2-definitions
국가법령정보센터, www.law.go.kr/LSW/Main.html
국제해사기구(IMO), www.imo.org
미연방법규, www.access.gpo.gov/nara/cfr/cfr-table-search.html#page1
미국해상보험업협회, www.aimu.org
미국환경보호청, www.epa.gov/ozone/mbr/
한국선급, www.krs.co.kr/kor/html/webzine
한국건설교통기술평가원, www.kicttep.re.kr/app/main.jsp
한국산업안전보건공단, www.kosha.or.kr

fort vale, www.fortvale.com/
ICAO, www.icao.int/index.html
Intergovernmental Organisation for International Carriage by Rail www.otif.org/en/publications/conventions
label master, www.labelmaster.com/
perolo, www.perolo.com/
road safe europe, www.roadsafeeurope.com/
sigma coatings, www.sigmacoatings.com/
The Bureau of Explosives, USA, boe.aar.com/
UNECE, www.unece.org/trans/welcome.html

저자 약력

■ 노 창 균(盧昌均)

목포해양대학 항해과 졸업
부경대학교 무역학과 졸업
한국해양대학교 대학원(무역학과 졸업 경영학 석사, 경영학 박사)
미국 미주리(콜롬비아) 주립대학 연구교수, 영국 코벤트리대학교 연구교수
(주)한진해운 및 선박안전기술공단 근무

현) 목포해양대학교 해상운송학부 교수, 해운 및 해상보험 전공
대학평의원회의장, 기획처장, 창업지원단장, 창업보육센터장,
해운항만물류인력양성사업단장, 스마트그린해양플랫폼연구센터장,
해양수산부 출제위원(해기사, 공무원 등),
한국산업인력공단 출제위원(물류관리사, 기술사 등), 여수광양항만공사 항만위원,
한국항만경제학회 부회장, 해양환경안전학회 이사, 한국해운물류학회 이사,
한국해양관광학회 학술심포지움 위원장, 한국항해항만학회 정회원

▸ 저서 및 논문
최신 해운실무, 해운경영학, 위험화물운송론
H해운기업의 전자상거래 운영효과 실증연구
해운기업의 안전관리체제 도입성과 실증연구
AHP를 이용한 낙도보조항로 운영주체 선정에 관한 실증연구 외 다수

■ 이 창 현(李昌鉉)

목포해양대학 항해과 졸업
목포해양대학교 대학원(해상운송시스템 공학 석사/박사)
현) 목포해양대학교 부교수, 해양안전시스템 전공

▸ 저서 및 논문
탱커검사의 이해와 실무
해양안전심심판원 안전정책 실효성 분석을 통한 해양사고 심판제도 개산 방안
해상풍력발전단지해역 선박 통항 허용기준 설정에 관한 연구
내수면 선박의 안전성 확보를 위한 정책 제언 외 다수

■ 홍 도 영(洪途瑩)

목포해양대학 항해과 졸업
한국방송통신대학교 환경보건학과 졸업
부산대학교 환경대학원 이학석사
IMO IMA 항만내 산적액체위험물 관리과정 이수
1급항해사, 한국해사위험물검사원, 선장

■ 정 광 현(鄭光賢)

한국해양대학교 해사법학부 겸임교수
㈜포앰/(주)코리아오션텍 대표이사
S-OIL/현대오일뱅크 유류터미널 안전관리팀 운영
유조선 승선(1999~2008) - 최종 선장
목포해양대학교 항해과 졸업

▸ 저서 및 활동
폐기물 관리 계획서, 폐기물 기록부, 기름기록부, 오존층파괴물질기록부
선박오염물질 종합기록부 지침서

■ 안 정 민(安正民)

목포해양대학교 해상운송시스템 학부 졸업
한국외국어대학교 경영대학원 졸업
목포해양대학교 해양안전시스템공학 박사과정
현대상선 2등 항해사
한국해사위험물검사원 주무검사원
IMO 위험물 컨테이너회의 정부대표 참석
평택, 울산 항만청 IMDG Code 위험물 교육
현) 디지카고(주) 대표 이사

● 위험화물 운송론 - 개정판

초 판 1쇄 발행 —— 2009년 9월 15일
개정판 1쇄 발행 —— 2023년 9월 20일
개정판 2쇄 발행 —— 2023년 10월 27일
지은이 —— 노 창 균 · 이 창 현 · 홍 도 영 · 정 광 현 · 안 정 민
펴낸이 —— 전 두 표
펴낸곳 —— 도서출판 **두남**
서울시 강동구 성내로 6길 34-16 두남빌딩
신 고 : 제25100-1988-9호
TEL : 02) 478-2066, 2067
FAX : 02) 478-2068
E-mail : dnbooks@dunam.co.kr
http://www.dunam.co.kr

● 정가 26,000원

ISBN 978-89-6414-977-5 93320